Os Processos de Criação
na Escritura, na Arte
e na Psicanálise

Coleção Estudos
Dirigida por J. Guinsburg

Equipe de realização – Edição de Texto: Luiz Henrique Soares; Revisão: Tiago José Risi Leme; Sobrecapa: Sergio Kon; Produção: Ricardo W. Neves e Sergio Kon.

Philippe Willemart

**OS PROCESSOS DE CRIAÇÃO
NA ESCRITURA, NA ARTE
E NA PSICANÁLISE**

PERSPECTIVA

Dados Internacionais de Catalogação na Publicação (CIP)
(Câmara Brasileira do Livro, SP, Brasil)

Willemart, Philippe
    Os processos de criação na escritura, na arte e
na psicanálise / Philippe Willemart. -- São Paulo :
Perspectiva, 2009. -- (Estudos ; 264 / dirigida por
J. Guinsburg)

    Bibliografia.
    ISBN 978-85-273-0862-5

    1. Criação (Literária, artística etc.) 2. Crítica
3. Crítica de arte 4. Crítica de texto 5. Genética
6. Psicanálise e literatura I. Guinsburg, J. II. Título.
III. Série.

09-05247   CDD-809.93355

Índices para catálogo sistemático:
1. Literatura e psicanálise 809.93355

[PPD]

Direitos reservados à
EDITORA PERSPECTIVA LTDA.

Av. Brigadeiro Luís Antônio, 3025
01401-000 São Paulo SP Brasil
Telefax: (011) 3885-8388
www.editoraperspectiva.com.br

2019

Sumário

Introdução VII

Parte I
ESCRITURA E CRÍTICA GENÉTICA

1. Os Processos de Criação nas Ciências Exatas 3
2. A Crítica Genética e as Ciências da Mente. 23
3. A Roda da Escritura. 37
4. A Crítica Genética na Crítica Literária 55
5. O que Rejeitar ou Conservar em uma Biblioteca?. . . . 71
6. A Crítica Genética em 2008 79

Parte II
CONFLITO DO SUJEITO E DO EU

1. O Surgimento do Sujeito na Rasura do Manuscrito . . 93
2. O Sujeito na Escola: A Formação pelo Acesso
   a Novas Redes. 111

3. O Eu Não Existe: Crítica da Autobiografia........ 127
4. A Autoficção Acaba com a Autobiografia?........ 143

Parte III
ARTE E PSICANÁLISE

1. O Tecer da Arte com a Psicanálise............... 151
2. A Arte Dispensa a Análise ou a Análise Favorece
   a Arte?..................................... 163
3. Será que Ainda Podemos Pensar sem um Romance
   como a *Recherche* e Fora da Psicanálise?.......... 177
4. Por que Ler Proust Hoje? 189
5. A Circunstância na Construção de *Em Busca
   do Tempo Perdido*........................... 197
6. De qual Inconsciente se Trata na *Escola das Mulheres*
   de Molière? 215

Bibliografia.. 229
Índice Onomástico 239
Nota Bibliográfica 243

Introdução

"Sujeito", palavra ambivalente, já que todos os campos das ciências humanas têm uma concepção de sujeito que não coincide sempre. Quem é esse sujeito nos campos literário e psicanalítico? Não se trata do escritor, nem do autor, nem do analista, nem do analisando. Trata-se do ser falante que, imerso na linguagem como todos nós, de repente ou aos poucos, apropriando-se da tradição e de terceiros, exerce sua autonomia e cria uma arte original ou um discurso novo durante a construção de sua obra ou em sua análise.

O "de repente" não significa uma inspiração vinda do céu, mas uma intuição, fruto de sonhos, leituras e reflexões, que irrompe subitamente na mente e força o escritor ou o analisando a escrever ou falar o que ele não previa. A intuição é rara; o trabalho "aos poucos" é mais comum. Bifurcando na sua escritura devido à chamada de um amigo, da esposa ou do esposo, da leitura de um livro revisitado, rasurando e acrescentando uma palavra, uma frase, um parágrafo, o escritor preenche a tela ou a página, e avança.

O analisando também elabora aos poucos sua história, toma outros caminhos no seu discurso, devido às pontuações do analista ou aos eventos do cotidiano.

Resultados. O pintor descobre uma forma inexplorada no seu antecessor, um escritor constrói uma personagem que vira espelho de seus contemporâneos, o músico sensível à sua comunidade retoma um tema folclórico em uma sinfonia, o analisando se vê diante de outro "eu", no qual nunca havia pensado etc.

Quais são os caminhos que levam ao aparecimento do sujeito? O ensaio que se segue não tenta responder a este desafio, mas oferecer elementos que permitirão ao leitor dar sua resposta. Salvo uma conferência no Campo Lacaniano de São Paulo, que me "forçou" a pensar o aparecimento do sujeito na rasura, nenhum dos artigos, palestras ou arguições reunidos aqui, tinha relação aparente com o assunto.

Só depois, seguindo a indicação freudiana, revendo e relendo, dei-me conta de que havia em todos os capítulos uma linha subjacente de reflexões que podia sustentar o ensaio. A chamada do Outro na pessoa de Dominique Fingermann desempenhou seu papel e, a partir de uma reflexão sobre o sujeito na rasura, cheguei a este livro, de certa maneira.

Na primeira parte, o primeiro capítulo enumera vários processos de criação sugeridos por cientistas que poderiam orientar a crítica genética na sua procura pelo sujeito da escritura e seu estilo por meio do estudo do "fazer". O segundo e o terceiro capítulos elencam conceitos esclarecedores que cercam o processo de criação. O quarto ressalta o lugar da crítica genética na critica literária. O quinto debate o valor dos manuscritos e sua conservação. O sexto faz uma retrospectiva histórica da crítica genética no Brasil.

A segunda parte é centrada no conflito do eu com o sujeito no manuscrito, na escola e na autobiografia. Quem acredita na existência do sujeito? Somente aquele que, após ter repetido ou imitado, bifurca, inventa e se descobre sujeito. Será que o "eu" conhece o ser que o suporta? A autoficção derruba a autobiografia, enunciando uma verdade, e não "a" verdade.

A terceira parte relaciona a arte com a psicanálise, já que ambas visam desvelar o ser humano. O segundo capítulo esboça respostas sobre a exigência ou não de uma para praticar a outra. O terceiro capítulo defende a impossibilidade de pensar o romance *Em Busca do Tempo Perdido*, hoje, sem a psicanálise, introduzindo os três capítulos finais: os motivos para ler Proust hoje, a valorização da circunstância à custa da personagem na obra proustiana e, enfim, uma análise ilustrativa da problemática do inconsciente por meio do teatro de Molière.

Destinado fundamentalmente a universitários e pesquisadores em ciências humanas, o ensaio interessará especialmente aos críticos literários, aos psicanalistas e aos cognitivistas preocupados com o conhecimento dos mecanismos do pensamento visíveis na escritura se fazendo.

Quero agradecer aos colegas ou amigos das Universidades Federais de Recife, Vitória, Rio de Janeiro e São Paulo, da Unicamp e da USP, das Universidades de Borgonha e do Porto, da Associação dos Pesquisadores em Crítica Genética (APCG), do Sesc de São Paulo, da revista *Ciências e Cultura* da SBPC e do Seminário de Formações Clínicas do Campo Lacaniano em São Paulo que, convidando-me para colaborações escritas ou orais, incentivaram a elaboração deste texto, agora único e não mais disperso em vários anos e lugares, associando o tempo e o espaço em um só objeto.

Um agradecimento especial aos membros do Laboratório do Manuscrito Literário, que favoreceram o debate de vários destes textos no decorrer das reuniões mensais.

Parte I

Escritura
e Crítica Genética

1. Os Processos de Criação nas Ciências Exatas

Como entender e pensar o manuscrito ou qualquer outro objeto preparatório a uma obra de arte? Como considerar os processos de criação que subentendem tudo o que nasce da mão da mulher ou do homem, da redação de uma criança na escola, desde a aprendizagem da língua até as grandes criações literárias, cinematográficas, musicais ou plásticas, passando pelas mídias, os *blogs* e o que nos trouxe a informática?

Almuth Grésillon assinala várias metáforas que circulam na crítica genética, duas às quais os próprios escritores nos acostumaram – "uma de tipo organicista[1], a outra de tipo construtivista", e uma terceira que ela propõe: a do caminho[2].

Gostaria de propor outras, mas lembrando, em primeiro lugar, o que significam essas duas explicitadas por Grésillon, que lançou essa nova abordagem dos textos literários com a equipe de germanistas, sob a direção de Louis Hay nos anos de 1970.

---

1 J. Schlanger, *Les Métaphores de l'organisme*. Quando não creditadas, as traduções das passagens citadas nesta obra são de autoria do autor. No caso de *Em Busca do Tempo Perdido*, foi utilizada a edição da Globo.
2 A. Grésillon, *Elementos de Crítica Genética*, p. 21-25.

4   OS PROCESSOS DE CRIAÇÃO NA ESCRITURA, NA ARTE E NA PSICANÁLISE

Segundo Grésillon, a primeira, de tipo organicista, gera outras novas metáforas como: *"gestação, parto, engendramento, parturição, embrião, aborto"* ou "à imagem do mundo orgânico": *a árvore* – até e inclusive a arborescência, a árvore genealógica do estema, que descreve, nas edições críticas, os *entroncamentos, os parentescos e as filiações* da história textual – com suas *ramificações*, suas *germinações* e seus *enxertos*, substituindo o filhote do homem.

A segunda série metafórica opõe-se à primeira, como o artificial opõe-se ao natural, o cálculo à pulsão, o constrangimento ao desejo. Historicamente, ela nasceu da reação contra a imagem do poeta inspirado, contra a poesia como dádiva dos deuses. A reviravolta mais nítida dessa evolução é o texto de Edgar Allan Poe, *A Filosofia da Composição*, traduzido, prefaciado e publicado por Baudelaire sob o título significativo de *A Gênese de um Poema*. Baudelaire concluía sua introdução dizendo: "Agora, vejamos, *o bastidor, a oficina, o laboratório, o mecanismo interno*", termos que situam bem essa outra tradição, à qual dizem respeito igualmente os de *canteiro de obras, fábrica, indústria, máquina*. "Um poema não nasce quase nunca, se *fabrica*". A arte combinatória dos *Cem Bilhões de Poemas* de Queneau, as *"contraintes"* de Oulipo e a fábrica de Ponge o comprovam.

Grésillon demonstra que "essas duas tradições, embora historicamente separadas" atravessam o discurso da crítica genética que vê a escrita como "lugar de pulsão e de cálculo". Ela, por sua vez, propõe a metáfora do *"caminhar* e de seu campo semântico imediato: *circulação, percurso, atalho, via, caminho, trajetos, traçados, pistas, cruzamentos, caminhadas, deslocamentos*. À *via real*, à *marcha inexorável em direção ao desfecho*, à *teologia da linha reta* opõem-se metáforas indicando caminhos sinuosos: *bifurcações* [...], *encruzilhadas, extravios, aberturas de caminhos, desvios, atalhos, caminhos de travessia, retornos, impasses, acidentes, falsas partidas, (tomar) o caminho errado*". Grésillon ilustra a metáfora com o conto de Borges intitulado "O Jardim dos Caminhos que se Bifurcam"[3].

---

3 J. L. Borges, *Fictions*, p. 91-104.

O QUE SUGIRO?

Em 1992, fiz outras propostas em *Manuscrítica*[4]. Convencido de que os cientistas podem enriquecer nossa percepção do manuscrito, havia elencado vários modelos de compreensão que poderiam nos ajudar a ler os processos de criação em qualquer campo.

Vou retomá-los hoje, todavia, fazendo-os passar pelo corredor destes vinte anos de experiência dos manuscritos.

Entretanto, o que desencadeou a primeira vaga ideia de redigir este texto não foi o artigo de 1992, mas a leitura do livro de Réda Benkirane, *La Complexité, vertiges e promesses*, que reúne uma série de entrevistas de pesquisadores contemporâneos que vão de Francisco Varela a Edgard Morin, passando por Michel Serres e muitos outros, em geral desconhecidos do grande público, que anunciam o que há de mais recente no seu campo.

Aproximar-me e compartilhar as mesmas preocupações dos cientistas é uma velha inquietação pessoal que esse artigo de 1992 evidencia e que servirá de ponto de partida.

Observação preliminar: prefiro não usar a expressão modelo, que implica um método a ser seguido, mas o conceito de estrutura perceptiva, ou modo de percepção, ou "filtro", no sentido proustiano da palavra, isto é, uma forma pela qual passa amorosamente nossa percepção do manuscrito que se transforma.

Vou enumerar e detalhar oito filtros de compreensão, ou oito maneiras de entender o manuscrito e os processos de criação, filtros inspirados nos dos cientistas com os quais compartilhamos a mesma vontade de tornar inteligíveis os objetos estudados.

---

4 P. Willemart, Fenômenos Físicos e Fenômenos Literários..., *Manuscrítica*, n. 3, p. 74-85.

DO LISO AO FRACTAL

A mudança de escala provoca ou a repetição de uma mesma estrutura, como no floco de nuvem de Koch[5], ou a descoberta de novas estruturas.

No início, fui surpreendido pelos fractais descobertos pelo matemático Benoît Mandelbrot, e me perguntava se esta forma de encaixes e divisões se encontra na literatura; se a poesia não seria o refúgio destas formas, com suas aliterações e sua música, suas rimas e seus hemistíquios.

A decomposição do verso latino em anagramas, por Saussure, não descobre, de certa maneira, essa forma fractal? "Saussure vê na palavra 'CondemnAVissE' um anagrama de 'cave' e considera o verso 'taurasia CIsauna SamnIO cePIt' anagramático de 'scipio'. Uma vez definidos os anagramas, Saussure os encontra às dezenas em Sêneca, Homero, Virgílio, Horácio, Ovídio"[6].

Haveria, mesmo na ficção, esse desdobramento de estruturas, ou um elemento mínimo que se repete "infinitamente", se analisarmos qualquer detalhe de uma obra?

Talvez exista, mas essa visão estruturalista da composição de uma obra só pode ser contemplada depois, pelo artista e pelo crítico. Não podemos pensar que o artista constrói seu quadro ou sua escritura pensando em como vai encaixar cada peça como em um quebra-cabeça. Seria retomar a metáfora da construção que Edgar Allan Poe teria gostado que acreditássemos ou retomar a teoria dos anagramas de Saussure. Antes de sua inserção na escritura, nem as peças do quebra--cabeça nem as estruturas gramaticais existem, a não ser na linguagem e na tradição. O escritor não tem que reconstituir seu romance como Bartlebooth, a personagem de Perec em *A Vida, Modo de Usar**, que devia recompor a tela recortada por Winckler.

---

5 "Helge von Koch (1870-1924), matemático sueco [que] descobre a curva arquetipal dos fractais em 1904". R. Benkirane, La relativité d´échelle, entrevista com Laurent Nottale, *La Complexité, vertiges e promesses*, p. 340.

6 Alice Krieg, Ferdinand de Saussure, le «père fondateur» de la linguistique moderne, em *Le Langage*, p. 21-24.

* De Georges Perec. São Paulo: Companhia das Letras, 1991 (N. da E.).

No entanto, os críticos genéticos que possuem o texto editado ou a obra exposta, no caso da arte, podem tentar encontrar nos manuscritos os croquis ou os esboços, os lugares, ou melhor, as fronteiras, em que as peças do quebra-cabeça se encaixam e constatar como se constrói a fractalidade, como a partir de uma ideia global, um tema musical, um objeto, um passo de dança, um ritmo, um fato policial – pois precisam de um desses elementos para começar uma melodia, um quadro, uma escultura, um artigo ou um ensaio –, estes primeiros objetos se desmembram em mil partes para servir de fundação à obra e situam-se em um capítulo, uma introdução, uma carta, um parágrafo, talvez um verso. Um exemplo está na divisão em dois "eus" na narrativa proustiana, divisão que pode ser constatada em todos os níveis que estruturam o romance.

Poderia o manuscrito ser lido como um vasto campo em que se observam as regularidades, assim como Mandelbrot descobria invariâncias na escala espacial? Devemos assimilar o estilo ou a escritura particular de um autor à repetição desse objeto?

Não, pois seria fazer da escritura a repetição de um tema. Mas a repetição faz parte da escritura, conjunto maior, que se repercutirá em todos os níveis e terá, certamente, relações com o que chamei de *texto móvel*, este afeto ou este grão de gozo que, unido às diferentes substituições, acompanha a escritura[7].

Por outro lado, outra visão dos fractais é defendida pelo astrofísico Laurent Nottale, discípulo de Mandelbrot. Nottale toma a noção de "fractal em um sentido mais geral que o dos fractais autossimilares nos quais se vê sempre a mesma coisa [...] Cada vez que aumenta, diz ele, se vê algo de novo. É a ideia de uma completa abertura do mundo aplicada à mudança de escala"[8].

Nottale toma como exemplo o ponto que, observado ao microscópio ou sob a ação do *zoom*, mostra outras estruturas além de um ponto, como se o elemento mínimo da geometria euclidiana oferecesse uma estrutura lisa que apaga as estruturas fractais.

---

7 P. Willemart, *Crítica Genética e Psicanálise*, p. 67.
8 R. Benkirane, op. cit., p. 337.

8　OS PROCESSOS DE CRIAÇÃO NA ESCRITURA, NA ARTE E NA PSICANÁLISE

Será que não poderíamos encarar qualquer elemento de um texto publicado como o resultado não linear dos manuscritos que o antecedem, mas também como aquele que oculta as estruturas fractais presentes no manuscrito? Não estaria a sintaxe do texto publicado dissimulando pudicamente suas roupas de baixo? Não seria ele comparável ao vestido em relação à lingerie da mulher?

UM CAPITAL DE FORMAS
OU A FORMA ALIADA INTIMAMENTE À MATÉRIA?

O biólogo D´Arcy Thompson (1860-1948) queria "reduzir a pluralidade morfológica a um procedimento regido por um pequeno número de leis formalizáveis [...] e traduzir o visível qualitativo em um invisível quantitativo"[9]. O historiador Georges Duby (1919-1996) fala também de um capital de formas que originariam nossas sociedades. O biólogo canadense Brian Goodwin acredita em "uma formação inicial de estruturas que determina a forma que vai emergir"[10].

Quais seriam as matrizes invisíveis e originárias em literatura? Os gêneros literários, as formas de poesia, os ritmos subjacentes?

No primeiro encontro da Associação dos Pesquisadores do Manuscrito Literário (APML), em 1985, Louis Hay matizava o biólogo e o historiador, afirmando que o manuscrito "permite adivinhar um capital de formas no qual cada geração mergulha, [mas também] as transmutações que ele sofre no decorrer da escritura, o que é a vantagem do manuscrito"[11].

Tive que esperar *Manuscrítica* n. 7, cinco anos mais tarde, para dar outra resposta ao problema do capital de formas que me parecia impróprio para a arte e a literatura, resposta retomada em *Bastidores da Criação Literária*. Adotando a tese de

---

9　M. Mazzocut-Mis, D´Arcy Thompson, la forme et le vivant, *Alliage*, n. 22, disponível na Internet em: <http://www.tribunes.com/tribune/alliage/22/mazz.htm >.

10　R. Benkirane, Vers une science qualitative, op. cit., entrevista com Brian Goodwin, p. 182.

11　L. Hay, Nouvelles notes de critique génétique..., *O Manuscrito Moderno e as Edições*, p. 138.

OS PROCESSOS DE CRIAÇÃO NAS CIÊNCIAS EXATAS 9

Jean Petitot que sustenta, após Husserl (1859-1950), que a forma é o fenômeno da auto-organização da matéria[12], não podia separar os dois elementos que Platão, seguido da maioria dos filósofos e do historiador Duby, distinguia.

"Examinando o manuscrito, constatamos vários níveis de formas, escalonando-se do ritmo ao sentido, passando pela sintaxe e as figuras, o visível e o invisível". Não há, portanto, somente auto-organização na aparência, mas uma auto-organização intratextual que leva em conta os níveis enunciados e que o geneticista poderá acompanhar nas diferentes versões.

É nisso que insiste Valéry quando declara:

O vício, o erro fundamental destes explicadores de poetas (como este Sr. Mauron quanto a S. Mallarmé) é proceder sempre no mesmo sentido – procurar uma significação como em uma anterioridade, como uma causa da forma, enquanto, na operação real, há troca e cessões recíprocas entre rima e escolha de palavras etc. e *a ideia amorfa* – a qual deve ficar informe, à disposição do desejo. A obra seria impossível se fosse um tratado em um único sentido – isto é, de versificação[13].

Não há uma forma inicial ou um capital de formas, já que qualquer manuscrito começa com uma palavra, uma frase que, aos poucos, constitui uma forma inicial e gera as outras formas detectadas, frequentemente *après-coup*, pelo próprio escritor. A forma, entendida segundo Petitot, não vem antes do resto, como a palavra "estrutura" sugere. Valéry é bem claro neste ponto; o desejo, trabalhando junto à "ideia informe" (que poderia ser o texto móvel) abala qualquer estrutura ou formas preestabelecidas. Enquanto há manuscrito ou documento de

---

12 J. Petitot, Remarques sur quelques réflexions morphologiques de Paul Valéry, *Sémiotique, Phénoménologie, Discours* (homenagem a Jean-Claude Coquet), p. 161-170.

13 P. Valéry, *Cahier xxv*, 668. Citado por S. Bourjéa, Paul Valéry, sujet de l'escritura, p. 787, em *Genésis*, n. 8, 1995, p. 13. Todavia, dirá Petitot: "em termos semióticos, poderíamos dizer que é porque elas não são conteúdos articuláveis em valor para uma forma de conteúdo próprio (daí onde o aspecto 'indizível', 'inexprimível', 'inefável'), que as Ideias sublimando as 'pregnâncias' do imaginário devem tirar sua forma do conteúdo sobre figuras do plano de expressão da semiótica do mundo natural. Este processo específico de simbolização das Ideias estabelece uma semiótica original do sublime no qual o plano de expressão comanda o de conteúdo. Ele domina na música". J. Petitot, *Morphologie et esthétique*, p. 158.

10   OS PROCESSOS DE CRIAÇÃO NA ESCRITURA, NA ARTE E NA PSICANÁLISE

processo, falaremos de formas que nascem e morrem segundo as campanhas de redação.

A fabricação da concha pelo molusco, comentada por Valéry[14] e trabalhada por Petitot[15], não seria o modelo do que encontramos no manuscrito ou em qualquer esboço? Posso dizer que o manuscrito emana do escritor como a concha é segregada pelo molusco?

Não posso afirmar isso porque o manuscrito não procede do escritor; seria abolir a distinção entre os conceitos de escritor e de autor. A rigor, poderia dizer, com Deleuze, que o escritor adota um ponto de vista criador, que unifica as partes dispersas do manuscrito[16], mas esse ponto de vista atua "só depois", o que Deleuze não sublinha, e não supõe um organizador ou uma razão anterior. Sustento que as formas do manuscrito emanam da escritura que se desenrola e inclui "o ponto de vista criador", atitude que eu atribuí ao autor.

Portanto, apesar da tese de D´Arcy Thompson, somos obrigados, com Petitot seguindo Valéry, a admitir que as "formas naturais são sem esquemas matematizados, pela inexistência de uma geometria e de uma física morfológica" sem forma preestabelecida e que devemos imaginar sua existência ou, nas palavras de Kant: "devemos alargar o conceito de natureza do mecanismo à arte ou supor um valor estético intrínseco (não declarado)"[17]. Em outras palavras, deveríamos preencher "a falta de objetividade com a subjetividade"[18].

Se, portanto, para um simples molusco, o cientista deve confiar na contingência da forma que ele chama de arte, o que diremos da mente do escritor imergido na grande quantidade de informações processadas por seus trinta bilhões de neurônios?[19]

Perguntei-me se a recusa da forma separada da matéria não se opõe às duas concepções de fractais citadas acima, uma subentendendo uma forma que se repete, a outra consi-

---

14 *Oeuvres complètes*, v. 1, p. 886-907.
15 Remarques sur quelques réflexions morphologiques de Paul Valéry, op. cit. , p. 161-170.
16 G. Deleuze, *Proust et les signes*, p. 138.
17 Idem, p. 165.
18 Idem, p. 167.
19 P. Willemart, *Bastidores da Criação Literária*, p. 181-183.

OS PROCESSOS DE CRIAÇÃO NAS CIÊNCIAS EXATAS

derando que novas estruturas se descobrem segundo a escala de referência.

Responderei que não, no caso do manuscrito. A escritura, matéria da arte literária, utiliza as formas adequadas que podem ser fractais nos dois sentidos da palavra. A forma definitiva não é pressuposta, de modo algum, e é inédita, como sustenta Valéry. Mesmo se nos baseamos na biologia, supomos um programa que poderia fornecer uma matriz, uma mesma letra ou ainda o mesmo som, por exemplo, uma espécie de DNA; devemos nos lembrar do aviso de Christopher Langton, o pai da vida artificial, sublinhando "a lógica [que está] na base dos mecanismos de produção de genomas variados [e que] não dependem de maneira alguma de sua origem, o DNA, mas sim das variações introduzidas a cada geração [que] deverão ser aleatoriamente correlatas"[20].

Em outras palavras, não podemos pretender que o manuscrito seja às vezes programado, como o propôs Louis Hay, mas sustentarei que ele está sempre em processo. Mesmo Flaubert, que elaborava planos, ou Zola, com seus esboços, devem, em certo momento de sua escritura, esquecer o plano ou o esboço pré-definido e rasurar, para seguir o que Cecília Salles chama de projeto poético, ao qual dou, todavia, uma dimensão desconhecida ou não sabida e que se revelará, a meu ver, no final da escritura.

O que me faz dizer que podemos constatar no manuscrito uma mudança gradual de atrator, o que estava sugerido por D´Arcy Thompson e René Thom. Precisaria ainda ver o que é este atrator mutante. O texto móvel? A ideia de perfeição do artista? Seu projeto estético ou um pensamento que se adapta a cada passo a seu meio e às circunstâncias e que se define como uma relação entre a pessoa e seu meio?[21]

Para concluir o segundo ponto, direi que o capital de formas, preexistente, funciona apenas na sua generalidade – os gêneros literários, por exemplo –, mas não existe para o manuscrito singular, assim como não existe para Pedro ou João que, apesar de terem uma forma humana comum, se distinguem

---

20 R. Benkirane, "Les bio-logiques", ou tout ce qui pourrait être, entrevista com Christopher Langton, op. cit., p. 141.

21 A. Prochiantz, *Machine-esprit*, p. 154 e 177.

OS PROCESSOS DE CRIAÇÃO NA ESCRITURA, NA ARTE E NA PSICANÁLISE

em numerosos pontos, tais como o nariz, a boca, a forma do crânio etc.

A REGIÃO E A AUTO-ORGANIZAÇÃO ASCENDENTE E DESCENDENTE

Escrevi em 1993:

As condições iniciais não determinam, necessariamente, o processo em uma experiência de física ou de química, da mesma forma que um plano ou um projeto de um romance não fixam as páginas seguintes. A linearidade não se impõe como acreditavam os positivistas, mas os numerosos pontos de não-linearidade, ou também o aleatório ou o acaso[22], provocam a criação organizada ou uma auto-organização que gera certa ordem[23]. A não-linearidade questiona as relações com os antecedentes ou o passado.

Defendemos a criação *exnihilo* ou uma evolução? Detectamos fenômenos auto-organizacionais e a imprevisibilidade no manuscrito, e de que maneira? O estudo da rasura será a porta de entrada para essa reflexão.

Sustentar a relatividade das condições iniciais e, por conseguinte, a imprevisibilidade de um projeto artístico, aposta na auto-organização tão defendida por Ilya Prigogine e a Escola de Bruxelas. O exemplo de Proust é surpreendente, já que de 75 cadernos de rascunhos, aparentemente sem ordem, construiu a obra exemplar que conhecemos.

Acrescentarei, no entanto, a nuança de Varela. A auto--organização deve ser pensada nos dois sentidos, o ascendente e o descendente. "É preciso entender a consciência, por exemplo, não simplesmente como um fenômeno de emergência do cérebro, mas como uma coisa clara e demonstrável que vai agir, a partir de um sujeito consciente, no âmbito concreto e material da atividade cerebral"[24].

22 I. Prigogine e I. Stengers, *La Nouvelle Alliance*, p. 13-14 (folio).
23 I. Prigogine, Un siècle d´espoir, *Temps et devenir*, p. 149.
24 R. Benkirane, Autopoïese et émergence, entrevista com Franscico Varela, op. cit., p. 166. Anotamos também o aviso de Jean-Louis Deneubourg no mesmo volume em que ele se opõe aos neolamarckistas ou antidarwinistas: "é preciso desmistificar o aspecto milagroso da auto-organização, pois de fato, houve

Há um bate-volta contínuo entre tradição, língua, inconsciente do escritor, estruturas nas quais ele se insere etc. e o manuscrito. Não há um sentido único.

Da mesma forma, a comunicação entre os esboços existe. Desconfiamos da cronologia estabelecida por bibliotecários ou arquivistas, que é muitas vezes duvidosa.

Neste sentido, é preciso acentuar "a noção de sistema circular e autorreferencial, mais do que a de caixa preta da primeira cibernética de Norbert Wiener"[25]. É preciso observar o "anel de retroação positiva que se desenvolve no sistema"[26].

Proust não dizia outra coisa no caderno 57, preparatório ao *Tempo Redescoberto*:

da mesma maneira que a ciência não é totalmente constituída nem pelo raciocínio do pesquisador nem pela observação da natureza, mas por uma sorte de fecundação alternativa de uma pela outra, da mesma maneira, me parecia que não era a observação da vida, nem a meditação solitária que constituía a obra de arte, [mas] uma colaboração de ambos, manobra na qual a ideia, o "cenário" [roteiro] levado por uma das duas era, cada um por sua vez, retocado, jogado na cesta de lixo ou conservado pelo outro[27].

Varela nuança, no entanto, a relação entre o pensamento do pesquisador e a observação da natureza, reconhecendo nela, ao mesmo tempo, uma fronteira bastante imprecisa e uma causa dupla: "A fronteira é justamente esta não-separabilidade entre o todo e as partes. A fronteira entre o si-mesmo e o não si-mesmo não é uma fronteira lógica, é mais a relação entre dois níveis e sua dupla causalidade[28].

O vaivém contínuo entre o escritor e seu contexto (os terceiros) se localiza no *scriptor*, mas paradoxalmente acentua a não separabilidade sem eliminar os níveis e as causas diferentes.

---

uma série de tentativas e de erros que antecederam este acerto sobre a identificação das condições ideais [...], a seleção natural teve seu papel", *Émergence et insectes sociaux*, p. 113.

25 Idem, p. 166.

26 Luc Steels, L'Intelligence artificielle, évolutive e ascendante, em R. Benkirane, op. cit., p. 133.

27 *Matinée chez la Princesse de Guermantes* (Cahiers du *Temps Retrouvé*), p. 382.

28 R. Benkirane, op. cit., p. 168.

14 OS PROCESSOS DE CRIAÇÃO NA ESCRITURA, NA ARTE E NA PSICANÁLISE

A antropofagia oswaldiana não é, portanto, uma ingurgitação indistinta; ela deve encontrar sua causa e sua lógica própria, sem confundir-se com a dos terceiros.

Entretanto, relendo e levando em conta os terceiros, o autor entenderá seu texto de outra maneira e, como diz Lacan, "o depois se fazendo de antecâmara para que o antes possa tomar seu lugar"[29], reorganizará a obra, diminuindo a fronteira entre os terceiros e a escritura.

Portanto, as condições iniciais ou a programação prévia não são essenciais. Não podemos mais ler o manuscrito como a sequência cronológica de trechos de escritura na qual procuraríamos uma evolução, um movimento conjunto, um caminho linear. Stefan Jay Gould observa que Darwin não usava a palavra evolução, que significava o desenrolar, no tempo, de um programa preestabelecido, mas a expressão "descendência com modificação", o que supõe "a ausência de direção intrínseca e a ausência de previsibilidade"[30].

O presente do texto publicado, tanto quanto o da última página escrita pelo escritor, é o ponto de partida do autor e do geneticista, para quem os primeiros textos escritos em um pedaço de papel, uma agenda ou um caderno de viagem se tornarão efeitos ou consequências do "depois", e não seu anúncio. Estamos frequentemente enredados no preconceito da evolução quando visualizamos um manuscrito, acreditando justamente em uma programação linear e lógica, ainda que as numerosas bifurcações, que poderíamos chamar de "operações de fronteira", devessem nos desenganar.

AS REGULARIDADES NA IRREGULARIDADE NATURAL DO MANUSCRITO OU AS INVARIÂNCIAS

Quando o matemático Mitchell Feigenbaum, com seus 29 anos, colocou em equações o movimento irregular das nuvens, ele concluiu que certa regularidade se esconde sob a superfície turbulenta de suas equações não lineares. Redescobriu assim

29 *Escritos*, p. 197.
30 *Cette vision de la vie*, p. 266-268.

OS PROCESSOS DE CRIAÇÃO NAS CIÊNCIAS EXATAS

certa universalidade na regularidade, apesar de um caos aparente. Da mesma forma, ele defende que "a cor vermelha não é necessariamente um feixe de ondas de luz, como pretendem os newtonianos", mas é nossa percepção que distingue o vermelho do universo caótico do qual faz parte, como uma frequência regular e verificável[31].

Onde Mandelbrot descobriu invariâncias de escalas espaciais, Feigenbaum demonstrou as invariâncias temporais. Nessa perspectiva, não se trataria mais de considerar o manuscrito como um vasto espaço ao modo de Mandelbrot, nem como um palimpsesto ao modo de Nottale, mas como uma longa corrente que se desenrola no tempo, sem relação necessária com o calendário, mas que, irreversível, persegue seu caminho tentando um percurso até um texto que se encaixa no projeto estético do autor, muitas vezes desconhecido, o que nas novas abordagens científicas é chamado de atrator.

O manuscrito proustiano, assim como o desenrolar das nuvens, revela uma corrente extremamente complexa. Na verdade, não há uma corrente, mas múltiplas correntes que se cruzam, desfazem-se e tornam a se cruzar para desembocar no *Tempo Redescoberto*, sob o risco de voltar a se desfazer, por exemplo, quando foi encontrado o manuscrito de *Albertine disparue*, por Nathalie Mauriac, em 1986.

Apesar desta complexidade inerente a toda composição, os autores conseguem criar regularidades que correspondem a espécies de parada na composição ou a pontos fixos que se tornarão referências em seguida. O leitor as reencontrará facilmente nas personagens. O geneticista verá se formarem essas identidades nos manuscritos, até que seja instituída a corrente regular que estrutura o texto e, entre outros, as personagens. Estas se tornarão, frequentemente, balizas incontornáveis para os escritores que seguirão. Rastignac, Emma Bovary, Fabiano, Riobaldo, o barão de Charlus etc., são exemplos disso.

Mas, como o autor consegue modelar estas identidades ou estas regularidades? Exercendo a *voyance* (vidência), dirá Rimbaud. Onde a maioria dos seus contemporâneos não vê nada, ou apenas o caos nos milhares de informações que

31 R. Benkirane, op. cit., p. 164.

16 OS PROCESSOS DE CRIAÇÃO NA ESCRITURA, NA ARTE E NA PSICANÁLISE

chegam de todos os lados, ele distinguirá regularidades distribuídas entre personagens, suas relações e seus discursos, as categorias de tempo, de espaço, de ponto de vista e de voz etc. É uma questão de visão, dirá o narrador proustiano, falando de Elstir.

Tomei o exemplo da prosa, mas poderei também ilustrar o fato com a poesia, quando o poeta chega a distinguir entre os fonemas, as letras ou as palavras de sua língua, aqueles que lhe convêm para expor um verso, uma estrofe, um haicai etc.

A origem de numerosas teses vem desta percepção aguda de nossos doutorandos que detectam invariantes de cor, de sintaxe, de raças, de exclusão, de vestido, de flores, de uma qualidade ou de um valor determinados. Lá onde o grande público vê apenas uma história, o geneticista verá se construir esses invariantes nos manuscritos.

A IGNORÂNCIA DAS ORIGENS
OU A BASTARDIA DO TEXTO

Confirmando, de certa forma, a teoria do caos determinístico que acentua o desprezo pelas causas em proveito da auto-organização, Daniel Ferrer havia sublinhado, em um curso em 1991, que para Stendhal e Joyce não existe uma origem exata da escritura, mas, no melhor dos casos, um ponto de partida, uma data, uma primeira carta, um erro de transcrição, um signo, como se o pudor ou a ignorância cercassem o nascimento do texto.

Em Joyce, a origem é às vezes negada. As letras, portadoras de origem, se inscrevem sempre em uma tradição, já que arrastam o peso do passado que nasce de sua estilização primitiva, quando não é o primeiro desenho que constitui seu berço. De maneira a destruir a origem e a ligação com a tradição, Joyce usava, entre outros, quatro procedimentos: a invenção de signos para significar as personagens edipianas, a inversão das consoantes de palavras, o P e o K, por exemplo, e, enfim, a escrita a partir dos erros de sua copista ou de notas tomadas por um amigo, esquecendo o contexto. A destruição da letra pelo signo, da palavra pela inversão das consoantes e da normalidade pelo

OS PROCESSOS DE CRIAÇÃO NAS CIÊNCIAS EXATAS

uso do erro ou pela nota isolada do contexto, permite a recriação e a fixação de uma nova âncora para a escritura.

O narrador joyciano recusa não somente a origem do início da escritura, mas também a da escritura em curso. A recusa acumulada da origem coloca a escritura joyciana do lado da não filiação ou da bastardia da escritura. Seria uma interpretação da tese de Louis Hay, "le texte n' existe pas", o texto não existe.

Este filtro reforça a tese segundo a qual o manuscrito deve ser lido "só depois", e não como o desenvolvimento linear de uma escritura. O pai da escritura é o depois e não o antes.

O FUNCIONAMENTO DO PENSAMENTO

Podemos conceber duas etapas na elaboração da escritura. A segunda é conhecida pelo estudo dos manuscritos, enquanto a primeira, praticamente ignorada, deixa apenas suas pegadas nas primeiras redações, nos acréscimos e nas supressões. Não sabemos como funciona o pensamento, podemos apenas emitir hipóteses.

John Nash (1928), embora ou porque esquizofrênico, obtém o prêmio Nobel de economia em 1994, por uma teoria matemática do equilíbrio esboçada na sua tese de doutoramento, de quando tinha 22 anos. A desordem da mente geraria a genialidade?

Os surrealistas imaginaram ter descoberto o funcionamento do pensamento na escritura automática, mas seus escritos revelam uma submissão curiosa à sintaxe.

Celina Borges Teixeira, estudando Valéry, sustenta outra hipótese. Ela forjou um móbile representando a mente, no qual diferentes fólios se olham, se falam, produzindo outros desconhecidos que poderiam explicar os saltos incompreensíveis na numeração adotada nos departamentos de manuscritos das bibliotecas nacionais[32].

Neil Gershenfeld sugere indiretamente uma terceira hipótese. Construindo um calculador quântico, com Isaac Chuang,

---

32 C. B. Teixeira, *Manuscrítica*, n. 4, p. 59.

18 OS PROCESSOS DE CRIAÇÃO NA ESCRITURA, NA ARTE E NA PSICANÁLISE

em 1998, ele concretizou a noção de *bit* quântico. "A característica do cálculo quântico reside na superposição de estados quânticos e lógicos que, no nível do cálculo, se traduzem por um modo de operar não sequencial, mas massivamente paralelo que permite, em princípio, uma velocidade sem medida no tratamento sequencial do cálculo clássico"[33].

Longe de mim colocar no mesmo pé o pensamento e a máquina quântica, mas o que me tenta na comparação é a velocidade com a qual a máquina procede e que explicaria, ao mesmo tempo, a escritura automática dos surrealistas e esta fúria de escrever que algumas vezes se apodera de certos escritores e nos faz considerar a passagem do pensamento ao papel ou para a tela do computador como uma simples transcrição, e não uma elaboração. As invariantes – frases ou parágrafos –, que não se modificam do início da escritura até o fim do manuscrito, não são testemunhos desse processo? São blocos de pensamento que estão lá há muito tempo e que amadurecem ou que reagem frente aos manuscritos mentais, até surgirem na folha branca, sem avisar.

UM FILTRO MÁGICO?

Como exemplo dos "sistemas de moléculas que, em escala microscópica, estão em movimento perpétuo sob o efeito da agitação térmica"[34] e que nossa pobre vista não percebe, não podemos supor que a imobilidade das palavras é somente aparente? As palavras não falam entre si e não se chocam como qualquer molécula na mente, sem que o escritor saiba, embora estejam sob a ação de seu desejo? Entrar no mundo da escritura decorre de certa magia, ou devemos realisticamente esquecer essa hipótese?

Além do mais, não há uma transição de fases quando escrevo demais? Tanto quanto a partir de certo grau de calor, o químico não controla mais sua experiência e não pode mais prever o que vai acontecer, não poderíamos presumir que a

---

33 R. Benkirane, *Fusionner les bits et les atomes*, entrevista com Neil Gershenfeld, op. cit., p. 60.
34 Idem, *Transitions de phases*, entrevista com Bernard Derrida, p. 225.

OS PROCESSOS DE CRIAÇÃO NAS CIÊNCIAS EXATAS 19

partir de certo limiar, para meu olho na folha branca ou para a capacidade de memória da minha mente, o choque das palavras provoca uma subversão na ordem habitual ou na maneira de aparecer?

Este filtro parece menos ligado à escritura e mais às artes plásticas, nas quais as cores, as linhas ou as formas parecem mais independentes da vontade do artista, se seguimos a leitura de Matisse por Lacan.

Ao ritmo em que chovem do pincel do pintor os pequenos toques que chegarão ao milagre do quadro, não se trata de escolha, mas de outra coisa. Essa outra coisa, será que não poderemos tentar formulá-la?

Será que a questão não deve ser tomada mais aproximadamente a isso que chamei de chuva do pincel? Será que se um pássaro pintasse, não seria deixando cair suas penas, uma serpente suas escamas, uma árvore se desfolhar e fazer chover suas folhas? Ato soberano sem dúvida, pois que passa a algo que se materializa e que, por essa soberania, tornará caduco, excluído, inoperante, tudo que, vindo de outro lugar, se apresenta diante desse produto. Não esqueçamos "que a pincelada do pintor é algo onde termina um movimento[35].

Mas, quem sabe?, este filtro também funciona na escritura, pelo menos para os poetas.

EM BUSCA DA COMPRESSÃO DE INFORMAÇÕES NO MANUSCRITO

"A ciência é a procura das compressões de informações", segundo o astrofísico inglês John Barrow[36].

Poderíamos considerar os processos de criação como compressões de informações?

Como considerar o manuscrito a partir desta definição?

1. Devemos constatar e reparar as diferentes camadas de compressão no material estudado, tanto no texto publicado quanto em cada versão. Com base em quais critérios o crítico

---

35 J. Lacan, *Os Quatro Conceitos Fundamentais da Psicanálise*, p. 111.
36 R. Benkirane, De la science des limites et des limites de la science, entrevista com John Barrow, op. cit., p. 326.

20　OS PROCESSOS DE CRIAÇÃO NA ESCRITURA, NA ARTE E NA PSICANÁLISE

alistará os momentos de acúmulo de informações no manuscrito e no texto?

Sugiro a dificuldade de compreensão ou a musicalidade estranha na leitura, que revelariam uma complexidade implícita. O crítico tentará perceber, em primeiro lugar, como esses nós se desfazem e se destroem ou se constituem e se constroem. Em segundo lugar, se eles escondem um processo de criação.

As concentrações de informações geram a estrutura do texto, ou diretamente a escritura? Será que elas qualificam e diferenciam a escritura de tal romance ou de tal autor? Quais são as diferenças entre processos de criação, estruturas, formas e escritura?

2. Cada documento gera modos diversos de compressão. A constatação justifica a pesquisa dos processos de criação em cada camada, e não somente nos manuscritos. Neste sentido, a crítica genética que eu pratico, às vezes, a partir do texto publicado, não se opõe à do ITEM, que somente trabalha a partir dos manuscritos.

Resumindo, enumerei oito filtros de compreensão, do liso ao fractal; a forma como auto-organização da matéria e não um capital de formas; a região de Prigogine e a auto-organização descendente e ascendente, de Varela; as regularidades na irregularidade natural do manuscrito ou os invariantes; a ignorância das origens ou a bastardia do texto; o funcionamento do pensamento; o filtro mágico; a procura da compressão de informações no manuscrito.

Em 1985, sublinhava no discurso de abertura do I Encontro da APML (*O Manuscrito Moderno e as Edições*) que "semelhantes aos monges beneditinos retirados aparentemente da sociedade e da política, guardamos e pesquisamos um dos tesouros mais preciosos que um povo possui, a sua língua e sua literatura"[37]. Reitero a comparação, mas estendo o conceito de monge a todo pesquisador e o conceito de objeto pesquisado às artes em geral e a qualquer atividade humana que inclua invenção e não repetição.

37　Discurso de abertura, nos anais do congresso em *O Manuscrito Moderno e as Edições*.

Os grandes homens não são frequentemente os políticos, as vedetes, os artistas de novela, aqueles que fazem parte do show e que aparecem, como sublinha Michel Serres. Os verdadeiros grandes homens são os pesquisadores, os artistas ou os escritores que se debruçam sobre o real da natureza, do ser humano ou das obras e tentam entender os processos de criação ou do funcionamento destes objetos, desde o mundo galáctico até uma simples ameba, passando pelos manuscritos, os esboços, os croquis etc.

É nesse sentido que ventilei algumas pesquisas fora de nosso campo. Não quis navegar nestes campos apenas para ter ideias novas, mas porque acredito que qualquer pesquisador de qualquer campo está na mesma luta, isto é, tenta tornar inteligível o mundo que nos cerca.

2. A Crítica Genética e as Ciências da Mente

A CRÍTICA GENÉTICA

Manuscritos e disquetes do escritor, esboços e croquis do artista mostram, de maneira privilegiada, o trabalho do pensamento. Poucas publicações relacionam as ciências do pensamento com a crítica genética. No entanto, a incidência dos significantes "pensamento" e "processo de criação" nas revistas *Manuscrítica*, da Associação dos Pesquisadores do Manuscrito Literário (1990-), e *Génesis* (1992-), do Instituto de Textos e Manuscritos Modernos do CNRS (França), nas obras e teses citadas no site do NAPCG, indica que a crítica genética se preocupa indiretamente com o trabalho sutil do pensamento e sua compreensão.

COMO FUNCIONA O PENSAMENTO?

Quem domina o outro? O cérebro e sua base biológica, ou a estrutura psíquica? Um câncer é provocado por uma desregulação das células ou pela perda de um ente querido? Qual é sua causa real e original? O dilema é objeto de debates acirrados entre

OS PROCESSOS DE CRIAÇÃO NA ESCRITURA, NA ARTE E NA PSICANÁLISE

cientistas, psiquiatras, psicólogos e psicanalistas. Todos reconhecem, de algum modo, as interferências entre corpo e psique, mas se dividem, mesmo assim, entre dualistas que, como Descartes, sustentam a separação do corpo e da alma ou do espírito, e monistas, que defendem a união estreita do corpo com a mente. Esses últimos, cada vez mais numerosos, não apostam em uma separação estanque, nem atribuem mais influência a uma parte do que à outra: "Se a mente não é outra coisa do que o corpo em movimento", não há por que separar o cérebro da mente, salienta o cognitivista Varela[1], definição que não está muito longe do conceito de alma segundo Aristóteles, para quem ela é a soma das funções corporais. Merleau-Ponty acrescentava: "nosso corpo não é um objeto para um 'eu penso': ele é um conjunto de significações vividas que caminha para seu equilíbrio"[2]. Mais recentemente, Izquierdo definiu a mente como função do corpo, dependendo dele para existir, sofrer e se manifestar[3].

Para entender o funcionamento do pensamento ligado ao surgimento da palavra ou da escrita, há pelo menos quatro vias: a psicanálise, as ciências cognitivas, a biologia e o estudo do manuscrito ou dos esboços de qualquer artista.

A PSICANÁLISE

A escuta psicanalítica no divã supõe um *não pensamento* identificado ao inconsciente como origem do pensamento[4]. Segundo a psicanálise, e contrariamente a Aristóteles, o homem não pensa com sua alma, embora conceda que o mundo é um fantasma que se sustenta de certo tipo de pensamento[5]. Mas, se "o sujeito do inconsciente toca a alma somente através do corpo"[6], qualquer atividade, inclusive a escrita, passa pelo inconsciente. Ainda que não trate explicitamente desta pista,

---

1 R. Benkirane, op. cit., entrevista com Franscico Varela, p. 174.
2 *Fenomenologia da Percepção*, p. 22, citado por W. Safatle, *A Paixão do Negativo*, p. 76
3 *A Mente Humana*, disponível em: <http://www.ufmg.br/online/arquivos/izquierdo.pdf>.
4 J. Lacan, *Le Séminaire. Livre xvi. D´un Autre à l´autre*. Paris: Seuil, 2006, p. 13.
5 Idem, *Télévision*, p. 16.
6 Idem, ibidem.

A CRÍTICA GENÉTICA E AS CIÊNCIAS DA MENTE 25

não deixarei de mencioná-la nas entrelinhas, já que tem muito a ver com o nascimento da escritura.

AS CIÊNCIAS COGNITIVAS

O estudo do cérebro por cognitivistas e neurolinguistas é a segunda pista. Entretanto, as abordagens são várias, e às vezes antagônicas. Os progressos na descrição do cérebro, por várias técnicas, e a possibilidade de testar os efeitos de um remédio em uma deficiência localizada[7], levaram alguns cientistas a achar que assim chegarão à origem do pensamento. Mas, apesar das técnicas de medida ou de captação bastante fina dos movimentos do cérebro, ou das tentativas de identificação de um neurônio a uma imagem, a complexidade do cérebro é tanta que a passagem do neural ao mental continua um mistério. O estudo por imagens confirma o funcionamento holístico do cérebro e permitiu que os cientistas identificassem, aos poucos, desde 1859, com o médico Paul Brocas[8], as funções das zonas do cérebro, mas até hoje nenhum aparelho pode dizer como funciona o pensamento.

Não é, também, assimilando "o cérebro à caixa preta da primeira cibernética", nem a um computador ou a uma rede de computadores[9], que entenderemos o pensamento.

A corrente do cognitivismo sintetizada por Jean Petitot e Francisco Varela defende a naturalização da fenomenologia[10], e parte da hipótese de que a filosofia desenvolvida por Husserl tem uma base natural e biológica. É a "embodied cognition" ou

7 Determinar a quantidade de energia usada pelo cérebro pela emissão de positron (TEP) ou perceber as partes do cérebro que trabalham durante uma atividade pela ressonância magnética (RMN) ou pela magnetoencefalografia (MEG).

8 M. Moura, Visões Íntimas do Cérebro, *Pesquisa Fapesp*, n. 126, p. 38.

9 Kastrup Rehen Stevens: "Poderíamos comparar o cérebro a uma sala repleta de computadores, onde cada neurônio é uma determinada máquina. [...] Cada computador – ou grupo de computadores – tem sua própria individualidade. [...] com diferentes velocidades e capacidade de armazenamento. Sendo assim, em uma sala com computadores diferentes é muito mais difícil prever a resposta a um determinado problema". Agência Fapesp, 24 mar. 2005, entrevistado por Washington Castilhos. Essa posição do cérebro-rede reflete a segunda hipótese, dos conexionistas.

10 Sob a direção de Jean Petitot, Francisco Varela, Bernard Pachoud, e Jean-Michel Roy, *Naturaliser la phénoménologie*.

26 OS PROCESSOS DE CRIAÇÃO NA ESCRITURA, NA ARTE E NA PSICANÁLISE

a cognição "enactiva"[11], ou encarnada. As várias camadas que constituem o ser humano, desde o psíquico até o biológico, interagem entre si[12] e se auto-organizam nos dois sentidos, ascendente e descendente. A cognição encarnada não se chocaria necessariamente com a teoria psicanalítica. Ela admite o não-pensamento, ou o inconsciente, que inclui o corpo pulsional como uma das camadas que, como as outras, interferem constantemente no conjunto. Em segundo lugar, esse novo saber não procura uma equivalência biológica a uma ação cognitiva determinada, já que admite "uma infinidade potencial de representações", em relação a um elemento biológico, e acentua seu nível metafórico e metonímico. Assim, "o problema filosófico tradicional da relação entre o espírito e o corpo é transformado em um problema cientificamente solúvel: a chave da relação reside precisamente nos processos que dão origem ao mental, qualquer que seja a matéria com a qual preferimos concebê-los"[13].

Alain Prochiantz, diretor do Laboratório de Desenvolvimento e Evolução do Sistema Nervoso (CNRS) na Escola Normal Superior de Paris, já citado, concorda com Varela e declara que "ainda que a tentação relativista de humanizar as ciências ditas exatas possa parecer oposta à vontade sociobiológica de biologizar as ciências ditas humanas – as ciências cognitivas estando divididas entre as duas tendências –, estas tentativas se reúnem em uma supressão desejada das fronteiras entre o humano e o não humano, que exige uma reorganização dos campos disciplinares"[14].

11 "É a imagem do poema de [Antonio] Machado que diz que não há caminho e que o caminho se faz andando". R. Benkirane, op. cit., p. 173.

12 "A ciência cognitiva faz igualmente a hipótese crucial de que os processos que subentendem o comportamento cognitivo podem ser explicados em níveis diferentes e em graus variáveis de instrução, cada um deles correspondendo a uma disciplina ou a um grupo de disciplinas específicas. No nível mais concreto, a explicação é biológica, mas no nível mais abstrato, ela é somente funcional [...] este nível funcional de explicações é assimilado ao nível psicológico e mental. Em outros termos, a ciência cognitiva sustenta que não há diferença essencial entre o fato de dar uma explicação funcional da atividade do tratamento da informação responsável pelo comportamento cognitivo de um organismo, e o de explicar este comportamento em termos mentais. A ciência cognitiva só se torna, *stricto sensu*, uma nova forma de teoria do espírito pelo viés dessa hipótese suplementar". J. Petitot et al., *Naturaliser la phénoménologie*, p. 6.

13 Idem, p. 7.

14 A. Prochiantz, op. cit., p. 173.

A BIOLOGIA

"A estrutura cerebral é o resultado de uma interação entre os genes do desenvolvimento que definem a pertença a uma espécie determinada e à história do indivíduo portador desses genes", escreve Prochiantz. Ele define o "pensamento, no sentido puramente biológico, como 'le rapport' adaptativo que liga o indivíduo e a espécie a seu meio", a relação tem o sentido de proporção matemática aqui e me interessa especialmente pelas consequências: "esta definição é estritamente biológica e contrária à unicidade dos saberes, ela não exclui outras definições" e "elimina a questão da localização do pensamento [...] repudia a representação do pensamento como substância secretada por um órgão (Cabanis) e incorpora todos os aspectos das interações entre o vivo e seu meio, sem restrição nenhuma, sobre o organismo estudado"[15].

Embora restritiva à biologia e aplicável a todos os seres vivos, sem distinção entre o homem ou outro animal, a definição tem a vantagem de estar ligada ao corpo, sem exigir uma base orgânica, e de incluir a linguagem, a cultura e o simbólico que estruturam nossas sociedades. E Prochiantz ressalta o papel da biologia: "ela deve trabalhar para elucidar as condições universais da construção das singularidades [...] [já que] a individuação é um processo sem fim, mas também sem finalidade, do qual a compreensão decorre de todos os campos do saber, inclusive das disciplinas não científicas [...] Há necessariamente algo que escapa ao reducionismo biológico"[16].

O psicanalista François Ansermet e o neurocientista Pierre Magistretti confirmam as observações de Prochiantz e Varella: "Estranhamente, há um ponto de convergência entre a neurobiologia e a concepção da cura psicanalítica (dois incomensuráveis), na medida em que um significante equivale a um 'signo da percepção', mas também a um traço sináptico".[17]

---

15 Idem, p. 154-157.
16 Idem, p. 168.
17 *A chacun son cerveau*, p. 168.

OS PROCESSOS DE CRIAÇÃO NA ESCRITURA, NA ARTE E NA PSICANÁLISE

O MANUSCRITO

A última vertente do cognitivismo descrita anteriormente ajuda a entender indiretamente o que se passa nas manifestações do pensamento visíveis no manuscrito, na inserção da criança na língua ou na aprendizagem de uma língua estrangeira, que constituem a terceira pista[18]. Conforme a hipótese de Prochiantz, a cognição encarnada não precisa de uma equivalência entre uma localização no cérebro e uma atividade cognitiva, e sustenta que qualquer atividade engloba várias regiões da mente.

TRÊS HIPÓTESES LITERÁRIAS

Antes de abordar a crítica genética, devo lembrar três hipóteses literárias sobre o trabalho da mente.

A primeira é dos surrealistas já comentada, que acharam ter descoberto o funcionamento do pensamento na escritura automática, embora seus manuscritos mostrem rasuras e uma submissão à sintaxe.

A segunda é da poetisa inglesa Elizabeth Bishop. Ela assimilava a mente a um universo no qual se posicionavam corredores, galerias sussurrantes e trilhas que supõem um espaço ordenado misturado com outros sem arquiteturas aparentes[19], universo que não está longe dos módulos e dos não-módulos de Fodor*[20].

A terceira é de Celina Borges Teixeira, comentada no capítulo anterior. Estudando os rascunhos de L'Ange, de Valéry[21], Teixeira sugeriu que as versões se olhavam e se falavam na mente do escritor, como as peças dos móbiles de Calder, empurradas pelo vento. Estes movimentos teriam criado versões intermediárias não transcritas, o que teria perturbado os

---

18 Para a inserção na língua materna ou em língua estrangeira, remeto os interessados ao artigo de Cristina Casadei Pietraroia: (Re) Lendo a Escrita..., *Manuscrítica*, n. 6, p. 123.

19 S. Anastácio, *O Jogo das Imagens no Universo da Criação de Elizabeth Bishop*.

* Jerry Allan Fodor (Nova York, 1935-), filósofo e cognitivista (N. da E.).

20 *La Modularité de l'esprit*.

21 C. B. Teixeira, *Manuscrítica*, n. 4, p. 119.

A CRÍTICA GENÉTICA E AS CIÊNCIAS DA MENTE

arquivistas, que não podiam estabelecer uma ligação entre duas versões A e C, por exemplo, ignorando a versão B não transcrita, hipótese bem próxima dos estudiosos que detectam áreas do cérebro que conversam entre si[22].

UMA ARTICULAÇÃO DE CONCEITOS

Enquanto as reações do cérebro podem ser visualizadas, os caminhos do pensamento se revelam até hoje misteriosos, pois além de desconhecidos, eles não funcionam somente por meio do cérebro[23]. Só nos resta criar um simbólico ou um quadro de conceitos que torne mais inteligível o trabalho do pensamento. Embora muito pobre em relação ao que se passa realmente[24], este enquadramento do pensamento pelos conceitos facilita a compreensão.

À pergunta sobre a origem da escritura ou o que desencadeia o trabalho da criação, Proust sugere uma pista no *Caminho de Swann*[25]. Encantado com a pequena frase de Vinteuil, ligada a seu amor por sua amante Odette, Swann ouvia, além dessa felicidade momentânea, outro, ele mesmo no passado, que gozava (é o "j' ouis jouir" de Lacan), mas não queria saber desse gozo que lembrava um sofrimento do passado.

A atitude de Swann leva a pensar que toda atividade humana é baseada no binômio gozo/sofrimento, do qual poucos querem saber, porque dói. Por que não elaborar um conceito que defina a relação necessária entre o gozo e o fazer artístico, particularmente?

Todo romance, poesia, drama ou obra em geral é acionado por um pedaço ou um grão de gozo que inclui a dor. O manuscrito exibe este movimento. À medida que o texto se constrói e se desfaz pelas rasuras, supressões e acréscimos, ele passa pela re-presentação e pelo grão de gozo. Chamei esse movimento de texto móvel, a mobilidade sendo ligada ao texto instável que se

---

22 R. Kenski, A Revolução do Cérebro, *Superinteressante*, n. 229, p. 52.
23 A. Prochiantz, op. cit., p. 156.
24 A. Berthoz, *Le Sens du mouvement*, apud J. Petitot et al., *Naturaliser la phéno-ménologie*, p. 463.
25 M. Proust, *O Caminho de Swann*, p. 206.

faz, e o texto se referindo ao mesmo tempo ao grão de gozo estável e à escritura parada, não revista pelo autor. Nessa conceituação, suponho um grão de gozo idêntico durante a escritura da obra, que desaparece na entrega ao editor, pois não excita mais o escritor.

O grão de gozo ou o pedaço de real ("le bout de réel"), como dirá Lacan, conduz o jogo, levando o escritor a se dizer, a dessubjetivar-se, para renascer como *autor*. Em outras palavras, bloqueado pelo "texto móvel" – conjunto de impressões, de sensações, aliado às chamadas do grande Outro (um convite, a pressão dos amigos, a tradição literária e crítica etc.) –, o desejo do escritor dá partida à *pulsão de escrever*.

Rascunhando páginas e páginas, o escritor encontra novas solicitações, que surgem nos silêncios, nas rasuras e na invenção da escritura. Ele se torna, então, *scriptor*, ou instrumento dessas chamadas e solicitações e, em seguida, leitor de sua escritura. Assim, ele constrói *a memória da escritura*. O Flaubert de *São Julião* não é exatamente o de *Um Coração Simples* ou o de *Herodias*. Não porque faça ressurgir elementos recalcados, como reza a teoria freudiana, mas porque, pela escritura, faz significar elementos que antes não tinham a menor importância, ou ainda, porque inclui no mundo elementos até então ignorados. As personagens-chave, de Guimarães Rosa são exemplos desse acréscimo ao conhecimento universal, e assim para todos os grandes autores. O aporte da literatura e das artes à compreensão do ser humano, reconhecido por Freud desde o início, é inegável.

Em um último movimento, de *scriptor* a leitor, o escritor se torna *autor*, na mesma página rasurada, quando não volta mais atrás e passa ao parágrafo ou à página seguinte. Ele vê emergir assim, aos poucos, um texto novo, original e significativo, que tem a vantagem de trabalhar sua relação com o seu inconsciente e com o de seus leitores.

O conceito de texto móvel escapa às coações kantianas do tempo e do espaço, demais dependentes da geometria euclidiana. O gozo de Swann é extratemporal e não se situa em algum lugar, mas nas dobras da língua. Da mesma forma, o grão de gozo que desencadeia a escritura lembra algo de minúsculo

A CRÍTICA GENÉTICA E AS CIÊNCIAS DA MENTE 31

comparável à corda dos físicos, infinitamente pequena, com mais de quatro dimensões[26].

Isolado e esquecido, o texto-corda esconde suas riquezas, como o grão de gozo. Mas, uma vez agarrado pelo escritor, atento ao que lhe vem pela mão e ao que se escreve – o "se" pronominal indicando o instrumento que ele se tornou, um *scriptor* –, "o texto móvel", que inclui o texto-corda e seu gozo, desenrola suas múltiplas dimensões, lineares e não-lineares, caóticas ou não, e gera a escritura nos manuscritos[27].

O texto móvel, aliado ao desejo do escritor, desencadeia a constituição da *"memória da escritura"* de determinado conto, romance ou poema. Como surge o primeiro momento da constituição da memória da escritura de determinado conto, romance ou poema? Examinarei o mistério no primeiro capítulo da segunda parte. Apenas citarei aqui Henry Bauchau, que fala de obrigação interna: "eu me choco com uma recusa interior categórica de continuar o romance. Sou obrigado a abandoná-lo e, durante esse verão e os anos que se seguirem, me sinto incitado ou talvez forçado a escrever poemas da coletânea *Les Deux Antigones*"[28].

Sem dizê-lo, essa declaração se refere claramente à negatividade fundamental do inconsciente, base do pensamento segundo Lacan, e manifesta, por outro lado, a unidade intrínseca da mente com o corpo e a escritura. O corpo interfere na psique continuamente e vice-versa, como já pensavam os filósofos sensualistas que, de Locke a Peirce, passando por Condillac e Maine de Biran, foram retomados por Freud, Proust, Lacan, Petitot e outros.

A memória da escritura nunca será definitiva, e continuará a juntar informações que entram no mesmo espaço e se auto-organizam nos dois sentidos, ascendente e descendente, como

---

26 "Nas teorias das cordas, o que se pensava anteriormente em termos de partículas é agora representado como ondas de uma linha de papagaio em vibração. [...] Quanto às múltiplas dimensões, é como a superfície de uma laranja: olhada de perto, ela é toda curva e enrugada [...]. É assim mesmo para o espaço-tempo: na pequena escala, ele tem dez dimensões e é muito curvo", S. Hawking, *Une brève histoire du temps*, p. 198-201.

27 P. Willemart, *Além da Psicanálise: A Literatura e as Artes*, p. 101.

28 H. Bauchau, *L'Écriture et la circonstance*, retomado em *Oedipe sur la route*, p. 403.

32 OS PROCESSOS DE CRIAÇÃO NA ESCRITURA, NA ARTE E NA PSICANÁLISE

já sublinhei[29], transformando o escritor em instrumento de sua escritura, ou seja, em *scriptor*. O acúmulo de informações durará até a última rasura, e às vezes transbordará o romance, o conto ou o poema do momento. Uma vez na memória, a informação entra no sistema à procura de outras, por caminhos desconhecidos do escritor que, atento a esse jogo, traduz ou transpõe para a página o que lhe convém.

A memória da escritura pode ser comparada a um universo no qual a dinâmica das partículas consegue construir um determinado conto ou romance, e não qualquer outro. Esse universo seria, portanto, constituído de milhares de ondas-partículas reais ou virtuais, isto é, observáveis ou não, que formam um campo energético bastante poderoso para resistir à morte ou ao esquecimento, atravessar a mão do escritor por meio da força de atração manifestada pelo ato da escrita. A velocidade dos acontecimentos-informações ou das partículas-informações chega a se desligar de sua dimensão temporal inicial, facilita sua inserção no manuscrito e lhe dá a dimensão temporal da ficção. Não é durante o deslocamento entre a memória da escritura e o manuscrito que a trajetória se bifurca bruscamente – a cópia ou o plágio confirmam a identidade do ponto de partida ou do ponto de chegada. Flaubert copiou trechos do *Étude critique sur la Bible*, de Nicolas Michel, por exemplo, mas os rasurou, transformando-os no decorrer das campanhas de redação. Em outras palavras, ele desligou a trajetória de sua origem e a fez sua.

Assistimos, então, a uma luta entre o *escritor-scriptor* e o *autor-leitor*, conforme atestam as rasuras. Há dois tipos de informações: as da memória da escritura, que já estão na mente, e aquelas que, atraídas pela escritura, explodem de repente, vindas do meio ambiente, das leituras ou da tradição. A transferência atira esses dois tipos de informações, que se espalham na página adquirindo *uma existência para o escritor*.

As informações insistem ou desistem e, sob a pressão da lógica do autor, que as ama ou destrói, ou, em linguagem de informação, que as trata ou não, são integradas ou rejeitadas, e ganham *uma existência para o autor*.

---

29 R. Benkirane, Autopoïese et émergence, entrevista com Franscico Varela, op. cit., p. 166.

A CRÍTICA GENÉTICA E AS CIÊNCIAS DA MENTE

Seis conceitos formam a rede até agora: o texto móvel, a memória da escritura, a existência para o escritor e a existência para o autor, o escritor-*scriptor* e o autor-leitor.

UM NÃO SABIDO GENÉTICO

Aos seis conceitos se acrescenta um sétimo, ao mesmo tempo próximo e distante da teoria psicanalítica, que eu havia chamado de inconsciente genético, mas cujo conteúdo se encaixa melhor no conceito de não sabido genético.

Alguns fatos levantados e analisados nos cento e cinco fólios do manuscrito do primeiro capítulo do conto *Herodias* ilustram o conceito de não sabido: a pluralidade religiosa do tetrarca e sua hesitação entre as crenças árabes, judias ou romanas, a pouca distinção das personagens Antipas e Herodias, visível nos lapsos de escrita, as relações amorosas de caráter divino entre Iaokanan (João Batista) e Antipas etc [30].

Dispersos no manuscrito, esses feitos, subtraídos do texto editado, decorrem de seu não sabido genético. Fazem parte de um não sabido para o leitor, mas não de um *impensado* para o escritor, que os conhece, condensa ou elimina, nem para o crítico genético que decifra os manuscritos. Parecidos com os elementos latentes do sonho ignorados pelo sonhador, mas pensados pelo agenciamento onírico, eles são ativos, desencadeiam o sonho narrado e, aqui, o texto publicado. O manuscrito se torna, assim, similar ao sonho em estado latente, se não levarmos em conta o seu fácil acesso e sua possibilidade de interpretação para o crítico.

O *não sabido genético* é, todavia, diferente da memória da escritura, pois já fez parte da narrativa.

Se, por um lado, tocamos nas ciências cognitivas, que se interrogam sobre o funcionamento do cérebro e da mente, por outro, mergulhamos na crítica genética, que estuda essencialmente os múltiplos circuitos que rasgam o manuscrito, para desembocar na *constelação estelar da escritura*.

---

30 P. Willemart, *Universo da Criação Literária*, p. 25 e s.

34   OS PROCESSOS DE CRIAÇÃO NA ESCRITURA, NA ARTE E NA PSICANÁLISE

Assim, o não sabido genético parte da memória da escritura e contribui para formar um Universo aberto e sensível às milhares de informações que o mundo irradia, sem limite, portanto, para a sensibilidade do escritor. Em expansão contínua, esse verdadeiro universo encontra seu limiar nas dimensões da página ou do capítulo no final da trajetória, mas enquanto dura o processo, as informações, vindas de toda parte, ultrapassarão de longe o número daquelas contidas no texto publicado. O gênio do escritor, em grande parte inconsciente, se deve à sua capacidade de sair das próprias estruturas para aceitar o imprevisto que se confunde muitas vezes com a queda das fronteiras entre dois campos. Por exemplo, o da história e da literatura para Flaubert; da gramática e da escritura para Mário de Andrade[31]; das ciências e técnicas e da ficção, para Proust.

No entanto, nem toda a escritura é pensada pelo escritor; há zonas de escrituras suscitadas pelo impensado, no qual flutua o pensado, e que explicam um pouco mais o trabalho da mente.

O NÃO SABIDO OU O IMPENSADO DA LÍNGUA

O impensado se confunde com "o texto móvel" que situei nas sensações ou no afeto e ao redor do qual nasce esse novo saber que aparece no manuscrito. As expressões *"ao redor de"* ou *"à beira de"* lembram a descrição lacaniana do inconsciente, que se caracteriza pela falha que conduz o sujeito, mas não aparece nos rascunhos, nem no texto publicado. O impensado aparece nitidamente na excelente obra em sete volumes na qual o filólogo Jacques Damourette e seu sobrinho, o psiquiatra e psicanalista Edouard Pichon, tentam discernir os mecanismos e as ideias da língua francesa que constituem o impensado da língua[32]. Falamos sem saber, isto é, sem conhecer o impensado da gramática que modela nossa fala.

31 T. Ancona Lopez, Vontade, Variante, II *Encontro de Edição Crítica e Crítica Genética*, p. 323.

32 "O estilo de um indivíduo nada mais é do que a história de sua alma, e a gramática confere a descrição da história desse estilo", E. Pichon e J. Damourette, *Des mots à la pensée...* em E. Roudinesco, *Histoire de la psychanalyse en France*, t. 1, p. 314.

Entretanto, devemos distinguir *esse impensado social* do *impensado do "texto móvel"*, singular e não mais comum a todos, decorrente também de um afeto, mas que na maior parte do tempo ficará desconhecido. Paradoxalmente, os dois impensados se aliam na dimensão social. O primeiro pela língua, como o demonstram suficientemente Damourette e Pichon, e o segundo pelo viés do leitor ou do público receptor. O prazer da leitura não é somente devido a uma cultura reencontrada, como definia Barthes, mas também a uma comunidade de desejos e de afetos entre o autor e seu leitor. Esbarramos novamente no gênio do escritor que, com as antenas atentas, ultrapassa os horizontes do homem comum, se abre além e aquém do tempo presente, e pode reunir seus contemporâneos e, muitas vezes, as gerações futuras em um conjunto de aspirações que atravessam os homens, mas que ele verbalizará, como os gramáticos fazem com a língua. Podemos dizer que o impensado, sublinhado por Damourette e Pichon, se associa ao passado do inconsciente freudiano, ao passo que o anunciado pelos escritores se aproxima do imprevisto lacaniano, dado fundamental de sua concepção do inconsciente.

Oito conceitos formam, assim, a rede inteligível do manuscrito, cercam o nascimento da escritura e ajudam a entender como funciona o pensamento na sua atividade de escrita: o texto móvel, a memória da escritura, a existência para o escritor e a existência para o autor, o escritor-*scriptor* e o autor-leitor, o não sabido genético e o impensado da língua. Outros conceitos aparecerão nos capítulos seguintes.

3. A Roda da Escritura[1]

Desde o advento da psicanálise, as categorias literárias são questionadas e, particularmente, a instância do autor. Quem escreve? O escritor ou o autor? Jacques Derrida já declarava: "O sujeito da escritura não existe se entendemos por isso qualquer solidão soberana do escritor. O sujeito da escritura é um sistema de relações entre as camadas: do bloco mágico (analisado por Freud), do psíquico, da sociedade, do mundo. Nesta cena, a simplicidade pontual do sujeito clássico não é encontrável"[2].

Estudando o manuscrito, constatamos que quem começa a escritura não é quem entrega o manuscrito ao editor; distinguimos, assim, as duas instâncias, do escritor e do autor, que se opõem no tempo e na escritura. Cada rasura implica um distanciamento progressivo do escritor e a lenta formação do autor.

O autor é, portanto, fruto da escritura e não o seu "pai", como se pensa habitualmente. Machado é gerado por *Brás Cubas*, Rosa por *Grande Sertão: Veredas*, Mário de Andrade por *Macunaíma* etc.

---

1 Não posso deixar de lembrar os debates mensais no Laboratório do Manuscrito Literário que suscitaram esta reflexão.
2 J. Derrida. *L'Écriture et la différence*, p. 355. Edição brasileira, *A Escritura e a Diferença*.

No decorrer das campanhas de redação, a instância do autor, rascunhando e destruindo o que vem espontaneamente na cabeça do escritor, entra em um processo de negação ou de denegação das origens, confirmando o que sublinha Julien Gracq: "o trabalho da arte não gere nada, ele traz em si mesmo uma rejeição implícita de sua filiação"[3].

A rejeição de palavras, parágrafos, até de capítulos, é parecida com a formação do sujeito freudiano que, por um processo inconsciente de rejeição e de aceitação, se libera ou aceita qualidades ou maneiras de viver e de pensar provenientes de familiares.

No decorrer da escritura operam quatro instâncias: escritor, *scriptor*, narrador e autor, cada uma situada no ângulo de um quadrado inserido em uma roda:

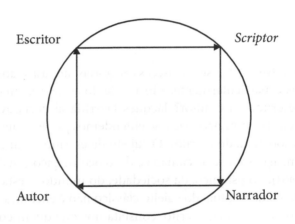

As quatro instâncias agem, cada um por sua vez, em uma roda constante, construindo a escritura a cada rasura[4]. Portanto, a rasura não se define somente como a negação do passado e da filiação, mas como a porta de entrada do futuro e da criação.

---

3 J. Gracq e B. Boie, *Génesis*, n. 17, p. 182. Julien Gracq faleceu no dia 23 de dezembro de 2007, quando eu estava trabalhando neste texto, que será minha homenagem ao autor de *Le Rivage des Syrthes*.
4 P. Willemart. *Crítica Genética e Psicanálise*, p. 75.

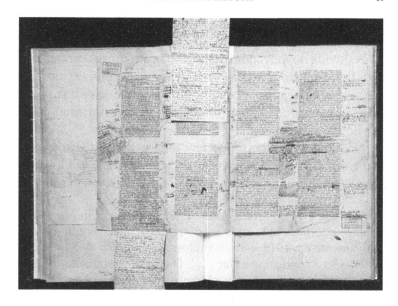

MAS POR QUE O ESCRITOR RASURA E ONDE A RASURA APARECE?

Louis Aragon estranhava: "este poder da imaginação [...] este poder de inventar que fica em mim. Não sou eu quem manda?"[5] Ou ainda Valéry que, perplexo, exclamava: "O que cria em nós não tem nome!"[6]

Gracq, já citado, completava: "O autor sabe exatamente o que procura quando o livro terminou"[7]. Não só o escritor desconhece seu mestre e constata sua servidão, como não sabe, durante toda a escritura do romance ou do poema, o que procura. Será que é bem assim?

No final de *O Tempo Redescoberto*, o narrador proustiano comentava a composição da obra: "a ideia de minha construção não me deixava um só instante. Não sabia se seria uma igreja onde pouco a pouco os fiéis aprenderiam algumas verdades e descobririam certas harmonias, um plano de conjunto, ou se,

---

5   *Blanche ou l'oubli*, p. 493.
6   L'Homme et la coquille. Études philosophiques, *Variété, Oeuvres complètes*, t. 1, p. 892.
7   J. Gracq e B. Boie, op. cit., p. 185.

40 OS PROCESSOS DE CRIAÇÃO NA ESCRITURA, NA ARTE E NA PSICANÁLISE

como um monumento druida no meio de uma ilha, permaneceria solitária"[8].

A dúvida do narrador é temperada com outros dizeres nos quais hesita entre "construir uma catedral" e costurar "um vestido", entre planejar a obra como um arquiteto e reunir peças diversas, como vemos na figura da página anterior e nas palavras do narrador.

No entanto, sabemos que sem uma vontade de escrever e de dizer mais, teríamos apenas três volumes de *Em Busca do Tempo Perdido*, conforme o plano programado, e não sete:

> De 1908 a 1913, Proust compunha o primeiro volume de seu romance que, em 1913, devia ser cortado em dois e publicado definitivamente em 1919, com os títulos: *No Caminho de Swann* e *À Sombra das Raparigas em Flor* [...]. O escritor redigiu ao mesmo tempo o início e o fim de seu romance, mas entre ambos, ele mudou. Se o discurso é o mesmo, é porque *O Tempo Redescoberto* é póstumo, inacabado [...]. *O Tempo Redescoberto* estava esboçado antes da passagem a limpo das outras partes do romance [...], [mas] foram necessários cinco anos [após a morte de Proust] para que fosse estabelecido um texto para *O Tempo Redescoberto*[9].

O que é essa vontade de escrever que transborda o primeiro plano ou o pensamento inicial? Imaginei um texto móvel fundamentando a vontade de dizer como expliquei no capítulo anterior, mas gostaria, neste artigo, de encarar o problema sob outro ângulo.

Paralelamente à construção da escritura, constrói-se a instância do autor, que conclui o texto após cada rasura, como sublinhei acima. Diferente do narrador, que centraliza o foco narrativo e cede ou não a palavra ao personagem, o autor recusa ou aceita, rasura ou prescreve a proposta do narrador. O autor em formação não morreu como afirmava Foucault, ele não é o autor fictício como M. de Renoncourt em *Manon Lescault*[10] que, no entanto, se situa em um nível extradiegético; ele não é também o autor empírico delimitado por uma biografia, o escritor.

---

8 M. Proust, *O Tempo Redescoberto*.
9 B. Brun, *Marcel Proust*, p. 29, 77, 88 e 99.
10 G. Genette, *Figures III*, p. 239.

A instância do autor da gênese, que surpreende o pesquisador de manuscritos, é certamente extradiegética, mas situa-se em uma extradiegese que mergulha na pulsão de escrever e em todos os tipos de memórias do escritor, para emergir rastreando a cultura do momento e do passado e, convencida pelo narrador, aprova ou não a escritura.

Será que a instância do autor tem um parâmetro ou uma ideia norteadora, como a catedral para o narrador proustiano, ou estamos diante de um querer ignorado ou não sabido, como afirmava Gracq?

Os críticos se dividem quanto à ideia norteadora que Salles chama de "tendência"[11]. Seguindo Jean Rousset, Geneviève Henrot detecta uma armação do tempo no *Em Busca do Tempo Perdido* ilustrada por uma carta de Proust, comentando sua obra: "Eu queria dar a cada parte de meu livro o título: pórtico, vitral da abside etc., para responder de antemão à crítica estúpida que afirmava que faltava construção nos meus livros, cujo único mérito, mostrarei, está na solidez das partes menores"[12]. De fato, Henrot conseguiu demonstrar que Proust elaborou uma arquitetura que sustenta a obra[13].

Por outro lado, Dominique Jullien lê *Em Busca do Tempo Perdido* como

um enxerto das *Memórias de Saint-Simon*, como a Senhora de Villeparisis enxerta a família plebeia de seu esposo sobre a do memorialista [...]. A ação de uma personagem prefigura, portanto, o príncipio criador da obra, embora de modo incompleto. [...] Certas personagens de *Em Busca do Tempo Perdido* seguram na mão, cada uma à sua maneira, para *As Mil e Uma Noites* ou as *Memórias de Saint-Simon*, sem saber que saíram deles – já que isto será revelado somente no final de *O Tempo Redescoberto*[14].

Sem afirmar explicitamente que Proust construía sua obra voluntariamente, Jullien leva o leitor a pensar isso.

---

11 C. A. Salles, *Gesto Inacabado*, p. 37.
12 J. Rousset, *Forme et signification*, p. 137.
13 G. Henrot, Poétique et réminiscence: charpenter le temps, *Marcel Proust 3, Nouvelles directions de la recherche proustienne*, p. 253.
14 D. Jullien, *Proust et ses modèles*, p. 222 e 224.

42 OS PROCESSOS DE CRIAÇÃO NA ESCRITURA, NA ARTE E NA PSICANÁLISE

Que haja uma relação evidente entre a campainha anunciando o fim da visita de Swann em *No Caminho de Swann* e a mesma campainha em *O Tempo Redescoberto*, ressoando dentro do herói, concordamos plenamente, já que a aproximação é feita pelo próprio narrador; mas, dificilmente, posso aceitar que a construção de uma personagem estrutura a obra inteira.

Petitot sugere uma terceira possibilidade quando constata que, no caracol, as "formas naturais são sem esquemas matematizados, pela inexistência de uma geometria e de uma física morfológica". Em outras palavras, sem forma preestabelecida. A arte seria profundamente contingente com relação à forma[15], considerando que "a forma é o fenômeno da auto-organização da matéria" e não um elemento que se junta a ela[16].

Nesta terceira hipótese, a instância do autor não depende de plano, uma ideia preexistente ou um projeto estético[17] que decorrem de uma organização imaginária, no sentido lacaniano do termo. Pura forma como auto-organização da matéria ou do sentido, ela se constrói aos poucos, fruto de inúmeras bifurcações, resultado de supressões, desvios e acréscimos sofridos pela escritura. A instância do autor não decorre diretamente dos cenários flaubertianos, dos esboços de Zola, da metáfora da catedral proustiana ou mesmo de um projeto estético. Ela é essencialmente uma instância de decisão quanto à forma, já que o escritor e o narrador fornecem a matéria. Ela se encarna nesta auto-organização da matéria.

Em outras palavras, as condições iniciais traçadas no primeiro plano raramente incluem a forma, salvo na poesia, que frequentemente já conta com um ritmo e uma estrutura de versificação. O *scriptor*, a serviço da linguagem, e o narrador, pressionado pela tradição e pelos terceiros, propõem a matéria que o autor ratifica ou não.

Resta ver quais são os critérios que dirigem a instância do autor na execução do ato. Concordo com Gracq que o escritor

---

15 P. Willemart, *Bastidores da Criação Literária*, p. 181-183.

16 J. Petitot, Remarques sur quelques réflexions morphologiques de Paul Valéry, *Sémiotique, Phénoménologie, Discours*, p. 161-170.

17 "Talvez, o que chamamos de perfeição na arte [...] seja somente o sentimento de desejar ou de encontrar, em obra humana, esta certeza na execução, esta necessidade de origem interior, e esta ligação indissolúvel e recíproca da figura com a matéria que a menor concha deixa ver?" Em P. Valéry, *Variété. Oeuvres complètes*, p. 905.

descobrirá o conjunto no final e que cada rasura descortina possibilidades inéditas. Mas, além da submissão do *scriptor* à linguagem, o que já supõe critérios gramaticais e sintáticos, não haveria outros critérios que o ajudam a eliminar ou acolher as propostas do narrador?

AQUI INTERVÉM OUTRA INSTÂNCIA, A DO "PRIMEIRO LEITOR"

Esta instância já foi comentada fundamentalmente por Grésillon e Lebrave[18] e, em seguida, por outros geneticistas[19], mas a partir de outro ponto de vista.

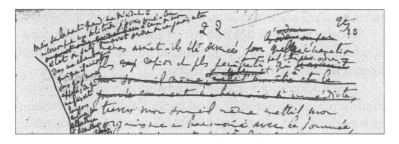

O narrador se relê quando retoma a escritura, antes de passar a palavra ao autor. Nesta posição, o escritor se sintoniza em parte com o público leitor. Relendo seu texto, o escritor se coloca na posição do público, cuja importância o narrador proustiano reconhecia, "porque há maiores analogias entre a vida instintiva do público e o talento de um grande escritor, que não é senão um instinto religiosamente ouvido em meio ao silêncio imposto a todo o resto, um instinto aperfeiçoado e compreendido, do que entre este e a verborreia superficial, as normas flutuantes dos juízes oficiais"[20].

Para chegar à vida instintiva, o artista deve suprimir todo ruído exterior e colocar-se na escuta da vida de um modo extremamente atento, como se escutasse um deus que profere a

---

18 Avant-propos, *Langages*, n. 62, p. 9.
19 P. Willemart, *Universo da Criação Literária*, p. 68; C. A. Salles, *Gesto Inacabado*, p. 43; C. A. Pino e R. Zular, *Escrever sobre Escrever*, p. 79 e 89.
20 M. Proust, *O Tempo Redescoberto*, p. 170.

44 OS PROCESSOS DE CRIAÇÃO NA ESCRITURA, NA ARTE E NA PSICANÁLISE

verdade. O instinto fala, anuncia e exige a escuta, tal como um oráculo. O talento consiste em ter a disposição necessária para exercer a exigente pulsão de ouvir e perceber a mensagem. Não se trata, portanto, de um projeto estético e intelectual decorrente da pertença a um grupo como a Semana de Arte de 1922, o surrealismo de 1924 ou o OuLiPo de 1960, opondo-se a uma escola anterior, mas de uma capacidade aguda de entender uma mensagem lançada aos quatro ventos, que o escritor capta e com a qual o leitor do texto publicado se encontra[21].

Relendo, o escritor mergulha pelo menos em três níveis de sensibilidade. Primeiro, nos seus gostos, que se expressam pela frase banal, "gosto" ou "não gosto", frase ancorada nas paixões inconscientes de amor, de ódio e de ignorância[22].

Segundo, na ideia do belo que provém de uma formação familiar, escolar e acadêmica, a qual depende da cultura ambiente[23].

Terceiro, e através dos dois níveis anteriores e de sua capacidade de sentir e respirar o que circula no seu meio, o instinto do qual falava o narrador proustiano.

O exercício desta instância leva habitualmente apenas segundos, mas pode demorar anos, como Valéry, que trabalhou *La Jeune parque* de 1892 a 1917[24]. Mas é somente após esta intervenção que a instância do autor age, para ratificar a informação ou a forma apresentada.

Gostaria de aprofundar o segundo nível de sensibilidade, antes de continuar a reflexão: a ideia do belo, que provém de uma formação familiar, escolar e acadêmica.

Vejamos um exemplo da função da instância do autor no folio 15 r°* do *Cahier* 53 de Marcel Proust, no qual tentei deli-

---

21 Prochiantz distingue o instinto, que obriga o indivíduo a agir de certa maneira – por exemplo: o girassol que inclina suas flores em função da posição do sol –, da inteligência, que se aproveitando do indeterminismo do cérebro, abre múltiplas possibilidades de ação. *Machine-Esprit*, p. 167.

22 P. Willemart, A Rasura, Sintoma da Paixão da Ignorância, *IDE*, n. 28, p. 46-53.

23 Em *História da Beleza*, Umberto Eco enumera os ideais estéticos que percorreram a humanidade desde a Grécia antiga até a beleza da mídia, passando pela beleza matemática, a mágica, a dos monstros, a dos românticos, a das máquinas, sem esquecer a nova concepção do belo ao redor do conceito de sublime.

24 P. Valéry, *Variété. Oeuvres complètes* , p. 1621.

* A abreviatura r°, utilizada em citações de textos antigos, refere-se ao termo técnico em latim *recto*, a página ímpar, ou mão direita, de um livro aberto, em contraposição a *verso*, a página par, ou mão esquerda (N. da E.).

A RODA DA ESCRITURA

near hipoteticamente as etapas da escritura e da reescritura. Em seguida, procurarei entender o mecanismo da escritura ou converter o ininteligível em inteligível.

> Et peut'être les bruits eux-
>
> ~~odeur~~
>
> ~~les odeurs ou par~~
>
> mêmes avaient-ils été devancés ~~par~~ quelque/quelle émanation
>
> peut'être une odeur
>
> plus ~~rap~~ rapide et plus pénétrante, qui ~~traversait~~
>
> ~~et établissait~~ à
>
> ~~mon sommeil même et mettait mon être et la~~
>
> ~~journée commençante en harmonie si immédiate~~
>
> travers mon sommeil même mettait mon
>
> organisme en harmonie avec la journée,
>
> à
>
> y répandait une tristesse ~~a~~ laquelle je pouvais
>
> conjecturer que viendrait au dehors s'associer la
>
> neige, ou y ~~déchaînait dé~~ mettait en branle tant
>
> cantiques
>
> ~~e cris de joie~~ de ~~mélodies chants~~ en l'honneur
>
> du soleil que ceux-ci finissaient par amener... [25].

Por hipótese, suponho a primeira linha trabalhada quatro vezes:

E talvez os barulhos;

1º *escritura*: eles mesmos foram precedidos por alguma (?) emanação;

1º *releitura*: eles mesmos foram precedidos pelos odores ou por alguma emanação;

2º *releitura*: eles mesmos foram precedidos pelo odor ou por alguma emanação;

3º *releitura*: eles mesmos foram precedidos por alguma emanação mais rápida e mais penetrante <talvez um odor>.

Lendo o manuscrito com o "só depois" freudiano, isto é, de trás para frente, constatamos que na terceira leitura, o

---

25 M. Proust, Folio 15 recto, *Cahier 53*, K. Yoshikawa, *Études sur la genèse de "La Prisonnière" d'après des brouillons inédits*, transcrição revista oralmente por Pira Wise, da equipe proustiana do Institut des Textes et Manuscrits Modernes do CNRS, em 2006.

46 OS PROCESSOS DE CRIAÇÃO NA ESCRITURA, NA ARTE E NA PSICANÁLISE

"primeiro leitor" utiliza "emanação" não como sinônimo de odores, o que seria o mais comum, mas como algo mais geral ou "manifestação que provém de algo", que não exige necessariamente o olfato – como, por exemplo, a concha emana do caracol.

Em segundo lugar, o leitor mantém os dois substantivos na indefinição. Enquanto há hesitação em relação à sinonímia ou à passagem do geral ao particular nas duas releituras anteriores, o substantivo "odor" surge, na primeira, no plural definido, e na segunda, no singular definido; na terceira releitura, o leitor aceita a alternativa sugerida já na primeira leitura, mas a reduz ao indefinido e deixa a dúvida quanto à sua aparição.

O que aconteceu?

Primeiramente, é difícil negar a pressão do montante. Os odores de fora já estão presentes no *Proust* 45, de 1908: "o odor do ar no quarto mesmo" e no *Cahier* 4, do inverno de 1909. Mas, no decorrer da escritura, o *scriptor* passa de uma simples enumeração a uma luta de sensações sonoras com as sensações olfativas, ambas vindas de fora.

O eixo semântico ou a determinação pelo sentido, isto é, a decisão de manter tal palavra em detrimento de outra, já está lá desde o início do folio 15 r° do *Cahier* 53. Este eixo dirige, por isso, a forma? Não estou certo disso. Não há um atrator que favoreça a persistência da emanação aberta a qualquer sentido?

O que diz o texto publicado?

Logo de manhã, com a cabeça ainda voltada para a parede, e antes de ver, acima das grandes cortinas da janela, que matiz tinha a raia de luz, já eu sabia como estava o tempo. Os primeiros rumores da rua me haviam informado disso, segundo me chegavam amortecidos e desviados pela umidade ou vibrantes como flechas na área ressonante e vazia de uma manhã espaçosa, glacial e pura; desde o rodar do primeiro bonde, percebera se o tempo estava enregelado na chuva ou de partida para o azul. E talvez esses ruídos também tivessem sido precedidos por alguma *emanação* mais rápida e mais penetrante, que, insinuada através do meu sono, difundisse nele uma tristeza anunciadora da neve, ou fizesse entoar a certa personagenzinha intermitente tão numerosos cânticos à glória do sol que estes acabavam por trazer para mim, que ainda adormecido começava a sorrir, e cujas pálpebras cerradas se preparavam para a sensação de deslumbramento, um atordoante desper-

A RODA DA ESCRITURA

tar em plena música. Aliás, foi sobretudo do meu quarto que percebi a vida exterior durante essa época[26].

Surpresa! O odor sumiu. O leitor pode suspeitar dele, mas é só. A emanação fica vazia como estava na primeira escritura do *Cahier* 53. O significante "emanação" evacuou seu conteúdo ou a matéria que o narrador tentava lhe atribuir, se posso dizer assim, recusando a determinação. O dubitativo "talvez" foi realmente considerado como tal, e é somente uma hipótese sobre a presença do odor que fica retida. Foi uma bifurcação possível que fracassou nesta passagem.

No texto publicado, o significante "odor" aparece somente na página 536 da Pléiade, dezessete páginas depois, quando se tratará não mais de um odor de fora, mas de um fogo de chaminé:

Françoise vinha acender o fogo e, para fazê-lo pegar, jogava sobre ele uns raminhos cujo odor, esquecido durante todo o verão, descrevia em torno da lareira um círculo mágico, dentro do qual, vendo-me ler ora em Combray, ora em Doncières, eu estava tão contente, ficando em meu quarto em Paris, como se estivesse prestes a sair a passeio para o lado de Méséglise, ou a encontrar-me com Saint-Loup e seus amigos que prestavam serviço militar no campo[27].

Conscientemente ou não, pouco importa, um atrator, que favoreceu a emanação anônima sem qualificativo, entrou em jogo. Contrariamente ao que o leitor possa crer no primeiro momento, eu definiria o atrator como essa insistência sobre uma forma sem objeto, ou uma emanação sem conteúdo determinado, que poderia conter, entre outros, um ou vários odores – o de petróleo, por exemplo, como no *Cahier* 4, em duas passagens[28]:

Às vezes, o odor <de petróleo> de um automóvel que passava [*se*] penetrava pela janela, este odor *que os delicados e os materialistas acreditam estragar a alegria dos campos* que segundo os delicados

---

26 M. Proust, *A Prisioneira*, p. 9.
27 Idem, p. 23-24.
28 Os signos diacríticos < > significam um acréscimo na re-leitura.

48 OS PROCESSOS DE CRIAÇÃO NA ESCRITURA, NA ARTE E NA PSICANÁLISE

e os materialistas estraga a alegria dos campos" e a "das cerejas, da toalha encerada, do gruyère e dos damascos...

Ou, ainda no *Cahier* 50, a repetição de alguns odores do *Cahier* 4:

a hora existia na qual [...] a atmosfera [...] se veia delicadamente do odor <das cerejas, da toalha encerada, do> gruyère e dos damascos...

Essas frases são quase textualmente retomadas no final do texto publicado de *A Prisioneira*:

o cheiro da compoteira de cerejas e de damascos, da cidra, do queijo gruyère, mantidos em suspensão na luminosa congelação da sombra que eles betam delicadamente [...] e põe aqui e ali no oleado da mesa oceluras de pavão. Como um vento que engrossa em progressão regular, eu ouvia com júbilo um automóvel roncar perto da minha janela. Sentia o cheiro de gasolina[29].

Isto significa que as frases estavam mantidas em suspenso *na memória da escritura*, constituída de tudo o que foi escrito em vista do livro, ou mesmo na memória de Marcel Proust, esperando o momento de surgir na escritura para ser reutilizadas[30].

O que pensar destas três tentativas e da volta para trás? Não assistimos a uma luta de posições entre o narrador que propõe, o "primeiro leitor" que suspende e o autor que decide?

O narrador quer fixar as coisas, determiná-las como nos *Cahiers* 4 e 50, enquanto o "primeiro leitor" quer suspender esta pressa, deixar pairar a indeterminação e suscitar mais escritura. O narrador está mais ligado ao imaginário lacaniano, enquanto o "primeiro leitor" leva em conta o que chamei de S_3, ou a tradição e a cultura que antecedem essa escritura[31]. No entanto, as

---

29 Idem, p. 381.

30 A forma sem objeto não lembra o significante vazio de Lacan, aquele que anula todos os sentidos? Não entra em contradição com a definição de Petitot, para quem a forma é a auto-organização da matéria? Eu diria que não, pois o termo "emanação" tem um sentido, ainda que não especifique exatamente o objeto. Permanecendo na categoria de termo abstrato, ele organiza a matéria dessa abstração.

31 "Se aplicarmos à escritura os quatro elementos imaginados por Lacan para explicitar o discurso, teremos no *agente* aquele que se sustenta pelo segundo elemento, a *verdade*, mas que de lá interpela o terceiro elemento, o *outro*, e produz o *quarto* elemento. Temos, assim, uma sintaxe ou uma gramática da escritura

A RODA DA ESCRITURA

determinações da emanação sugeridas pelo narrador não se perdem, e reaparecem no fim do volume.

Em outras palavras, esta luta reflete modos de ação no tempo, o primeiro rápido, escrevendo quase espontaneamente, e o segundo muito mais lento, rasurando e aguardando manifestações ou sugestões do S_3, mantendo a primeira escritura do narrador em suspenso, já que nesse texto analisado os odores só aparecem no final do percurso.

Precisaríamos ilustrar essa tensão com outros exemplos, para definir uma lei da escritura proustiana que elucidaria numerosas rasuras e, talvez, não a inutilidade, mas a pouca importância de querer decifrar todas elas.

Mas, supondo que esse tipo de tensão se repete nos *Cahiers*, pergunto: por que essa suspensão, para que serviu ou a qual necessidade ela responde?

Poderíamos fazer uma tipologia das gêneses e distinguir a gênese da escritura, ligada ao narrador, da gênese do "primeiro leitor", associada à do autor: o que o narrador prevê no desenvolvimento do plano, apesar das bruscas interrupções devidas aos terceiros, o S_3, ou ao que foi convencionado chamar de inspiração.

Contrariamente ao que pensavam muitos de seus críticos, a tensão entre as instâncias foi assumida pelo escritor Marcel Proust. Respondendo aos críticos que o acusavam de simples associações de frases, Proust responde, em uma carta de 6 de fevereiro de 1914, endereçada a Jacques Rivière, seu editor: "Esta evolução do pensamento, não quis analisá-la abstratamente, mas recriá-la, fazê-la viver. Sou, portanto, forçado a pintar os erros sem dizer que os considero erros: azar meu se o leitor acredita que eu os defendo como verdade"[32].

Embora no exemplo transcrito não se trate de erros que afetam diretamente o herói ou as personagens, mas de suspensão

distinta daquela dos quatro discursos. Sob a ação do "texto móvel" como agente, que se sustenta não somente a partir do saber do inconsciente (S_2), mas também pelo saber cultural ou dos terceiros (S_3), o escritor, dividido entre a demanda do grande Outro a quem responde, e sua proposta, muitas vezes ignorada no momento, o sujeito barrado rasura, para e transcreve. A sintaxe se escreverá assim: $\frac{\text{"texto móvel"}}{S_2/S_3} = \frac{\text{"S barrado"}}{\text{escritura}}$. P. Willemart, *Crítica Genética e Psicanálise*, p. 80.

32 M. Proust, *Correspondance*, t. XIII, p. 99-100, em N. Mauriac-Dyer, *Proust inachevé*, p. 191.

de informações, podemos deduzir que Proust constrói seu romance jogando com as intervenções das três instâncias. Sabendo ou não, ele mostra como funciona o pensamento, o que poderia esclarecer os cognitivistas e os psicanalistas preocupados com a mente. Esta primeira gênese do narrador distingue-se da escritura que perseguimos nos *Cahiers* de Proust, que recorta às vezes a primeira, mas geralmente se distancia muito dela. O geneticista tem dificuldade para coordenar as duas, e acreditar na primeira quando examina a segunda.

Mas é esta segunda gênese do primeiro leitor-autor que deveria interessar aos que querem saber como funciona nossa mente. Por quê? Porque o escritor na posição de *scriptor* está mergulhado na linguagem, na tradição e nos terceiros, e não é mais o dono absoluto de sua escritura. Em outras palavras, a razão ou a inteligência não são as únicas em jogo, e sob a ação de outros fatores, o geneticista assiste a uma série de tergiversações ou de bifurcações, frequentemente inexplicáveis.

O exemplo examinado reflete algo distinto de uma vontade consciente de apresentar erros que serão corrigidos no romance seguinte, conforme diz Proust a Rivière.

Nós, geneticistas, pensamos muitas vezes que a maioria dos fólios se segue, o que é verdade, no tempo, mas não na matéria, como vimos no exemplo acima. Ora, por que essa supressão, por que a rasura de um trecho tão bem preparado durante três cadernos, pelo menos, e retrabalhado desta maneira no folio 15 r°?

Em outras palavras, por que estas formas estáveis no início se tornam instáveis com a introdução do significante "odor", para em seguida esquecer esse trabalho e recuperar a primeira estabilidade? Por que essa reticência do significante e seu "enchimento" que vem aos poucos?

A palavra "emanação" dá algumas pistas. Ligado à essência, termo platônico aparentemente agradável a Proust, podemos nos perguntar se além da sensação de odor o narrador não tenta reencontrar ou mandar o herói reencontrar a essência da sensação, como se a percepção do olfato se apagasse para dar lugar a algo que não é maior, mas é essencial. Neste caso, o manuscrito serviria para depurar os primeiros achados e passa do odor do quarto, no *Cahier* 45, ao odor externo do "petróleo", no

Cahier 4, para se reduzir, em seguida, a "odores" que, visíveis, se colocam de pé no folio 47 vº do *Cahier* 50 e, portanto, tornam-se internos novamente, para se converter em "emanação" no texto, termo suficientemente vago para definir uma essência sutil como um sopro. Essa depuração mostra bem que a escritura também manifesta a procura de um saber estético.

Enfim, em *O Tempo Redescoberto*, outra explicação é dada ao leitor:

na verdade, o ser que então em mim gozava desta impressão, desfrutava-a no que ela tinha de comum entre um dia antigo e agora, no que ela tinha de extratemporal, um ser que só surgia quando, por uma dessas identidades entre o presente e o passado, poderia se encontrar no único meio em que pôde viver, gozar a essência das coisas, isto é, fora do tempo[33].

Mas, como um ruído já ouvido, ou um odor outrora aspirado o sejam novamente, ao mesmo tempo no presente e no passado, reais sem ser atuais, ideais sem ser abstratos, no mesmo instante a essência permanente e habitualmente oculta das coisas é liberada, e nosso verdadeiro eu que, às vezes há muito tempo, parecia morto, mas não o estava totalmente, desperta, se anima ao receber o celeste alimento que lhe trazem. Um minuto liberado da ordem do tempo recriou em nós, para podermos senti-lo, "o homem livre da ordem do tempo". E é compreensível que este, em sua alegria, esteja confiante em seu regozijo, ainda que o simples gosto de uma *madeleine* não pareça conter logicamente as causas de tal alegria, é compreensível que a palavra "morte" não tenha sentido para ele; situado fora do tempo, o que poderia temer quanto ao porvir?[34] .

A emanação de *A Prisioneira*, muito próxima da essência, anuncia ao herói, e ao leitor que a descobrirá no último volume, esta necessidade de chegar à essência das coisas fora do tempo. A verdadeira estética do narrador seria, portanto, uma das leis subjacentes da escritura proustiana e explicaria a anulação do trabalho realizado no folio 15 rº do *Cahier* 53.

Esta lei faz parte do que chamei de gênese do "primeiro leitor" e do autor ou de uma descoberta do narrador no decorrer

---

33 M. Proust, *O Tempo Redescoberto*, p. 152.
34 Idem, p. 154.

de sua escritura. Esta lei explicaria a estabilidade reencontrada no texto após as rasuras do fólio analisado e provavelmente de outros fólios.

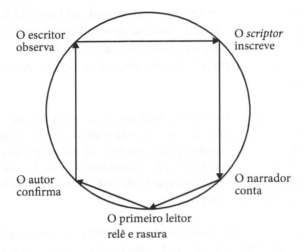

Coloquei um verbo em cada instância, seguindo Lucien Tesnière, que sustém a posição do verbo como o elemento de nível hierárquico mais elevado, pois rege os complementos, inclusive o sujeito gramatical[35]. A palavra principal de uma frase não é o sujeito, como nos ensinaram na escola, mas o verbo; o sujeito é seu complemento, assim como o predicado ou o advérbio. É a ação que determina o eu, o *je*, o ego e não mais um ser único, como definia Aristóteles.

Assim, "o escritor observa", é a primeira etapa da formação das ideias, segundo Condillac[36]. Eu diria que o artista não só observa, mas sente. A qualidade do artista se define por seu sentir e não por seu raciocínio. Proust defendia a superioridade da sensação sobre a inteligência, seguindo, assim, sabendo ou não, sensualistas como Locke e Condillac, seu discípulo francês.

Em uma segunda etapa, uma ideia simples ou uma representação na língua do escritor, vinda da observação, se transforma em imagem de si mesma, isto é, entra na linguagem, torna-se ideia complexa e é inscrita pelo *scriptor*, que traça uma marca no papel, a partir da qual o narrador escreve

---

35 L. Tesnière (1893-1954), *Éléments de syntaxe structurale* (1959).
36 *Traité des sensations*.

e conta. No entanto, a partir desta primeira inscrição, "o mundo se torna apenas representação, não tendo mais relação com a realidade, as ideias não representam mais as coisas, elas se representam entre si, conforme afirmam John Locke e Condillac"[37].

Este capítulo ressaltou a importância do "primeiro leitor", que age sempre antes da intervenção do autor. A nova instância integra, portanto, a roda da escritura, seguindo com cinco paradas e não mais quatro, como estava definido anteriormente[38].

---

37 Vejo semelhanças entre a descrição do nascimento da ideia complexa, segundo Condillac, lida por François Recanati, e o nascimento da escritura. J. Lacan, *Séminaire XIX*, p. 157.

38 P. Willemart, *Crítica Genética e Psicanálise*, p. 75.

4. A Crítica Genética na Crítica Literária

Para não provocar divergências desnecessárias quanto aos conceitos básicos de nossas ferramentas de pesquisa em literatura, gostaria de esclarecer alguns. Se assumimos que a literatura é a prática da arte de escrever, que "Neste instante preciso em que a pena toca o papel, a página se abre à escritura e a literatura começa"[1], podemos dizer com Barthes[2] indiferentemente: literatura, escritura ou texto, e incluir na literatura os rascunhos e os manuscritos.

Se concordamos que a função da literatura não é estar a serviço da filosofia, da história, da psicanálise, da moral, da religião, da política ou da linguística etc., e que ela não existe

---

1 L. Hay, *A Literatura dos Escritores (Questões de Crítica Genética)*, p. 14.
2 Entendo por literatura não um corpo ou uma sequência de obras, nem mesmo um setor de comércio ou de ensino, mas o grafo complexo das pegadas de uma prática: a prática de escrever. Nela viso, portanto, essencialmente, o texto, isto é, o tecido dos significantes que constitui a obra, porque o texto é o próprio aflorar da língua, e porque é no interior da língua que a língua deve ser combatida, desviada: não pela mensagem de que ela é o instrumento, mas pelo jogo das palavras de que ela é o teatro. Posso, portanto, dizer, indiferentemente: literatura, escritura ou texto. As forças de liberdade que residem na literatura não dependem da pessoa civil, do engajamento político do escritor que, afinal, é apenas um "senhor" entre outros, nem mesmo do conteúdo doutrinal de sua obra, mas do trabalho de deslocamento que exerce sobre a língua. R. Barthes, *Aula*, p. 17.

56 OS PROCESSOS DE CRIAÇÃO NA ESCRITURA, NA ARTE E NA PSICANÁLISE

para ilustrar fatos históricos ou psicanalíticos, verdades filosóficas ou linguísticas, mas que tem como função mostrar, revelar ou desvelar, como todas as artes, o que nem a tradição nem os contemporâneos perceberam ou entenderam por meio da sensibilidade e da inteligibilidade dos autores[3], então, a arte de escrever não se define de uma vez por todas. É um "duelo do espírito com a linguagem"[4], inserido na história, porta-voz do que havia de novo na época e, dependendo de seu alcance, das gerações futuras.

A crítica literária, por outro lado, não tem como função julgar os textos a partir de critérios preestabelecidos como fazia Antoine Albalat, um crítico francês muito conhecido no início do século passado, que pretendia ensinar aos escritores como deviam escrever[5]. A crítica literária se submete à escritura, analisa a prática, aponta em que ela continua e se distancia da tradição, detecta assim sua originalidade e avalia o impacto na sociedade em que foi criada e na de hoje.

A crítica genética sugere uma nova abordagem dos objetos inventados pelo homem, propondo um "livro" ou um campo a ser decifrado, antes poucas vezes considerado pela crítica, campo no qual os manuscritos são portadores dos processos de criação[6] ou da "ação que faz", como diz Valéry[7]. O alvo da crítica genética é "descobrir como a obra se tornou tal"[8] e, a partir do novo material – os ensaios, os croquis, os rascunhos e os manuscritos –, seus pesquisadores elaboraram uma teoria adequada que integra as teorias anteriores e "abre um novo espaço mental e social para a pesquisa" (Moscovici).

O que a crítica genética acrescenta à crítica literária? Simplesmente a ampliação do campo com o acréscimo dos manuscritos ou esboços? E se não houver manuscritos nem esboço?

---

3 P. Willemart, Les Processus de créations dans les sciences dures, *Critique génétique...*, p. 217.
4 L. Hay, *A Literatura dos Escritores*, p. 15.
5 A. Albalat, *Le Travail du style enseigné par les corrections manuscrites des grands écrivains*.
6 C. A. Pino, Gênese da Gênese, Crítica Genética, *Ciência e Cultura* (sbpc), v. 57, p. 25.
7 Apud L. Hay, *A Literatura dos Escritores*, p. 27.
8 L Hay, *A Literatura dos Escritores*, p. 28.

Eu diria que o foco da crítica genética não se encontra necessariamente no estudo dos manuscritos ou dos esboços, ainda que ela tenha iniciado sua trajetória com a recuperação dos manuscritos de Heine, em 1966, por Louis Hay[9]. A crítica genética é também possível com textos dos séculos XVI a XVIII, sem manuscritos e com a produção eletrônica. Por quê?

Porque a crítica genética estuda os processos de criação, o que é melhor com manuscritos, mas possível também sem eles. Além do novo campo de estudo que se tornou seu primeiro objeto de pesquisa, constatamos que, mesmo sem esse material, ela ainda tem um objeto distinto das outras abordagens do texto literário. Levando em conta essa finalidade original, que é o estudo dos processos de criação, a crítica genética alimenta e subverte qualquer outra aproximação do texto, como a abordagem narratológica, psicanalítica, temática, sociológica, estilística, histórica etc[10].

A questão que se coloca é tentar entender se a nova abordagem engloba, elimina ou se submete à crítica literária? Qual é a relação entre esses dois campos de saber? Falei de subversão. Mantenho a palavra.

Antes de responder e de exemplificar, pergunto como, em quais circunstâncias, a crítica genética chegou a esta conclusão, nada definitiva, no entanto.

A TRANSFORMAÇÃO DO CONCEITO DE CRÍTICA GENÉTICA

Embora nascida na França, a crítica genética se desenvolveu bastante no Brasil e pode servir de exemplo para a transformação do conceito. Se olharmos quem diz que faz crítica genética no Brasil, teremos aproximadamente um universo de 250 a 300 pesquisadores. Vejamos em quais circunstâncias o conceito é usado.

---

9 A. Grésillon, *Elementos de Crítica Genética*, p. 16.
10 P. Willemart, O Conceito de Incerteza em Marcel Proust, *Crítica Genética e Psicanálise*, p. 147.

AMPLIAÇÃO DO CONCEITO

Desde sua criação, em 1985, a Associação dos Pesquisadores do Manuscrito Literário (APML) reúne arquivistas, filólogos, editores de textos, críticos literários e geneticistas no sentido "antigo" da palavra. Mas, a partir da criação e desenvolvimento do Centro de Estudos Genéticos da PUC-SP, em 1998, por Cecília Salles, percebemos que a crítica genética abrange todas as artes e qualquer atividade criativa do homem, desde a pintura, a arquitetura, o cinema, até as mídias, passando pela aprendizagem da leitura por crianças.

Por isso, em 2006 foi proposta e aceita a mudança do nome da Associação dos Pesquisadores do Manuscrito Literário – APML – para Associação dos Pesquisadores em Crítica Genética – APCG. O objeto da crítica genética é, portanto, o universo sem fim da criação, artística ou não. A ampliação do conceito permite reler e ressituar a teoria literária e a história da literatura.

Como? Temos duas opções, e assim respondo à primeira pergunta, questionando o lugar da crítica genética em relação à crítica literária. Ou admitimos o "nascimento de uma nova ciência, devido a uma mudança de hierarquia entre as ciências", segundo o critério de Isabelle Stengers[11] e, neste caso, a crítica genética englobaria a crítica literária; ou, mais modestamente, a crítica genética criaria novos laços com "a realidade"[12], já que ela abrange mais materiais do que a crítica literária e envolve mais campos de saber.

A crítica genética ampliou seu espaço, criando novos laços com outros campos de saber, deslocando o olhar do pesquisador do produto acabado para o processo, que inclui esse produto doravante considerado como uma das versões.

O deslocamento e a abertura do campo de visão criaram certamente novos laços com a produção artística ou científica: a dança, a música, a pintura, a escultura, as mídias, o vídeo, o cinema, a arquitetura, os cadernos dos cientistas, a psicanálise, as ciências cognitivas etc.

---

11 À propos de l'histoire humaine de la nature, em I. Prigogine (1917-), *Un siècle d'espoir. Temps et devenir* (Cerisy-1983), p. 14.

12 Sciences et pouvoirs, *La Démocratie face à la technoscience*, p. 54.

A CRÍTICA GENÉTICA NA CRÍTICA LITERÁRIA 59

Da mesma forma, também se criaram novos laços com os campos do saber que circulavam ao redor do manuscrito e do texto: a filologia; a codicologia (o estudo das filigranas); a leitura ótica das letras, para determinar a autoria; a constituição do papel e da tinta, para datar o manuscrito; a teoria literária; a história literária; a linguística; a estilística; as ciências; relações que não posso detalhar, mas que foram amplamente comentadas em vários livros de língua francesa ou portuguesa, nas revistas *Manuscrítica* e *Gênesis* e, em 2007, em um dossiê da revista *Ciência e Cultura*, da Sociedade Brasileira para o Progresso da Ciência (SBPC)[13].

Não foi somente um deslocamento que implica em ficar na mesma superfície, mas um distanciamento que exige, como dizia o narrador proustiano, "um telescópio para distinguir coisas efetivamente muito pequenas, mas porque situadas a longas distâncias, cada uma em um mundo"[14].

Efetivamente, a crítica genética descobre outros mundos, insuspeitos para o crítico limitado ao texto. Um exemplo é a maneira de escrever de Flaubert que, embora toda programada, assusta o crítico pelo número de rasuras que se superpõem uma em cima da outra, como mostra o fólio 583 do conto *Herodias* (ver figura abaixo) e que, com o *zoom*, permite ver detalhes ilegíveis a olho nu.

Uma das consequências desse deslocamento é a maior inteligibilidade que temos do texto e do ato de criação. O que parecia misterioso e atribuído pela tradição e pelos românticos a uma musa, é mais visível e mais claro; ainda há obscuridades, já que o manuscrito também é efeito de um trabalho mental desconhecido, mas percorrendo a correspondência, as margens dos livros lidos, os manuscritos, as edições diversas de uma mesma obra, os esboços das produções artísticas e científicas, percebemos caminhos indicando, por exemplo, que a mente dos escritores segue regras comuns, compartilhadas com os cientistas.

O isolamento existente entre as ciências exatas e as ciências humanas diminuiu quanto a esse aspecto. Por exemplo, em 1976, matemáticos descobrem "sistemas estruturalmente

13 Ver o capítulo 6 infra.
14 M. Proust, *O Tempo Redescoberto*, p. 286.

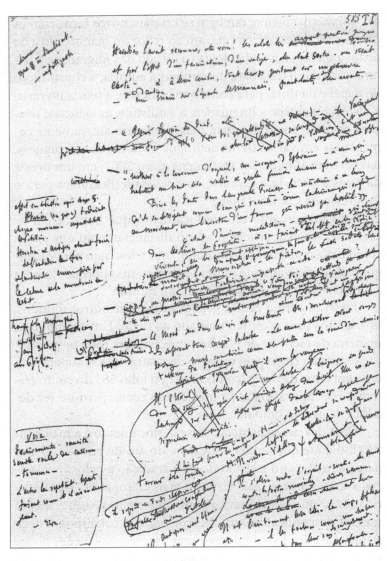

Fólio 583 do conto Herodias

A CRÍTICA GENÉTICA NA CRÍTICA LITERÁRIA

estáveis, com movimentos complicados, dos quais cada um é exponencialmente instável em si"[15], o que possibilita a convivência de sistemas instáveis em um sistema global estável. Esta constatação reforça os estudos de crítica genética no sentido novo da palavra, e nos proíbe de separar a correspondência, as marginálias, os manuscritos, o texto editado e as sucessivas edições. Todos esses elementos fazem parte de um mesmo sistema, e uns se referem aos outros. A crítica genética percorre todos eles. Os especialistas escolhem uma parte do percurso, mas não podem perder de vista o conjunto.

UMA RACIONALIDADE NOVA

Da mesma forma que Freud deu um sentido ou uma racionalidade a fenômenos considerados até então anormais, estranhos e não científicos, como o sonho, o lapso, a arte e a literatura[16], a crítica genética pretende não somente decifrar, classificar, descrever os manuscritos e detectar suas variantes, mas encontrar uma racionalidade profunda desde os mecanismos do pensamento até os rascunhos, as múltiplas correções e as reedições. Não se trata de determinismo às avessas, mas de descobrir outra lógica, o que é diferente.

A TENTAÇÃO DA ILUSÃO BIOGRÁFICA

Tentar encontrar essa racionalidade ou a chave explicativa na biografia do autor, como fez Michel Schneider em relação a Proust, em *Maman*, conduz ao fracasso com certeza. Se quisermos escapar à cronologia, que quase sempre leva à ilusão biográfica –a suposição de que a vida e os traumas sofridos pelo escritor explicariam a obra –, temos que nos posicionar a partir do aqui e agora, relendo os textos publicados, a correspondência, os manuscritos, os esboços e tudo o que constitui o dossiê deste escritor, a partir do texto publicado. Não é

15 J. Petitot-Cocorda, *Physique du sens*, p. 9.
16 J. Rancière, *L'Inconscient esthétique*, p. 48.

O FUTURO ORDENA O PASSADO

"A aventura, é o que advém... o presente não sai do passado [...] o sentido da obra muda na medida em que cresce [...] nunca é o passado que explica o presente, mas o presente que explica o passado [...] o que acontece modifica sem cessar a intenção e o alcance do que aconteceu"[17]. Assim escrevia Jacques Rivière, editor da Gallimard em 1913, caracterizando a nova escritura que se afastava dos simbolistas.

Lacan retomou a mesma ideia na sua linguagem: "O futuro se fará de antecâmara para que o antes possa tomar seu lugar"[18].

A filiação ou a intertextualidade entre os documentos do escritor não é uma filiação de pai para filho, como se a obra publicada fosse gerada pelo escritor. É o que parece, mas não é. Quantas ilusões e enganos há nesta perspectiva! A filiação ou a intertextualidade existem de frente para trás. O nome do autor decorre de suas obras e não o contrário, ele não é seu pai. Assim, o escritor, sua correspondência e seus rascunhos constituem o antes que é ordenado pelo futuro do texto publicado. O quadro do pintor ou a melodia geram os esboços, os ensaios etc. Cada pesquisador deveria encarar sua produção da mesma forma: o presente regula o passado e não o contrário, como a enunciação no presente gera os tempos passados.

Estupendo? Sim, de certo modo. Assim a abordagem da crítica genética evita as armadilhas da cronologia, do biografismo, do positivismo e da lógica linear.

A intertextualidade não será somente a comunicação entre dois textos que se copiam, retomando uma ideia um do outro, ou a transmigração de um texto para outro, ou a influência de um texto em outro[19], mas terá uma nova hierarquia, estabelecida entre dois ou vários textos, na qual o último se apropriou dos

---

17 Apud A. Goulet, *André Gide: Les Faux monnayeurs, Mode d'emploi*, p. 49.
18 O Tempo Lógico e a Asserção de Certeza Antecipada, *Escritos*, p. 197.
19 H. Bloom, *The Anxiety of Influence: A Theory of Poetry*; e L. Jenny, La Stratégie de la forme, *Poétique*, n. 27, p. 257-281.

A CRÍTICA GENÉTICA NA CRÍTICA LITERÁRIA

anteriores, estabelecendo outra compreensão. Proust escreveu em dois livros, *Jean Santeuil* e *Contre Sainte-Beuve*, um esboço de romance que nunca publicou. No *Em Busca do Tempo Perdido*, as situações são várias vezes as mesmas e as personagens, embora com nomes diferentes, reaparecem. Mas é esse último livro que ordena os primeiros e permite entender os processos de criação do narrador.

A lógica do "só depois" permite entender de outra maneira os diferentes tipos de intertexto: "o pastiche, a paródia, a variação, a imitação do modelo, a referência, a retomada, a prorrogação, a anamorfose, o desvio, a cópia, a citação, a alusão, o plágio, a imitação, a transposição, a tradução, o comentário, a explicação, a correção"[20] ou, mais sabiamente, "o *clinamen* (prorrogação da obra anterior), *tessera* (fragmento que faz reconsiderar a obra anterior"[21].

Assim, sem justificar plenamente as palavras de La Bruyère: "o meu jamais é plenamente meu, é quase meu, ele é como meu"[22]. Alexandre Dumas resume a situação afirmando que o gênio não rouba, conquista.

Nesse sentido, a crítica genética reata com o vasto movimento que, "no contexto do romantismo (Schelling, Schlegel e Hegel) e do idealismo pós-kantiano, define a estética como o pensamento da arte [ou melhor]... que faz do conhecimento confuso (que é a arte) não mais um conhecimento menor, mas um pensamento que não pensa"[23], mas que o crítico destaca ou desata.

Muitas vezes difuso, o conhecimento da arte é revelado de duas maneiras. Ou por outro artista que relê a obra de seus antecessores, descobrindo detalhes imperceptíveis e os explorando em sua obra (Elstir e Chardin, no romance de Proust; Walter Scott para Balzac; Flaubert em Montesquieu; Proust em Nerval, Baudelaire ou Flaubert etc. E cada um de nós poderia citar os autores de sua literatura), ou pela crítica genética. Como o artista que vai buscar sua fonte de inspiração nos antecessores, o

---

20 G. Genette, *Palimpsestes: La Littérature au second degré*; e C. Oriol-Boyer, La Réécriture, em C. Oriol-Boyer (org.), *La Réécriture*, p. 9-52.
21 B. Beugnot, Bouhours/Ponge: regards croisés sur intertextualité et réécriture. Montréal. *Tangence*, n. 74, hiver 2004, p. 97-108.
22 "le mien n'est jamais pleinement mien, il est presque mien, il est comme mien", em *Les Caractères, ou les mœurs de ce siècle*, cap. I.
23 J. Rancière, *L'Inconscient esthétique*, p. 13-14.

64 OS PROCESSOS DE CRIAÇÃO NA ESCRITURA, NA ARTE E NA PSICANÁLISE

crítico genético situa o texto publicado não em uma perspectiva cronológica, mas em um espaço, como as páginas do *Lance de Dados* de Mallarmé, e procura os processos de criação.

Admitindo ao mesmo tempo a fragmentação do texto ou a falta de unidade nos rascunhos e sua contextualização histórica, o geneticista se vê confrontado com uma verdade que se constrói porque não existe de antemão ou, em outras palavras, "a recepção é, em grande parte, programada (aos poucos) no texto" [24].

Por quê? Porque antes de escrever, o escritor não sabe o que vai seguir: "O pensamento não pré-existe à sua pré-formação verbal ou à sua inscrição na materialidade do texto para aquele que escreve [...]. Escrever derrota o fantasma"[25] da ideia preexistente, salienta Pascal Quignard, um romancista contemporâneo.

O estudo do manuscrito reforça a ideia que se aplica a qualquer livro, seja a Bíblia, seja o Alcorão, seja o código civil. A verdade não está ligada ao conteúdo, como acreditam os ditos fundamentalistas, mas ao sujeito que lê, articula os pedaços e interpreta. A leitura é a interpretação, o que valoriza a singularidade de cada sujeito, questiona as soluções coletivas contrárias ao desejo de cada um e está na linha da descoberta freudiana.

Resumindo esta parte, eu diria que a crítica genética, como a entendo hoje, exige uma leitura "só depois", o depois situando o antes. O texto publicado ou o quadro dão uma lógica de leitura aos manuscritos ou aos esboços, inserindo o leitor na interpretação.

Já que está mais claro agora o conceito de crítica genética e onde se intercala o estudo do manuscrito, podemos nos perguntar em que a crítica genética mudou a crítica literária.

A CRÍTICA GENÉTICA
MUDOU A CRÍTICA LITERÁRIA?

A crítica literária, a partir da psicanálise que eu praticava e continuo praticando com os textos, mudou com a crítica genética? O que fazia antes, o que faço hoje?

---

24 V. Jouve, *A Leitura*, p. 26.
25 I. Fénoglio, Fête des Chants du Marais, un conte inédit de Pascal Quignard, *Genesis*, n. 27, p. 104.

A CRÍTICA GENÉTICA NA CRÍTICA LITERÁRIA 65

Antes de abordar as diferenças, devo dizer o que é a crítica psicanalítica para mim.

Freud havia dito, quando leu o conto *A Gradiva*, de Jensen, em 1907*, que o poeta tem acesso às fontes desconhecidas do conhecimento, inacessíveis ao psicanalista[26]. A partir dessa ideia ou desse axioma, analiso os textos acreditando que as artes e a literatura contêm elementos de saber que nem a psicologia, nem a psicanálise, nem a filosofia teorizaram ainda[27]. Não se trata de qualquer conhecimento, mas fundamentalmente de perceber as múltiplas maneiras de conviver com o inconsciente em uma ficção, ou descrevê-lo na pintura ou na gravura, ou dizê-lo na música, ou ainda, surpreender suas aparições nos textos e na arte.

Por outro lado, é difícil definir o inconsciente, pois além da definição dada por Freud (um saber que nos guia sem que saibamos, um saber originário de um gozo perdido e imaginário, que se manifesta através dos sonhos, dos lapsos, dos atos falhos), Lacan ampliou o conceito. Ele incluiu o registro do simbólico ou as estruturas nas quais somos inseridos desde o nascimento, estruturas socioeconômicas, políticas, educacionais... e o registro do real manifesto na angústia, no medo e no sofrimento frente aos acontecimentos que mal conseguimos nomear ou entender: por que esse câncer repentino de um amigo, por que a morte de tal criança...?

Na literatura e nas artes, prefiro dizer que o inconsciente aparece quando o autor ou o artista consegue dizer, nomear ou escrever sobre algo novo, ainda não dito, senão de um modo não muito claro e que se torna em seguida referência na tradição artística ou literária. Exemplos: as personagens de Riobaldo em *Grande Sertão: Veredas*, de Guimarães Rosa; de Emma, em *Madame Bovary*, e Frédéric Moreau, na *Educação Sentimental*, de Flaubert; ou situações traduzindo uma paixão como a relação herói-Albertine ou Swann-Odette em Proust. O crítico saberá levantar a novidade para elaborar um corpo teórico a partir dessa descoberta do autor.

---

* Ed. bras.: *Gradiva, Uma Fantasia Pompeiana* (N. da E.).

26 S. Freud, *Délires et rêves dans la "Gradiva" de Jensen*, p. 127.

27 P. Willemart, *Além da Psicanálise, a Literatura e as Artes*.

66 OS PROCESSOS DE CRIAÇÃO NA ESCRITURA, NA ARTE E NA PSICANÁLISE

Antes de estudar os manuscritos, temos duas situações possíveis. Na maioria das vezes, temos o resultado apenas, e não o percurso cronológico ou retroativo. Exemplo típico: Mme. Bovary, personagem nova no século XIX, que virou em seguida parâmetro na literatura francesa. Em segundo lugar, os processos de criação, às vezes, só são detectados no texto publicado. Por exemplo, um novo conceito de incerteza aparece na leitura da *madeleine* no *Em Busca do Tempo Perdido*, de Proust[28].

Utilizando os manuscritos, estudei, entre outras, a formação da personagem Frédéric Moreau na *Educação Sentimental* de Flaubert e, especialmente, sua relação amorosa com Mme. Arnoux[29]. Acompanhando a formação e a escritura da relação entre ambos e recuando de fólio em fólio, intitulei esse movimento: *Do Cozido ao Cru*, numa alusão a Lévi-Strauss. O desejo de Mme. Arnoux, visível no manuscrito desde o começo, é denunciado no romance apenas no fim. O que parecia uma ilustração a mais de um amor cortês, revela-se uma paixão mútua, escondida por Frederico, mas vivida por Mme. Arnoux. Nada de novo, dirão.

Mas o estudo do manuscrito desfez essa ilusão. Entendi, em primeiro lugar, o ponto de vista do leitor que se identifica à personagem que acredita viver um amor platônico, ignorando que a relação subentende uma paixão mútua. O texto se mostra metonímico em relação aos manuscritos.

Segundo, mostra como funciona e por que um não sabido (*un insu*) trabalha na escritura. Esse dado, ignorado pelo leitor, constitui a memória da escritura, memória somente acessível aos estudiosos do manuscrito.

Em terceiro lugar, salienta como o *scriptor* quer absolutamente nomear ou descrever algo com a personagem Frédéric Moreau, para não dizer alguém, singular, jamais descrito antes na literatura francesa. Esse amor *soi-disant* platônico ilumina uma verdadeira formação fora da escola, próxima da *Bildung* dos românticos alemães, embora invertida e desconstruída. Romântico de nascença, sonhando com René, Werther etc., vivendo na capital do século XIX, introduzido na sociedade de negócios, iniciado nas correntes artísticas, balançando entre as

28 P. Willemart, *Crítica Genética e Psicanálise*, p. 147.
29 Idem, *Bastidores da Criação Literária*, p. 35.

ideias dos utopistas sociais e dos capitalistas, atravessando três revoluções, Frédéric se distancia dos acontecimentos "graças" a três mulheres. O *scriptor* enfrentou um "Real", no sentido lacaniano da palavra, difícil e inédito, e respondeu a uma pergunta essencial para o século: como suportar os acontecimentos tão surpreendentes desse período político e literário.

A crítica genética subverteu a crítica literária? Direi que sim, porque aumentou o leque de nossa compreensão da arte, da invenção e da criação. Mas ainda temos outra pendência, esta mais filosófica, para resolver.

Para entender o processo de criação ou ler o que constatamos, há pelo menos duas vias parecidas com as opções que temos para explicar a vida ou a evolução dos seres: o criacionismo ou a evolução segundo Darwin.

PRIMEIRA OPÇÃO

Acreditamos em um plano diretor, uma vontade sustentada por um gozo. Plano, vontade e gozo são desconhecidos do escritor, mas regem a escritura. Que tipo de gozo é esse? Gozo quer dizer excesso de prazer aliado à paixão de escrever e, portanto, ao sofrimento. É uma vontade de reproduzir uma escritura já escrita em outro lugar (na mente, no livro sagrado, na mente de um anjo?) que aos poucos provoca sua emergência; é uma vontade de poder que procura reunir a escritura com essa vontade. Exagerando um pouco, eu diria que esse gozo não admite divergências; é um mecanismo semelhante à relação escravocrata do superego com o ego.

Essa opção é parecida com a crença em uma inteligência superior que teria suscitado a criação e sua evolução. É uma opção não só teológica, mas cronológica, que permitiria ao crítico acompanhar a construção implacável decorrente deste plano, mas constatar também um número sem fim de trajetórias truncadas ou abandonadas, sem poder dizer o porquê de ensaios e de erros, isto é, de rascunhos, antes que a escritura estivesse aprovada pelo autor.

Os esboços que desembocam no texto publicado (na unidade interior) seriam empurrados pela vontade que sustenta

68 OS PROCESSOS DE CRIAÇÃO NA ESCRITURA, NA ARTE E NA PSICANÁLISE

a composição da escritura. Mesmo assim, as frases e palavras não seriam escritas e dirigidas como marionetes, porque ainda contam com o esforço do escritor para corresponder a essa vontade. A lógica preexiste à escritura. O antes explica a ordem do depois.

SEGUNDA OPÇÃO

Achamos que a escritura se constrói aos poucos, ao acaso dos encontros das palavras, das ideias, dos terceiros, das cores, das linhas, dos espaços etc. Não há vontade, nem poder superior, nem imposição de normas, nem tentativa de adequação entre a escritura e uma ideia. Todas estas trajetórias entram no que Prigogine, prêmio Nobel de química em 1977, chamou de região, isto é, um lugar fechado, análogo à mente, no qual as trajetórias se encontram e se chocam, se auto-organizam para produzir na saída a frase-resumo. A desordem inicial gera a ordem.

Que tipo de gozo é acionado? Ou, em outras palavras, do que sofre o escritor ou qualquer um de nós quando escreve?

Sabemos mais ou menos aonde ir; os órgãos de fomento à pesquisa, o CNPq ou a Fapesp, exigem plano e projeto quando solicitamos bolsa. Proust tinha a ideia de uma catedral. Mas as coisas não funcionam assim. Flaubert trabalhava com a página, Proust articulava seu texto cortando pedaços de página de um caderno, colando-os em outro, até formar paperoles* às vezes de dois metros.

Engajado na escritura, ergue-se a angústia dos impasses. Surgem as surpresas e a felicidade dos achados, contrabalançada pelo excesso de espera ou de impaciência que dói porque nos achamos sem rumo.

Os esboços que desembocam no texto publicado não são empurrados nem atraídos pela frase que sustenta sua composição. A frase é o resultado do choque das trajetórias.

A frase, que é o depois, recoloca o antes no seu lugar da criação. Isto é, não é necessariamente a datação dos fólios que

---

* "Paperoles" são folhas manuscritas que Proust cortava e colava em outros cadernos (N. da E.).

comprovará o caminho da criação, mas são as numerosas bifurcações, o acaso de um detalhe que será explorado, o choque de informações, um elemento escrito há dois anos, todo esse conjunto, enfim, que ressurgirá de repente e se associará a outro da véspera.

Qualquer que seja a opção, a leitura dos manuscritos é um ganho. Há uma vontade ou um gozo, um traçado ou um plano desconhecido pelo escritor a reger a escritura; gozo ao qual o crítico não tem acesso diretamente senão através dos manuscritos, mas cuja lógica ele pode ver no estudo dos cadernos. Trata-se de um processo de criação inconsciente.

Ignorada pelo escritor, a frase que parece dirigir a escritura como uma inteligência superior, ou atrair a escritura como um atrator, surge de repente nos últimos cadernos datilografados de Proust, por exemplo. Mas, ela nem dirige nem atrai a escritura. Posso dizer que já estava na mente do escritor? Na primeira opção, sim, mas não na segunda.

Sob o ponto de vista da crítica genética, prefiro a segunda opção, que a meu ver dá mais inteligibilidade ao processo de criação usado. O acaso é controlado. Não há tanta perda, já que as trajetórias se auto-organizam e acentuam o papel de *scriptor* do escritor, isto é, de instrumento, e a serviço da linguagem.

Pelo ponto de vista da psicanálise, eu diria que as duas opções exigem a aliança de duas atitudes fundamentais quanto ao gozo: a atitude feminina, isto é, de escuta; e uma atitude masculina, ou de ação, ambas movidas pela pulsão de escrever. Entretanto, enquanto a primeira opção supõe a obediência a uma musa, qualquer que seja o seu nome, a segunda supõe uma inserção do escritor na comunidade local, nacional ou mundial, ou, em termos lacanianos, uma inserção no simbólico, o que faz dele um porta-voz dos anseios dessas comunidades. Por outro lado, se uma das características do inconsciente é a surpresa, a segunda opção é melhor!

A primeira opção é romântica, como se tivesse um anjo tutelar soprando aos poucos para o escritor o que ele deve escrever, não contando com a força da linguagem nem da cultura da comunidade.

OS PROCESSOS DE CRIAÇÃO NA ESCRITURA, NA ARTE E NA PSICANÁLISE

A segunda opção, a meu ver, é mais condizente com o mundo de hoje, mundo laicizado que tem dificuldade de acreditar em deuses, anjos e até em musa inspiradora[30]. O que vimos no manuscrito parece comprovar a teoria da auto--organização de Prigogine, que faz do escritor um *scriptor* a serviço da linguagem, ou corroborar a teoria de Lacan, que acentua, após muitas outras, a submissão do homem à linguagem. Nem dirigindo nem atraindo, a frase surge como um resultado, botando ordem na desordem dos rascunhos.

Além do mais, a segunda opção confirma:

1. sua adequação a recentes descobertas das ciências, a auto--organização de Prigogine, hipótese que funciona tanto na física quanto na biologia, na química e nas ciências cognitivas;

2. o método de leitura da prática analítica, o "só depois", o depois colocando a ordem no antes.

Com isso, saímos da ganga positivista do resultado (tal causa produz tal efeito) e do dilema entre necessidade determinística ou acaso, de Jacques Monod.

Concluindo, direi que a crítica genética, diferente da crítica literária sem manuscritos, não cria uma nova ciência, mas novas relações, adequadas aos tempos de hoje, com a filologia, a codicologia, a leitura ótica, a constituição do papel e da tinta, a teoria literária, a história literária, a linguística, a estilística e as ciências exatas.

Centralizadora, e circulando entre todos esses campos, a crítica genética, com sua leitura dos processos de criação, oferece ao crítico literário e artístico um novo campo promissor que, espero, animará novas gerações de estudiosos.

---

30 "Não existe escritura natural, não existe inspiração, não há nada que me ajude a produzir linguagem. A escritura é um ato cultural e unicamente cultural. Há uma só pesquisa sobre o poder da linguagem. Entre o mundo e o livro, há a cultura. [...]. O escritor produz a literatura [...] porque há a inspiração por trás dele, porque há uma força que o impele a escrever, porque ele é uma espécie de mago inspirado como o era Victor Hugo, mas, por fim, totalmente irresponsável". G. Perec, Pouvoirs et limites du romancier français contemporain, *Les Choses*, p. 156 e 161-162.

5. O que Rejeitar ou Conservar em uma Biblioteca?[1]

Não sou arquivista, nem bibliotecário, nem historiador e, no entanto, não quero perder Mário de Andrade ou Guimarães Rosa, Flaubert ou Proust, Mallarmé ou Ponge, Lacan ou Freud, Barthes ou Quignard, e tantos outros. Por quê? Porque lendo ou estudando esses autores encontrei outro eu, reencontrei-me e me senti alargado, crescido, vibrante e, por que não?, outro homem. Essas leituras me deram uma dimensão que ignorava possuir e que me permitiu escrever. Em outras palavras, a obra esconde (recepta) um segredo que tenho que descobrir a cada leitura, um segredo sempre diferente.

Não se trata apenas de compreensão, que faria trabalhar minha inteligência e meu raciocínio, mas, sobretudo e primeiramente, de sensações que me embriagaram e me deixaram aprofundar o que imagino ser ou o que me dá uma dimensão insuspeitada acerca do Brasil, do planeta ou do Universo. Melhor ainda, trata-se de enfiar-me em um novo mundo, desconhecido até então, para deixar-me modelar por ele, provar as sensações que ele me oferece e sair deste mundo diferente.

---

1   Seminário Internacional Memória e Cultura: Amnésia Social e Espetacularização da Memória. Sesc, 27-28 de set. 2007.

72 OS PROCESSOS DE CRIAÇÃO NA ESCRITURA, NA ARTE E NA PSICANÁLISE

Retomando as palavras de outro autor que me agrada, Michel Poizat, tomarei a obra como um santuário cheio de segredos[2] que são reservados a mim. Deveríamos ler a obra com uma lupa na mão, como Sherlock Holmes, para descobrir seus enigmas, para não dizer o segredo, que a obra retém? Não, não seria um bom método. Pelo contrário, deverei ler sem inquietação, sem preocupação de pesquisa e deixar-me conduzir pela escritura, pelas personagens e pelas situações descritas, conduzido apenas pelo prazer que me dá a história ou o poema.

Em uma segunda leitura, lerei associando o que me vem à mente, tomarei notas se precisar, pararei para pensar ou gozar de um trecho etc. para enfim escrever um texto.

Em outras palavras, leio para me ler, conforme anunciou o narrador proustiano, e para respirar um ar diferente do habitual. "Porque, como já demonstrei, não seriam meus leitores, mas leitores de si mesmos, não passando de uma espécie de vidro de aumento, como os que oferecia a um freguês o dono da loja de instrumentos ópticos em Combray, o livro graças ao qual eu lhes forneceria meios de se lerem"[3].

Mas se eu mesmo escrevo, entrarei no movimento da história e continuarei a tradição. A partir de minhas leituras, observarei algo que me toca e que desenvolverei em um romance, em um poema ou em uma crítica. Certa continuidade se manifestará e me sentirei levado pelos mares dos séculos passados, para talvez me encontrar em um riacho que me levará também ao mar, se minha escritura não naufragar no esquecimento.

Portanto, se a obra dos autores citados no início desaparece em consequência de um cataclismo, de uma exigência política contra a cultura, como as de Goebbels ou no filme Farenheit 451, ou porque a geração anterior, julgando-a sem valor, não a conservou, o que farei?

Lutar, sem dúvida, para manter essas obras, mas a maioria da população deverá contentar-se com uma obra adaptada

---

2 "O amor cortês marca o momento em que o homem recusa essa perda (castração) e recua diante desse risco. A mulher, então, não é mais o outro do desejo por quem a vida se abre, [mas] aparece encobrindo um segredo, a detentora de um signo ausente e o lugar do interdito. O homem se detém na soleira do santuário". Michel Poizat, *L'Opéra ou le cri de l'Ange*, p. 260.

3 M. Proust, *O Tempo Redescoberto*, p. 280.

a um rio, talvez um riacho, e à redução considerável de sua mente.

Resumindo esse primeiro ponto: devo conservar na minha biblioteca a obra que detém para mim um signo ausente[4], a que me questiona e que alarga meu pensamento, para não dizer minha cabeça. É o primeiro critério.

Mas, o que conservar em uma biblioteca pública, quando vemos milhares de livros que são lançados anualmente no mundo? Deveríamos usar o mesmo critério?

Um membro do júri para a atribuição de um dos prêmios mais importantes do Brasil (R$100.000) dizia-me, recentemente, que dos trezentos livros que teve que ler, apenas três obras escapavam à mediocridade geral. O que pensar?

Evidentemente, os três serão publicados se obtiverem a concordância dos outros membros do júri e talvez sejam conservados para a posteridade. Entretanto, quando nos lembramos dos autores que Proust apreciava e dos quais ele falava na sua *Correspondência*, muitos dos quais são esquecidos hoje, será que os três selecionados por esse jurado ficarão?

Se um grande autor como Proust ou um membro de um grande júri podem enganar-se nos seus julgamentos, quem vai nos garantir a perenidade de uma obra? Sabemos que o primeiro livro de Proust foi recusado por André Gide, outro autor notável da época, o que não impediu Proust de se tornar o maior romancista francês do século xx.

Se nem a crítica nem os pares são capazes de garantir o valor de uma obra, quem vai fazê-lo?

Como distinguir os escritores talentosos dos outros? O que diz o narrador proustiano e *não* o escritor Marcel Proust que se enganou?

Não confiando no crítico que "Sagra profeta em virtude de seu tom peremptório, de seu desprezo pela escola que o precedeu, um escritor que não traz a menor mensagem nova", mas apoiando-se na "*vida instintiva do público*" que os reconhece, "porque há maiores analogias entre a vida instintiva do público e o talento de um grande escritor, que não é senão um instinto religiosamente ouvido em meio ao silêncio a tudo o

---

4 Idem.

74 OS PROCESSOS DE CRIAÇÃO NA ESCRITURA, NA ARTE E NA PSICANÁLISE

mais imposto, um instinto aperfeiçoado e compreendido, [...] do que entre este e a verbosidade superficial, as normas flutuantes dos juízes oficiais"[5].

A analogia surpreendente permite ao narrador ligar o autor aos leitores, definindo a natureza dos laços e do talento. Um texto será lido à medida que tocar a vida instintiva do público, graças ao talento do autor que seria apenas o prolongamento dessa vida. O que é a vida instintiva para o narrador? É difícil responder, mas talvez a definição de talento, efeito de condições especiais, ajude.

Para chegar à vida instintiva, o artista deve suprimir todo ruído exterior e colocar-se na escuta da vida, de uma maneira extremamente atenta, como se escutasse um deus ou a pitonisa que fala. O instinto fala, anuncia e exige a escuta, tal como um oráculo. O talento consiste em ter a disposição necessária para exercer a exigente pulsão do ouvir e perceber a mensagem. Não se trata, portanto, de estilo, nem de oposição a uma escola anterior, mas de uma capacidade aguda de entender uma mensagem lançada aos quatro ventos, que o escritor capta e na qual o leitor se reencontra. Atrás dos signos percebidos no mundo pelo conjunto dos leitores de sua obra, signos que todos deveriam perceber "instintivamente", o narrador ultrapassa a primeira percepção muitas vezes falsa ou mal focalizada, situa-a corretamente e a desenvolve. É nesse movimento que está sua arte.

Encontramos o mesmo jogo, entre o "a" minúsculo, o outro e o grande Outro de Lacan, entre o narrador e o ser intemporal, jogo muito próximo dos contatos com os seres demoníacos dos antigos[6]. O narrador deve aprender a escutar vozes por

---

5 Idem, p. 170.
6 "A abordagem do divino e do demoníaco exige o que Lévi-Strauss denomina anaclástica, isto é, um saber concernente aos raios refletidos e rompidos – sem que possamos decidir se suas (múltiplas) sedes são vazias ou se o foram sempre (constatamos apenas que são inacessíveis à compreensão ocidental contemporânea). Lembremos que Lévi-Strauss também destacava que a música, uma vez que não é portadora de significação, revela-se um gesto de espacialização depurada, constituindo um tipo privilegiado de aproximação do sobrenatural. Esta anaclástica encontra uma experiência que é fundamentalmente da língua (e não uma experiência religiosa): Otto fazia a observação de que todo nome é, talvez, originalmente um nome de deus; Dante opunha a interrupção de seu itinerário por meio de figuras diabólicas ao 'liame

O QUE REJEITAR OU CONSERVAR EM UMA BIBLIOTECA? 75

meio dos signos percebidos por todos e o talento será considerado conforme a capacidade de, ao mesmo tempo, sentir o que sentem os leitores e transmitir as mensagens ouvidas. O que outros denominaram "comunicação de inconscientes em uma análise", talvez o narrador proustiano chamasse de "comunicação dos sentires", embora já tivesse falado de "comunicação das almas" quando escutava o Septuor de Vinteuil em *A Prisioneira*: "Eu me indagava se a música não seria o exemplo único do que poderia ter sido – caso não tivesse havido a invenção da linguagem, a formação das palavras, a análise das ideias – a comunicação das almas"[7].

Ele continua: "A verdadeira vida, a vida enfim descoberta e tornada clara, a única vida, por conseguinte, realmente vivida, é a literatura; essa vida que, em certo sentido, está sempre em todos os homens e não apenas nos artistas"[8].

E o que seria um verdadeiro livro?

No *Cahier 57*, o narrador insiste: "um verdadeiro livro será aquele no qual cada inflexão de voz, olhar, palavra, raio de sol será retomado e o que ele tenha de obscuro esclarecido. De sorte que [...] o livro será constituído por uma verdadeira realidade que as anotações dirão por nós se nós tivermos ao lê-las uma sensibilidade mais profunda e um espírito mais claro, então o livro será um verdadeiro quadro do real"[9].

Os conceitos de real e de realidade verdadeira não se distinguem para o autor, mas recobrem algo de invisível e uni-

---

musaico', que ele identificava ao 'leite das Musas', a poesia constituindo, para ele, 'laço da linguagem'. Esse 'liame musaico' é examinado pela técnica moderna, provocando uma báscula do demoniaco ao demoníaco, cujo efeito mais radical poderia ser denominado um 'esgotamento' da língua, um golpe na língua como *physis*, como 'materna' imemorial. O que importa é, com efeito, não desconhecer que as experiências infernais dão acesso a camadas geralmente insuspeitadas do simbólico; as obras de Dante e de Hölderlin mostram isso e todos aqueles para os quais 'o saber veio em decorrência de algo que lhes aconteceu', conforme escrevia Reiner Schurmann – onde cresce o veneno cresce também o que salva, escrevia Hölderlin. Da mesma forma os *tricksters*, frequentemente exímios jogadores, mostram (e não só nos mitos) essa relação radical com o significante e suas possibilidades de autogeração". Pierre Ginésy. L' Excès des noms infernaux EGP – dissonance et gauchissement, 27 mars 2004. Disponível em <http://www.etatsgeneraux-psychanalyse.net/mag/article_view?id=88>.

7 M. Proust, *A Prisioneira.*, v.v, p. 233.
8 Idem, *O Tempo Redescoberto*, p. 172.
9 Idem, *Esquisse XXXIV, Le Temps retrouvé*, p. 856

76 OS PROCESSOS DE CRIAÇÃO NA ESCRITURA, NA ARTE E NA PSICANÁLISE

versal que alcança ao mesmo tempo o talento e as coisas que podem ser lidas. Se a vida verdadeira é comum a todos, o talento é mais "um bem, uma aquisição universal"[10]. O narrador concorda por um lado com a posição de Lautréamont[11], retomada por Eluard, que sustentava a universalidade da poesia[12] e, por outro, com a de Freud, comentada por Kofman: "Falar de gênio é evitar o desvio pelo trabalho de pesquisa. É dar uma explicação verbal destinada a camuflar a ignorância e a necessidade de ilusão" e "O dom não é um dom de Deus ou de uma boa natureza"[13].

a. O primeiro critério para determinar a riqueza de uma obra será sua capacidade de interrogar ou questionar o leitor. Embora subjetivo e necessitando de sondagem para ser usado, mantenho esse critério.

b. O segundo será a popularidade da obra, critério difícil também, porque uma obra pode ser esquecida definitivamente ou redescoberta pela geração seguinte.

c. O terceiro critério será o trabalho representado pela escritura. Ele pode ser inferido de duas maneiras:

Uma delas, mais objetiva e fácil de reconhecer, será o manuscrito visto como imagem. Cheio de rasuras ou trabalhos nas margens, o manuscrito denotará o trabalho e a exigência do artista na escritura, sua maneira de preencher a página branca.

A outra, bastante difícil de detectar, será o trabalho mental do artista, impossível de investigar, embora eu ache difícil o escritor passar diretamente da mente para a página um texto pronto.

Sublinharei, no entanto, que um critério não existe sem outro, tal como um nó gordiano. Um *best-seller* hoje não será necessariamente uma obra prima amanhã. Precisaria averiguar o trabalho da escritura. Averiguação difícil para alguns como Mário de Andrade ou Michel Butor, que jogava ou joga no lixo seus manuscritos, averiguação fácil para a maioria:

10 Idem, *O Tempo Redescoberto*, p. 170
11 "A poesia deve ser feita por todos", Lautréamont, *Poésies II, Oeuvres complètes*, p. 409.
12 "Um dia, todo homem mostrará o que o poeta viu. Fim do imaginário", Paul Eluard, Donner à voir, *Oeuvres complètes*, p. 967.
13 S. Kofman, *A Infância da Arte*, p. 180 e 184.

Flaubert, Pessoa, Proust ou Hugo, Hatoum e muitos outros que legaram seus acervos aos herdeiros ou a instituições particulares ou públicas. Somente o entrelaçamento desses três critérios dará certa segurança a um júri ou a uma instituição na hora de escolher o lixo descartado ou a estante, a rejeição ou a classificação.

Acabo de desenhar uma resposta clássica.

Entretanto, li recentemente *O Manifesto da Terceira Paisagem,* que dá outras ideias talvez contrárias à posição defendida acima. Gilles Clément é engenheiro de jardins e professor na Escola Nacional Superiora da Paisagem em Versalhes. Na teoria da terceira paisagem, ele defende as áreas não cultivadas como sendo as fontes de riquezas originais, "um refúgio da diversidade e de reservas biológicas", "um espaço que não expressa nem o poder nem a submissão ao poder"[14] e anuncia uma vegetação diversa, eliminada em geral pela civilização.

O que tem a ver com nosso debate?

Estudando as artes e a literatura em particular, estamos encontrando muitos espaços preenchidos e não publicados, que são projetos, croquis, esboços e manuscritos. Pergunto se não podemos assimilar estes espaços a uma terceira paisagem?

Os manuscritos com suas versões, às vezes mais de 25 no caso de Milton Hatoum para o *Relato de Certo Oriente,* não constituem uma terceira paisagem? Não oferecem muito mais possibilidades do que a história publicada? Se estudarmos um fólio de Flaubert, o trabalho nas margens e no próprio texto nas entrelinhas não constitui uma reserva de vida para os fólios seguintes?

Neste caso, é difícil separar o texto publicado do manuscrito. Não mais as bibliotecas, mas as editoras deveriam se preocupar com essa problemática e integrar às edições o não visível habitual. Objeção justificada dos editores: é volumoso e caro. É verdade. Que tal partir para uma edição eletrônica ou manter os discos duros dos escritores à disposição dos leitores? Como, por exemplo, a edição de Madame Bovary[15] e que permite a qualquer um, especialista ou amante da obra de Flaubert, ter acesso a esta memória fantástica da escritura flaubertiana.

14 *Manifeste du Tiers paysage,* p. 13.
15 Disponível na Internet em:< http://www.hull.ac.uk/hitm/scen/scindx.htm>.

6. A Crítica Genética em 2008

Desenhar o estado atual da crítica genética no Brasil é um desafio. A Associação dos Pesquisadores em Crítica Genética (APCG), ex-APML (Associação dos Pesquisadores do Manuscrito Literário), reúne a maioria dos grupos, elencados em parte no número especial dedicado à crítica genética na revista da SBPC de janeiro de 2007[1], mas se olharmos nos grupos de pesquisa do CNPq, veremos que outros pesquisadores trabalham com a crítica genética.

Desde sua fundação em 1985, a APML estava concentrada no estudo dos manuscritos literários. No entanto, no decorrer das pesquisas e com a integração de novos membros, notadamente pesquisadores oriundos da PUC de São Paulo, que estudam as artes e as mídias, a APML operou três mudanças e percebeu, primeiro, que o estudo da crítica genética não abrange necessariamente e somente os manuscritos literários, mas o universo sem fim da criação humana, abrangendo as artes e incluindo desde a literatura até a mídia; segundo, que o objeto da crítica genética se concentra no estudo dos processos de criação que podem ser captados tanto nos rascunhos,

---

1 C. A. Pino (org.), Crítica Genética, *Ciência e Cultura* (SBPC), v. 59.

croqui ou esboços, quanto na obra exposta para o pintor, no texto publicado para o escritor, na dança executada para o dançarino ou no jogo do ator para o teatro sem o estudo obrigatório do que antecede as obras; terceiro, que a crítica genética ainda é possível na era do computador, já que o disco rígido mantém todas as mudanças provocadas pelas rasuras ou substituições do escritor.

O nome da associação deveria explicitar as mudanças. Portanto, em 2006, a APML decidiu com o acordo da maioria dos sócios, propor o nome de Associação dos Pesquisadores em Crítica Genética (APCG).

Quem Pratica a Crítica Genética no Brasil?

Consultando o site dos grupos de pesquisas do CNPq e o dossiê da SBPC já citado, a crítica genética é praticada por cerca de 250 pesquisadores em 21 instituições no Brasil. Os pesquisadores pertencem na sua maioria às Universidades Federais, desde a do Rio Grande do Sul, até a do Amazonas, passando por Alagoas, Pernambuco, Bahia, Espírito Santo, Maranhão, Minas Gerais, Niterói, Mato Grosso do Sul, Recife, São Carlos, além da PUC de Recife, da já citada PUC de São Paulo, da Universidade Estadual do Sudoeste da Bahia, do Mackenzie e da Universidade Anhembi-Morumbi de São Paulo, da Universidade Luterana do Brasil, em Canoas, e das três Universidades estaduais paulistas, a Unesp, a Unicamp e a USP, sem esquecer a Casa Rui Barbosa do Rio de Janeiro.

Além dos congressos trienais da APCG e das teses defendidas[2], e sem tirar o mérito de cada equipe, devo ressaltar as atividades de dois grupos que favorecem a reflexão e a produção em crítica genética: o GT em crítica genética da ANPOLL (Associação Nacional de Pós-Graduação e Pesquisa em Letras e Linguística) e o NAPCG (Núcleo de Apoio em Crítica Genética) da Universidade de São Paulo.

O GT convocado pela ANPOLL a cada dois anos, reúne os sócios interessados ao redor de um tema e publicou, em 2007, as comunicações e debates do XXI Encontro Nacional de 2006[3].

O NAPCG reúne as equipes da PUC-SP, da Universidade Federal do Espírito Santo e as cinco equipes da USP, das quais

---

2 Ver no site <http://www.fflch.usp. br/dlm/napcg>.
3 C. A. Pino (org), *Criação em Debate*.

A CRÍTICA GENÉTICA EM 2008

duas são do Instituto de Estudos Brasileiros (IEB) e três do Departamento de Letras Modernas da Faculdade de Filosofia, Letras e Ciências Humanas.

O NAPCG publicou *Criação em Processo, Ensaios de Crítica Genética*, organizado por Roberto Zular, em 2002, com colaborações de pesquisadores franceses do Institut des Textes et Manuscrits Modernes do CNRS (Centre National de la Recherche Scientifique) e de membros do Núcleo e, em 2007 o dossiê da SBPC.

Desde 1990, a APCG, ex-APML, edita a revista anual *Manuscrítica*, aberta não só aos sócios, mas a qualquer pesquisador que trabalhe com processos de criação. Editada pela Annablume até o número 14, o número 15 saiu pela editora Humanitas da Faculdade de Filosofia da USP, em março de 2008.

Os anais de seus congressos realizados desde 1985 são publicados em geral no lugar que sitiou o evento: Salvador, João Pessoa, Niterói, Vitória e São Paulo, ou na *Manuscrítica*.

QUAIS SÃO OS CAMPOS ESTUDADOS PELA CRÍTICA GENÉTICA?

Os anais dos congressos relacionados em nota dão uma ideia dos campos estudados desde 1985, data de fundação da APML[4], enquanto os assuntos abordados nas últimas publicações, o dossiê da SBPC[5], *Criação em Debate* da ANPOLL e obras recentes, informam em parte o teor atual dos estudos.

4 Para as publicações referentes aos congressos, ver o item Anais na Bibliografia. Os congressos foram:
1985: *O Manuscrito Moderno e as Edições*, São Paulo;
1988: II *Encontro de Edição Crítica e Crítica Genética*, São Paulo;
1991: III *Encontro Ecdótica e Crítica Genética*, João Pessoa;
1994: *Gênese e Memória*, São Paulo;
1996: *Memória Cultural e Edições*, Salvador;
1999: *Fronteiras da Criação*, São Paulo;
2002: *Poética da Criação*, São Paulo;
2005: *Leituras do Processo*, São Paulo;
2008: *Processo de Criação e Interações*, Universidade Federal do Espírito Santo, Vitória.
5 C. A. Pino, Apresentação: Gênese da Gênese; Verônica Galíndez-Jorge, Crítica Genética e Crítica Literária; Marcos Antonio de Moraes, Epistolografia e Crítica Genética; Telê Ancona Lopez, A Criação Literária na Biblioteca do Escritor;

OS CONGRESSOS DA APML/APCG

É difícil traçar um movimento linear atravessando os anais, já que há continuamente bifurcações que impedem o historiador de seguir uma só lógica. Os três primeiros encontros insistem na integração do manuscrito às edições críticas, não somente como complemento de leitura, mas como meio de confronto e de retificação para edições fidedignas. O terceiro foi marcado por uma tentativa de articulação com a filologia e a ecdótica. Já havia algumas aberturas para o processo de criação por parte dos pesquisadores franceses convidados e de alguns outros brasileiros, mas ainda eram muito poucas. A semiótica e a psicanálise já aparecem como ponto de apoio teórico em várias comunicações.

O quarto encontro *Gênese e Memória* abriu o leque das pesquisas e viu comunicações sobre cinema, teatro, produção plástica, arquitetura, folclore e uma conferência sobre ciência.

O quinto encontro ofereceu um debate inédito entre a nova abordagem dos textos literários e a filologia italiana representada por um de seus ícones: Giuseppe Tavani, da Universidade de Roma.

O sexto encontro, *Fronteiras da Criação*, principiou com a palestra de Daniel Ferrer, indicando o horizonte da crítica genética: *A Crítica Genética do Século XXI Será Transdisciplinar, Transartística e Transemiótica ou Não Existirá*. Pela primeira vez, o encontro comportava uma mesa redonda inteiramente dedicada aos processos de criação e uma seção de pôsteres para pesquisadores juniores. A comissão científica do sétimo congresso hesitou entre *Poética da Criação* e *Poética da Incerteza*, mas acabou definindo-se pelo primeiro título, indicando assim sua preocupação com o fazer criativo que inclui a incerteza, já que ambos envolvem o processo de criação.

O oitavo encontro, *Leituras do Processo*, celebrava os vinte anos da APML e visava ampliar as reflexões a respeito dos pro-

---

Roberto Zular, Crítica Genética, História e Sociedade; Philippe Willemart, As Ciências da Mente e a Crítica Genética; Cecília Almeida Salles e Daniel Ribeiro Cardoso, Crítica Genética em Expansão; Cecília Almeida Salles e Daniel Ribeiro Cardoso, Crítica de Processo: Um Estudo de Caso; Flávia Camargo Toni, A Crítica Genética e os Acervos de Músicos Brasileiros.

cessos de criação na literatura, nas artes e nas ciências, este último campo sendo o tema da conferência de abertura.

O nono encontro estudou as interações do processo criativo. Assim, a APCG tenta corresponder ao rumo traçado por Ferrer na véspera do século XXI e faz do estudo do processo, objeto da crítica genética.

O DOSSIÊ DA SBPC DE 2007

Os temas escolhidos pelos participantes abrem a crítica genética a campos bem diferenciados como a crítica literária, a correspondência e a biblioteca dos escritores, a História e a sociedade, os acervos de músicos brasileiros, as artes plásticas, a dança, o teatro, a fotografia, a música, a arquitetura, o jornalismo, a publicidade e as ciências da mente, mostrando as interações do processo com o pensamento e com todas as atividades do ser humano.

O GT DA ANPOLL

Criação em Debate reúne contribuições das equipes das Universidades de Porto Alegre, São Paulo e Salvador que levantaram vários problemas suscitados nesses vinte anos da nova disciplina no XXI Encontro da ANPOLL de 2006, em São Paulo. Dependendo das escrituras estudadas, um autor do século XIX, XX ou XXI, as interpretações genéticas não coincidem nas suas conclusões. Haveria uma gênese para cada século? Eu estaria tentado a dizer que sim e iria mais longe, afirmando que há uma gênese para cada autor. Se para Mallarmé, por exemplo, o pesquisador tem vantagem em estudar os diálogos intelectuais que integram a constituição de seu pensamento, o manuscrito de Perec, pelo contrário, pode ser lido como forma de destruir as referências iniciais; se no *Mulato*, a linguagem inicial se modifica de versão em versão, não ocorre o mesmo na maioria das escrituras; se a criação de vazios sem respostas é reconhecida em Perec, muitos autores respondem aos problemas suscitados no decorrer da redação.

84 OS PROCESSOS DE CRIAÇÃO NA ESCRITURA, NA ARTE E NA PSICANÁLISE

Há princípios, no entanto, que parecem sustentar a crítica genética em qualquer estudo: a vantagem do recorte operado pelo pesquisador que se opõe ao estudo cronológico do manuscrito, a inserção progressiva do documento na rede de criação, articulando as lógicas distintas que surgiram no processo, o inacabamento inerente a qualquer texto, a visão dos manuscritos como palimpsestos, a vertigem do autor equilibrada pela busca da exatidão, a dissipação das estruturas anunciadas, reestruturadas sob a ação da racionalidade e da invenção, a produção de possíveis nos manuscritos aventada pela busca do escritor, a tradução diferente da transcrição, o manuscrito visto como um sistema complexo e instável ou como uma reestruturação dos espaços.

AS PUBLICAÇÕES RECENTES.

Se a crítica genética iniciada no Brasil em 1985 era quase inteiramente baseada em estudos de autores particulares, alguns geneticistas já tentavam, naquela época, elaborar uma teoria da criação. Não vou lembrar os primórdios dessa teorização, mas apenas algumas publicações recentes que confirmam a pesquisa teórica.

Gesto Inacabado: Processo de Criação Artística, de 1998, e *Redes da Criação: Construção da Obra de Arte*, de 2006, de Cecília Almeida Salles, da PUC-SP, elaboram "uma possível teoria da criação, com base na semiótica de Charles S. Pierce, que teve como ponto de partida os estudos singulares de documentos de processos e, ao mesmo tempo, alimenta-se dessas mesmas pesquisas. São guias condutores flexíveis e gerais o suficiente para retornar depois aos processos específicos. Semelhante à busca de Eisenstein, a procura por uma morfologia 'volátil e não um cânone inflexível'"[6].

Crítica Genética e Psicanálise (2005), de minha autoria, tenta, sobretudo, responder a duas perguntas: como se formou a crítica genética e como se constitui a escritura literária. A primeira resposta supõe uma concepção diferente da história literária e a

---

6 C. A. Salles e D. R. Cardoso, Crítica Genética em Expansão, Crítica Genética, *Ciência e Cultura* (SBPC), v. 59, p. 46. A maioria das teses desenvolvidas na PUC-SP a partir das obras literárias e de diversos artistas está elencada no site: <http://www.redesdecriacao.org.br>.

A CRÍTICA GENÉTICA EM 2008

segunda se constrói aos poucos, por meio do estudo dos manuscritos de Freud, Flaubert e Proust, tendo como base os aportes anteriores da crítica genética e da morfodinâmica, além da concepção de homem desenvolvida pela psicanálise.

Escrever sobre Escrever, Uma Introdução Crítica à Crítica Genética, de Claudia Amigo Pino e Roberto Zular (2008), tem como escopo principal discutir as bases teóricas da prática dos geneticistas. O livro está dividido em quatro capítulos. O primeiro concentra-se na teoria dos estudos genéticos e especialmente na noção de processo, tentando entender o surgimento desse conceito e seu uso e propondo trabalhar a escrita não mais como um processo, mas como espaço de descontinuidades, hesitações e rupturas. Para abordar esse espaço, seguindo Michel Foucault, faz-se necessário estudar as práticas que o geraram, tema no qual se centra o segundo capítulo. Especificamente, trata-se aí de entender a escrita como tecnologia, o papel dessa tecnologia no Brasil, as relações com a oralidade e o caráter performativo da escrita literária. O terceiro capítulo centra-se na própria prática da crítica genética. Procura-se ali responder às dúvidas básicas dos iniciantes: por onde começar um estudo genético, se devemos partir da obra ou dos documentos, se é possível trabalhar com manuscritos transcritos, como elaborar recortes de pesquisa e como podem ser lidos esses recortes. O livro fecha com uma volta à teoria, especificamente, à teoria literária. A preocupação com o manuscrito, com as suas descontinuidades e com as práticas em que elas estão inseridas afastou-nos das questões relativas à forma literária. Daí a indagação: por que os estudos genéticos, e os outros estudos que trabalham com a noção de processo, têm abandonado a preocupação com a forma? Não seriam necessários novos modos de inteligibilidade que dessem conta dessa tensão entre processo e forma?

A DIFUSÃO DA CRÍTICA GENÉTICA NO BRASIL E NO EXTERIOR

No Brasil, a experiência mostrou que a difusão e o debate ao redor da crítica genética não dependem de conferências ou

86 OS PROCESSOS DE CRIAÇÃO NA ESCRITURA, NA ARTE E NA PSICANÁLISE

palestras para eventuais interessados, colegas ou alunos. Basicamente, e sem desprezar os tipos de informações, o estudo da crítica genética resulta de grupos de pesquisa, liderados por um orientador que transfere não só conhecimentos, mas perguntas que aguçam a mente de seus orientandos e que resultam em dissertações e teses. É o que aconteceu na maioria das equipes do país.

Em maio de 2008, a PUC-RS, que possui muitos arquivos de escritores gaúchos, organizou as *Jornadas Internacionais de Crítica Genética, Perspectiva ante a Era Digital* e chamou a equipe de crítica genética da UFRS e dois pesquisadores do NAPCG para ministrar um curso.

A equipe da PUC-SP organizou as *Redes da Criação*, onde foram debatidos os processos de criação na arte, mídia, literatura e ciência, no Itaú Cultural[7].

O último congresso da APCG de 2008 em Vitória reuniu mais de duzentos pesquisadores interessados aos processos de criação.

Três sites divulgam a crítica genética. O site do Núcleo de Apoio à Pesquisa em Crítica Genética; o da equipe da PUC de S. Paulo; e o do grupo Criação e Crítica, que lançou uma revista eletrônica[8].

A crítica genética desenvolvida no Brasil suscita pedidos de colaboração ou de informações provenientes de outros países. Uma pesquisadora da Universidade do Porto convidou três membros da APCG para falar da crítica genética no Colóquio Internacional: *Crítica Textual e Crítica Genética em Diálogo – Texto e Manuscrito Modernos (Séculos XVIII, XIX e XX)*, em outubro de 2007. A partir dos laços estabelecidos, esperamos criar um convênio através do programa Capes-Grices para selar o intercâmbio.

A mesma pesquisadora, Maria João Reynaud, criou em 2008 um doutorado em crítica textual e crítica genética para o qual convidou membros do NAPCG.

---

7 Realizadas de 30 de maio a 15 de junho de 2008. Site na Internet: http://www. itaucultural.org.br/.

8 O endereços eletrônicos são, respectivamente: <http://www.fflch.usp. br/dlm/ napcg>; <http://processodecriacao.com.br>; <http://criacaoecritica.incubadora. fapesp. br>.

A Universidade Santa Barbara da Califórnia e a Virginia Commomwealth Universtity, assim como a Escola Lacaniana de Montréal, convidaram membros da APCG para falar de crítica genética em 2008 e 2009.

HÁ DIFERENÇAS ENTRE A CRÍTICA GENÉTICA PRATICADA NO BRASIL E NA FRANÇA?

Foi a pergunta de uma pesquisadora italiana no colóquio do Porto. Claudia Pino já levanta algumas divergências teóricas entre pesquisadores dos dois países no livro mencionado acima, ao qual remeto os leitores, mas diria que, com objetos de estudo e fatalmente processos de criação diferentes, Flaubert não é Picasso, nem Proust, Eisenstein, nem Hoellenbecq, Guimarães Rosa; os críticos não teorizam tampouco da mesma forma.

Não podemos, por isso, falar de escola francesa ou de escola brasileira. Há pesquisadores que trabalham com Peirce ou com a psicanálise dos dois lados do oceano, uns somente com o manuscrito, esboços ou cadernos de anotações, outros incluem o texto publicado nas suas pesquisas, outros com marginálias, com correspondências ou com edições críticas. A pesquisa não está necessariamente ligada a um centro, São Paulo, Porto Alegre, Salvador ou Paris, ou a um país, mas a um estudioso praticando essa nova abordagem dos processos de criação que, no decorrer de colóquios, seminários ou reuniões, debate as questões levantadas com os participantes. Mesmo se há tendência a insistir em Peirce ou na psicanálise em certos grupos de doutorandos para abordar a crítica genética, logo após a defesa da tese, os novos doutores tomam seu rumo e criam outras linhas de leituras. As práticas dependerão mais do objeto estudado do que da pertença a uma equipe ou a um país.

A PRÁTICA DA CRÍTICA GENÉTICA

No campo literário, devemos separar os estudos com ou sem manuscritos de rascunhos. Estes começaram a aparecer em abun-

88 OS PROCESSOS DE CRIAÇÃO NA ESCRITURA, NA ARTE E NA PSICANÁLISE

dância nos séculos xix e xx, até o surgimento do computador. No entanto, nos séculos anteriores, encontramos rascunhos de Pascal[9] e as várias edições das obras de Ronsard e de Erasmo de Rotterdam[10], que permitem o estudo dos processos de criação.

Hoje, embora muitos escritores continuem com a caneta e o papel, a maioria digita, deleta e imprime somente a última versão. Ainda é possível a crítica genética nessas condições?

Retomando livremente as palavras de Pierre-Marc de Biasi, o atual diretor do ITEM-CNRS, direi que a situação do crítico é bem melhor do que antes:

Graças à salvaguarda automática e programada [...] sem custo adicional de papel e de tinta, a memória do computador registrará todas as modificações que, adicionadas umas às outras, contarão a gênese da escritura [...] será um manuscrito numérico igual ao manuscrito no papel, com acréscimos, substituições, supressões e deslocamentos. Não será mais necessário legar às Bibliotecas Nacionais volumes intermináveis de manuscritos, mas apenas o disco rígido no qual todos os gestos da escritura, classificados e datados, estarão à espera de um leitor [...]. A era digital não será o fim dos rascunhos, mas talvez seu verdadeiro começo, sua idade de ouro. [...] Até aqui a abordagem genética se ocupava apenas de exceções: arquivos miraculosamente salvos da destruição, uma centena de *corpus* completos por século [...] O que acontecerá quando tivermos a integralidade de todos os rascunhos? [...] digitais por natureza, os rascunhos de hoje têm uma estrutura pronta para o cálculo. Eles esperam as máquinas que saberão nos ajudar na interpretação[11].

A primeira etapa de qualquer estudo genético com manuscritos (decifrar, datar, classificar e transcrever de um modo legível os textos) será dispensável. Nem precisará haver o estudo das filigranas, da análise da tinta e do papel para ajudar na datação das versões.

Vencida esta primeira etapa, terminam as diferenças entre os geneticistas que têm ou não o manuscrito no papel. Todos

9 J.-L. Lebrave, La Critique génétique: une discipline nouvelle ou un avatar moderne de la philologie?, *Genesis*, v. 1, p. 33-72.

10 M. Jeanneret, Chantiers de la Renaissance. Les variations de l´imprimé au xvi° siècle, *Genesis*, v. 6, p. 25-45.

11 Le Cauchemar de Marcel Proust, em: <http://www.item.ens.fr/index.php?id=187315>.

se reencontram na mesma luta, à procura dos processos de criação, mas dependendo do objeto pesquisado, eles se separam uns dos outros. Um pesquisador estudará os processos de tradução adotados por Mallarmé ou por Baudelaire, um cognitivista tentará reconstituir o processo mental atuando na escritura, um crítico próximo da psicanálise tentará descobrir em que os processos de criação descobertos enriquecem o conhecimento do ser falante, outro crítico inspirado por Peirce tentará ler os processos seguindo a teoria do filósofo, outro tentará descobrir como uma estrutura social afetou os processos etc.

Concluindo, sublinho a expansão gradativa da crítica genética que oferece ao crítico literário e artístico um novo campo promissor que, espero, animará novas gerações de estudiosos.

Parte II

Conflito do Sujeito e do Eu

1. O Surgimento do Sujeito na Rasura do Manuscrito

INTRODUÇÃO

Quando viajei recentemente ao Peru, fiquei surpreso que um povo com tal desenvolvimento da astronomia, da arquitetura, da agricultura, da rede viária, com uma organização governamental adaptada a um império tão vasto, não tenha escritura cursiva nem ideogramas. Fora os monumentos (templos e palácios), as pontes de cordas e as estradas pavimentadas que cunhavam as montanhas, os incas tinham dois ou três tipos de escrita.

Em primeiro lugar, os quipus, espécies de nós de cordas que significavam a unidade, a dezena, a centena de lamas, de produtos agrícolas etc. Em seguida, os bordados, com um motivo caracterizando cada comunidade e, enfim, certas constelações do céu. No museu inca de Cuzco, ex-capital do Império, pode-se ver uma constelação representando um puma, um dos animais sagrados, constelação que para nós é a do escorpião. Os incas, identificando-se ao puma, inscrevem assim o sujeito nas estrelas que os representam.

Esta projeção e a dispersão do sujeito lembraram o texto de Lacan em *Lituraterre*, no qual, falando dos japoneses, diz:

94 OS PROCESSOS DE CRIAÇÃO NA ESCRITURA, NA ARTE E NA PSICANÁLISE

No entanto, a partir daí ela [a letra] é promovida como um referente tão essencial quanto qualquer outra coisa, e isso modifica o *status* do sujeito. O fato de ele se apoiar em um céu constelado, e não apenas no traço unitário, para sua identificação fundamental, explica que ele não possa apoiar-se senão no Tu, isto é, em todas as formas gramaticais cujo enunciado mais ínfimo é variado pelas relações de polidez que ele implica em seu significado.

A verdade vem reforçar ali a estrutura de ficção que denoto aí, por estar essa ficção submetida às leis da polidez.

Para nós, ninguém comunica menos de si que esse sujeito que não esconde nada. Ele só manipula o outro e não hesita em fazê-lo. [...] Você é um elemento entre outros do cerimonial no qual o sujeito se compõe justamente de poder se decompor. [...] Singularmente, isso parece trazer como resultado que não há nada de recalcado a defender, já que o próprio recalcado se aloja pela referência à letra. Em outras palavras, o sujeito é dividido pela linguagem, como em toda parte, mas um de seus registros pode satisfazer-se com a referência à escrita, e o outro, com a fala[1].

O sujeito ou se decompõe na multiplicidade das estrelas de uma constelação ou em um ritual e se recompõe, para os incas talvez na estrutura dos desenhos de sua tapeçaria, ou no você (tu) japonês.

William Pater, um dos formadores da filosofia proustiana, observa que Pitágoras, no qual se inspirou Platão, estruturava o Universo com a proporção, a música, a ordem, o cosmos que se opunham ao caos[2].

O sujeito para Pitágoras é o intermediário entre os números ou a barra que indica a proporção?

Mais perto de nós, refiro-me a Gootlob Frege: o sujeito estaria no conceito zero ou no conjunto do inexistente que interfere a cada contagem?

São, portanto, quatro as concepções do sujeito, mas que se resumem em uma: os quatro sujeitos, japonês, inca, pitagórico e fregiano, se dispersam na ordem de uma constelação ou dos números, ou se encarnam nos mecanismos celestes, mas reencontram sua individualidade ou sua comunidade no "tu", para os japoneses, no puma ou na tapeçaria para os incas, na proporção

1 J. Lacan, *Lituraterre, Littérature*, p. 9; e *Lituraterra, Outros Escritos*, p. 24.
2 *Platon et le platonisme (1893)*, p. 55.

para Pitágoras, no conjunto do inexistente para Frege. Parece haver um jogo entre as duas partes, o sujeito indo da constelação ao tu, à tapeçaria ou ao número, da fala à escrita.

Gostaria de confrontar essas concepções a três outras esperando que o choque de todas nos esclareça um pouco mais sobre o conceito de sujeito na escritura.

A primeira é de Vincent Descombes em *Le Complément du sujet*, de 2004. Filósofo, ele escreveu, entre outros livros, uma história da filosofia na França, intitulada *Le Même et l'Autre*, em 1979; uma filosofia do romance intitulada *Proust*, em 1987; e *Les Institutions du sens*, em 1996, livro no qual desenvolve uma concepção holística da intencionalidade do espírito a partir de Peirce.

A segunda concepção é de Pascal Quignard, escritor que "se situa após a psicanálise. Orientada pela falha da linguagem que fez para ele trauma de gozo, sua obra homenageia uma tradição literária marginal, que se interessa pelo fundo biológico silencioso abrigado pela *littera*"[3]; ou ainda: "de certo modo contra Proust, Quignard medita sobre o tempo perdido, não para reencontrá-lo, mas para libertar-se dele em proveito do que nomeia *le Jadis*, o Outrora [...] Esta leitura engaja uma poética singular: a escritura se fará analítica no sentido primeiro da palavra, procurando desfazer a preempção da linguagem, para dar lugar à surpresa e ao inefável"[4]. Escreveu inúmeros livros, mas deter-me-ei no *Le Sexe et l'effroi*, de 1994.

Enfim, tentarei ver como articular Descombes e Quignard com o sujeito que circula nos manuscritos, proustianos entre outros, e, em seguida, colocar frente a frente as concepções levantadas.

DESCOMBES

Hoje, buscamos uma identidade pessoal nas particularidades livremente reivindicadas, [...] 'as crenças se tornam identidade' (Gauchet) [...] A apropriação de si mesmo não é mais um negócio de

---

3 J. Paccaud-Huguet, Pascal Quignard et l'insistance de la lettre, *Transferts littéraires*, n. 6, 2005.

4 C. Lapeyre-Desmaison, Pascal Quignard: une poétique de l'agalma, *Études françaises*, v. 40, n. 2, p. 39-53, 1965.

96 OS PROCESSOS DE CRIAÇÃO NA ESCRITURA, NA ARTE E NA PSICANÁLISE

abstração, mas de subjetivação das particularidades. Há, portanto, algo como um antigo e um novo regime da subjetividade.

Segundo a antiga ideia da subjetividade: "Éramos si mesmo, ou melhor, nos tornávamos si mesmo à medida que conseguíamos sair destas particularidades, ao reunir o universal em si mesmo". Éramos ecumênicos, se se quiser, lutando para o homem, pouco importa sua raça, nacionalidade ou país. É neste sentido que Louis Aragon escrevia em *Le Fou d'Elza*: "pouco importa a raça, a origem e a religião, o que une os homens é a terra onde e da qual eles vivem".

Segundo a nova ideia: "O verdadeiro eu é aquele que emerge da apropriação subjetiva da objetividade social. Sou o que acredito ou sou o que eu nasci – meu 'je' o mais autêntico é aquele que experimento como basco, ou como judeu, ou como operário"[5]. E poderíamos completar como brasileiro, lacaniano, freudiano, uspiano etc.

Isto é, nos definimos pelo grupo do qual fazemos parte e não mais pelo caráter universal do homem. O sujeito de hoje, disperso no grupo com o qual se identifica, como o inca nas estrelas, restabelece sua identidade a partir do grupo e não mais a partir de um conflito ou de uma neurose pessoal.

Vejo as consequências desta nova ideia no movimento chamado culturalismo ou a deriva culturalista que estuda a literatura islâmica, judia, gay, lésbica, feminina e os compostos: a mulher muçulmana, judia etc. Essa cultura consiste em reduzir a complexidade do real, privilegiando a explicação cultural em detrimento de outros níveis de análise. É reducionista, se inscreve em uma lógica unicausal e esquece que o homem é essencialmente um ser relacional e complexo e nunca é somente mulher, judeu, psi etc.

QUIGNARD

O si mesmo, o mais íntimo do homem [vir], nunca está dentro de sua mente, nem nos traços do rosto, [...] o si mesmo está

---

5 M. Gauchet, *La Religion dans la démocratie: parcours de la laïcité* ; V. Descombes, *Le Complément du sujet*, p. 90-91 e 385.

no lugar em que vai a mão masculina quando o corpo se sente ameaçado[6].

Em outras palavras, quando somos agredidos, ameaçados ou desnudados, qual é a parte do corpo que protegemos? Para os homens, o pênis, para as mulheres, os seios ou o sexo.

Enquanto Descombes insiste na subjetivação das particularidades ou na dessocialização/socialização que constitui o sujeito filosófico[7], Quignard eleva o corpo, e particularmente o sexo, à dignidade de sujeito, se é que posso parafrasear a definição da sublimação de um objeto por Lacan. O si mesmo se apropria e se reconhece no que o distingue de outros grupos, por um lado, e se encarna no sexo, por outro.

No entanto, Quignard, que fundamenta seu livro na cultura romana, acrescenta um elemento que o aproxima de Descombes: "No final da anacorese (deixar o mundo foi a palavra de ordem do mundo antigo, o *ego* se tornou a *domus* íntima) [...] A alma é um quarto interiorizado. A alma se torna ela mesma uma vila fora da cidade, um retiro afastado dos impostos e das taxas"[8].

Essa definição do si mesmo assemelha-se ao conceito de socializado proposto por Descombes, embora ancorado no desejo e no gozo, e não em uma diferenciação e num distanciamento sociológicos de outros grupos.

O SUJEITO NO MANUSCRITO

Qual tipo de sujeito se constrói ou é construído em fólios rasurados?

Será que o estudo do manuscrito literário, que deu origem à crítica genética, pode nos ajudar a entender com que tipo de sujeito lida o escritor, entender o que fazem não somente os escritores e os artistas, mas também o que fazemos quando escrevemos na posição de críticos.

---

6 P. Quignard, *Le Sexe et l´effroi*, p. 86.
7 Op. cit., p. 278.
8 *Le Sexe et l´effroi*, p. 179-184.

98 OS PROCESSOS DE CRIAÇÃO NA ESCRITURA, NA ARTE E NA PSICANÁLISE

Os fólios proustianos com rasuras, acréscimos, supressões, escrituras nas margens e desenhos indicam pelo menos duas coisas:

1. Todos nós, escritores ou críticos, somos trabalhados pela escritura, deixamos a escritura dizer ou desvelar o que somos, a tradição, nossa memória, a que aspiramos, as esperanças, os desejos etc. Qualquer que seja a linguagem que usamos, a estrutura das cores para o pintor, os passos de dança para a/o bailarina/o, a distância e a combinação dos sons para o músico, as constelações para os incas e Mallarmé etc., somos submetidos a essa linguagem.

Em outras palavras, os artistas são ditos pelo material e a linguagem que eles usam. Os artistas são expressados, pressionados por algo de fora, a linguagem usada, e não expressam seus sentimentos ou suas ideias.

2. Consequentemente, os mesmos processos de escritura se impõem a quem escreve durante tal período, sejam eles advogados, cientistas, historiadores ou romancistas, processos que dependem mais de uma aprendizagem e de uma inserção na época do que de uma invenção. Hipótese comprovada em parte por Michael Wetherill, no Congresso de Crítica Genética de Bellagio, em 1987, quando falava de Flaubert: "A mentalidade de uma época [sua ideologia] se manifesta necessariamente nos métodos de trabalho dos romancistas, isto é, na maneira como cortam o real, organizam-no, privilegiam ou não a narrativa, ilustram a representação ou não de informações e de explicações"[9].

O manuscrito literário desvela os materiais que cercam os grandes escritores – a tradição, a escola, seu tempo, os preconceitos, a besteira e a mediocridade humana – e sua luta constante para anunciar algo de inédito, que fará da escritura o porta-voz de um além do contemporâneo do qual ela emerge.

Por isso, o escritor deve perder-se na escritura, perder sua identidade, a que ele acredita ter e a que lhe é reenviada por seus vizinhos, para reconstituir outra, a identidade do autor através dos rascunhos. Mas vejam bem, esta identidade autoral não se determina somente quando o escritor assina o

---

9 Aux origines culturelles de la génétique, *Sur la génétique textuelle*, p. 19.

manuscrito para entregá-lo ao editor. A cada rasura, a questão se recoloca; a cada rasura resolvida, o autor emerge. Há, portanto, uma construção progressiva da identidade autoral.

Essa identidade autoral e o sujeito cobrem o mesmo conceito? A identidade parece fixa, estável, referência para os outros, contrariamente ao sujeito que, para a psicanálise, atrai os qualificativos de volátil e inconstante, já que pula de significante em significante. Ainda que o autor reconheça o manuscrito como seu e assuma a identidade de autor, ele não parará por isso e continuará sua busca em outros escritos. A autoria é um momento para o escritor e não se confunde com o sujeito.

Apreciar Guimarães Rosa, Dostoievski, Balzac ou Flaubert é fácil para nós. Salvo se formos fãs de biografias, não saberemos detalhes de suas vidas. Para os leitores, o artista é sua obra e não a sua personalidade. O que chamamos de estilo é o que distingue um artista de outro.

COMO E ONDE COMEÇOU A ESCRITURA?

É impossível saber a origem da escritura, a dos escritores ou a nossa, haja vista que brota de mil fontes. Quando perguntamos aos escritores sobre o que desencadeia o trabalho de criação, a resposta é bastante parecida.

Valéry sublinha que "os verdadeiros deuses são as forças ou potências da sensibilidade (o Medo, a Fome, o Desejo, os Males, o Frio etc.)"[10] e que "todo um trabalho se faz em nós sem nosso conhecimento [...] nosso estado consciente é um quarto que arrumam em nossa ausência"[11]. Pascal Quignard em uma entrevista recente dizia a mesma coisa: "Não sei muito bem que o que faço"[12].

Ricoeur, comentando Proust, salienta que "a obra de arte considerada na sua origem não é o produto do artesão das

---

10 *Cahiers 1894-1914*, edição integral estabelecida, apresentada e anotada sob a corresponsabilidade de Nicole Celeyrette-Pietri e Judith Robinson-Valéry, t. 2, p. 446.
11 Idem, p. 355.
12 *Les Paradisiaques sordidissimes*, entrevista à France Culture, 5 jan. 2005.

OS PROCESSOS DE CRIAÇÃO NA ESCRITURA, NA ARTE E NA PSICANÁLISE

palavras, mas ela o antecede, e deve ser descoberta; a esse nível criar é traduzir"[13].

Esses autores e críticos insistem em algo que eles não dominam e que os faz escrever, pouco importa a origem, externa ou não. Não é necessariamente um sofrimento físico ou psíquico visível, como uma guerra, um campo de concentração ou um massacre, mas algo que antecede esses acontecimentos marcantes.

Todavia, este algo não é somente uma potência agindo no escritor sem ele saber, ele também está ligado a isso por um fator que Proust insere habilmente, por exemplo, na construção de sua personagem Swann.

Quando arrebatado pela escuta da pequena frase de Vinteuil, Swann ouvia alguém que gozava, que não era ninguém outro do que ele mesmo no passado, ele podia dizer: "j'ouïs jouir un sens"[14], *jouissance*, conforme sugere Lacan, ou "escuto gozar um sentido"[15]. Se tentasse reencontrar o primeiro gozo, ele teria sido provavelmente levado a buscar seu segredo, como o herói encontrou o da *madeleine*, mas ele preferia limitar-se ao prazer sem entender, adivinhando que estava lá subentendido, um sofrimento do qual ele nem queria ouvir nada.

Será que o sujeito é fruto do gozo que se opõe ao prazer? Como relata Lacan no texto "Kant com Sade", nos *Escritos*, o gozo, como um excesso de felicidade ou de prazer, dói. Nesse sentido, o sofrimento subentenderá a escritura e exigirá uma dose de resistência muitas vezes entrecortada de felicidade, mas sempre presente.

Quignard retoma Lacan, opondo prazer e desejo: "O desejo é o medo [...] o prazer torna invisível o que ele quer ver. O gozo arranca a visão do que o desejo tinha começado a desvelar"[16].

O ENQUADRAMENTO DA ESCRITURA ENTRE O GOZO E O DESEJO

O gozo de grande Outro, que Swann não podia escutar senão de longe, mas que teria podido descrever se ele quisesse,

---

13   P. Ricoeur, *Tempo e Narrativa*. Cf. M. Proust, *O Tempo Redescoberto*, p. 168.

14   M. Proust, *O Caminho de Swann*, p. 209

15   P. Willemart, *Proust, Poeta e Psicanalista*, p. 71.

16   *Le Sexe et l'effroi*, p. 254.

O SURGIMENTO DO SUJEITO NA RASURA DO MANUSCRITO 101

encorajou-me a insistir na prioridade do binômio gozo/sofrimento e a elaborar um conceito que define a fabricação "da escritura em termos de texto que se constrói e se desconstrói a todo momento, segundo sua passagem pela representação, texto instável por sua mudança, já que o manuscrito é fixado apenas na última versão, mas estável por estar ligado a um grão de gozo sempre relacionado ao sofrimento. Denominei esse conceito "texto móvel".

Este grão ou este pedaço de real, como dirá Lacan, pode ser identificado ao grande Outro que conduz o jogo, levando o escritor a se dizer, a se dessubjetivar[17] ou a se perder. Remeto o leitor ao conceito de texto móvel que desenvolvi no capítulo sobre "A Crítica Genética e as Ciências da Mente".

Queria aprofundar a citação de Quignard acima mencionada, mas inteira: "O desejo é o medo. Por que, durante anos, escrevi este livro? Para enfrentar este mistério: é o prazer que é puritano. O prazer torna invisível o que ele quer ver. O gozo arranca a visão do que o desejo tinha começado a desvelar"[18].

Como interpretar essas linhas?

Na medida em que o escritor tem prazer em escrever, ele esconde o grão de gozo, mas este prazer é movido pelo medo, outro nome do desejo, medo de desvelar o verdadeiro motor da escritura?

O desejo de escrever seria movido pelo prazer e o medo de revelar o gozo? Todos esses 75 cadernos de Proust serviriam para esconder o gozo e assim suscitariam no leitor a vontade de ler mais e de repetir sem cessar: Mais, mais? (a narrativa, mais do que o sexo, diz sem parar: quero mais!)[19].

Poderíamos formular a relação assim:

Medo de escrever = desejo
      Gozo

o que caberia perfeitamente em uma fita de Moebius.

---

17 V. Safatle, *A Paixão do Negativo*, p. 279.
18 *Le Sexe et l'effroi*, p. 254.
19 Idem, p. 264.

O sujeito da escritura seria representado por esse gozo ou o grão que força o escritor a ir para a frente ou, melhor, por esse vaivém entre o gozo e o desejo que daria um tom de dança muito particular, já que a ida para o gozo e a volta no desejo é silenciosa?

No entanto, para nós geneticistas, acho possível detectar quando o gozo é acionado.

Vejamos um folio de *Herodias* de Flaubert cheio de rasuras:

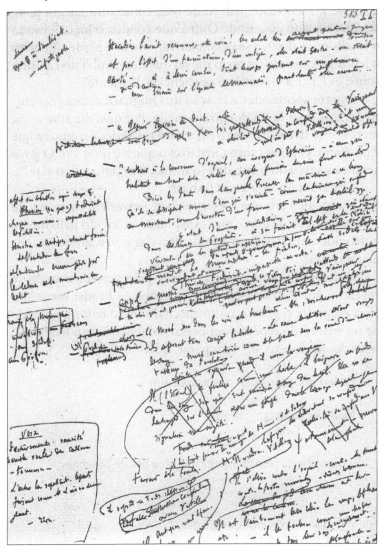

Se cada rasura marca uma parada na escritura, é porque algo chamou a atenção do *scriptor*. Pode ser a lembrança de uma informação, um sonho, a palavra de um próximo, uma ideia a respeito da trama ou das personagens, algo desconhecido ou uma associação.

Minha hipótese é a seguinte: cada rasura é suscitada talvez por tudo o que enumerei, mas desdobrada pelo gozo ou apoiada nele. A rasura é a porta da criação, hipótese que defendo há tempos. Isto é, o sujeito na escritura está intimamente ligado à criação. O si mesmo, uma das figuras do *scriptor*, torna-se objeto ou servo da escritura.

Parafraseando Quignard, direi que o escritor se torna o escravo de outro *domus*, de outra casa. O contato com o grão de gozo parecido com o S_1 lacaniano transfere o si mesmo não para outro espaço, mas para os significantes da linguagem. Ele anula e rasura a escrita anterior, favorece a escuta e, assim, surge outra palavra, outro parágrafo, talvez outro capítulo.

Como "o inconsciente aparece e desaparece, dá um sentido a um significante e some, até reaparecer em outro momento no discurso, dançando de lapso em lapso, de sonho em sonho ou, mais intensamente, no discurso associativo no divã, assim a escritura literária se constitui no decorrer das idas e vindas da mente do escritor ao manuscrito, por sua mão"[20].

O que acrescento com mais vigor, com a ajuda de Quignard, é a submissão do si mesmo ao gozo.

Referindo-se ao autor e a seu leitor, Quignard sublinha que "escrever deseja" e "ler goza"[21]. Mas o manuscrito testemunha que o escritor escreve, lê e se relê. Portanto, escrevendo, o si participa dos dois movimentos, ele deseja e goza. Esse duplo movimento não acontece somente no final da obra, como poderia pensar Quignard, mas a cada releitura e a cada rasura.

Diferente do leitor da obra completa, no entanto, eu diria que o escritor deseja mais do que goza e rascunha segundo seu desejo. A obra por vir, desconhecida, mas em parte presente nas dobras da linguagem e da mente do escritor, não lhe permite gozar tanto já que o trabalho difícil da escrita faz mais sofrer do que gozar. Esse sofrimento não decorre

---

20 P. Willemart, *Crítica Genética e Psicanálise*, p. 68.
21 *Le Sexe et l'effroi*, p. 264.

104 OS PROCESSOS DE CRIAÇÃO NA ESCRITURA, NA ARTE E NA PSICANÁLISE

de um excesso de prazer que caracteriza o gozo, mas de uma dor inerente à busca de algo que está e que não está. Por quê? Porque antes de escrever, o escritor não sabe o que vai seguir: "O pensamento não pré-existe a sua pré-formação verbal ou a sua inscrição na materialidade do texto para aquele que escreve [...] escrever derrota o fantasma"[22] da ideia pré-existente, salienta Quignard.

O escritor se entrega à escritura como o pintor nas cores, o escultor na pedra, o músico nas escalas musicais, o analisando no seu discurso, e se deixa levar pelo material usado, confiando que encontrará enfim o gozo que corresponde ao ponto final de seu projeto. Enquanto não chega o término, ele alterna uma atitude passiva feminina de escuta e uma atitude ativa de conclusão da rasura imediata e assim, de conclusão lógica em conclusão lógica, articulará a última versão que refletirá a articulação de todas as conclusões, mas talvez não lhe dê o gozo definitivo que seria, segundo Quignard, a cena primitiva[23]. O que dizer dos escritores que nunca acabam, como Ronsard, Stendhal ou Proust?

O SUJEITO, COMPLEMENTO DO VERBO (TESNIÈRE-DESCOMBES)

Como articular essa leitura psicanalítica com o sujeito filosófico de Descombes?

Alguns elementos em Descombes me servirão para reforçar ou discernir melhor o sujeito agindo na rasura do manuscrito.

O filósofo fundamenta sua argumentação em Lucien Tesnière, que defende a posição primordial do verbo, como já sublinhei anteriormente. É uma revolução nas mentalidades, gramaticais pelo menos, mas que confirma um dado psicanalítico. O sujeito não manda, mas é complemento do verbo.

No final do livro, prosseguindo sua reflexão e se perguntando onde está a autonomia do sujeito, Descombes prorroga

---

22 Irène Fénoglio, Fête des Chants du Marais, un conte inédit de Pascal Quignard. *Genesis*, Paris, n. 27, p. 104, 2007.
23 *Le Sexe et l'effroi*, p. 264.

a obra de Wittgenstein sobre as regras, afirmando que a autonomia do sujeito passa pela aprendizagem, que é o exercício de submissão a uma regra, um exercício das capacidades que torna o sujeito livre.

Traduzindo, o si mesmo é subordinado ao ato de escrever ou de falar, ligado impreterivelmente ao pensar e ao gozar. Acrescento que a instância do *scriptor* é submissa também a outra *contrainte**/coação, a maneira de escrever, o estilo do autor.

O ESCRITOR SUBMETIDO A SEU ESTILO, MANIFESTAÇÃO DE SEU DESEJO, VIRA AUTOR.

O narrador proustiano anuncia como chegar ao estilo:

uma hora não é apenas uma hora, é um vaso repleto de perfumes, de sons, de projetos e de climas. O que chamamos de realidade é uma determinada relação entre sensações e lembranças a nos envolverem simultaneamente – relação única que o escritor precisa encontrar, a fim de unir para sempre em sua frase os dois termos diferentes. Podem-se alinhar indefinidamente, em uma narrativa, os objetos pertencentes ao sítio descrito, mas a verdade só surgirá quando o escritor tomar dois objetos diversos, estabelecer a relação entre eles, análoga no mundo da arte, à relação única entre causa e efeito no mundo da ciência e os enfeixar nos indispensáveis anéis de um belo estilo[24].

Mas o que é o estilo?

O estilo decorre sem dúvida desta capacidade de estabelecer uma relação entre dois elementos, mas em vista do quê? De um projeto conhecido pelo escritor?

Eu não diria isso. Um projeto conhecido pela metade, caso se queira ser generoso, mas ignorado na maioria das vezes nos seus detalhes pelo menos. *Em Busca do Tempo Perdido*, obra planejada em três volumes em 1910, saiu em sete, como sabemos, após a morte de Proust em 1922.

---

* Cf. do francês, constrangimento, coação, imposição de regras de conduta, obstacularização, embaraço (N. da E.).

24 M. Proust, *O Tempo Redescoberto*, p. 167.

106 OS PROCESSOS DE CRIAÇÃO NA ESCRITURA, NA ARTE E NA PSICANÁLISE

Isto é, o estilo surgindo aos poucos no decorrer das rasuras, até o escritor cumprir o projeto desconhecido ou insciente, vai decidir a conclusão de cada rasura e sua substituição.

Quando Descombes fala em "poder dirigir a si mesmo exercitando-se e que tal aquisição só pode consistir em participar em primeira pessoa de uma potência normativa (sob a forma das instituições de uma forma de vida social)"[25], entendo que o estilo é a marca da originalidade do autor, que atua junto à submissão progressiva a uma norma social que exige ou provoca a leitura, isto é, ser lido corresponde a entrar no registro do Simbólico que rege os leitores.

O trabalho constatado nos manuscritos equivale à aprendizagem da autonomia, é um verdadeiro exercício. O escritor aprende a ser autor e a se desligar de uma tradição de costumes, hábitos ou preconceitos, até encontrar seu estilo na última versão entregue ao editor[26]. É parecido com uma análise, mas o analista é substituído pela escritura.

"O homem que se concebe sujeito se quer disciplinado por um razão impessoal"[27], escreve Descombes. Da mesma maneira, o escritor será autor à medida que souber se submeter a seu estilo, que encarna essa razão impessoal, ou às regras livremente aceitas, que são as leis do bem escrever, do trabalho árduo, da perseverança, da vontade de descobrir ou descrever coisas novas, da submissão crítica à tradição e à linguagem etc.

O escritor submetido ao gozo vê o sujeito pulando de significante em significante formando a escritura.

Beckett já dizia no *Inominável*: "não direi mais eu, não o direi jamais, é uma idiotice! Colocarei no lugar, cada vez que eu o ouvir, a terceira pessoa [...] Há somente eu, eu que não estou lá onde sou"[28].

Em outras palavras, a obra trabalhada pelo sujeito produz o autor. A obra que se constrói nos manuscritos, mata aos poucos o eu do escritor, imaginário, com certeza. É uma tanatografia progressiva. Os rascunhos mostram uma "desenun-

---

25 Op. cit., p. 22.
26 C. Castoriadis, *Le Monde morcelé*, p. 221.
27 Op. cit., p. 334-335.
28 *L´Innomable*, p. 113-114.

O SURGIMENTO DO SUJEITO NA RASURA DO MANUSCRITO

ciação" generalizada, expressão que retoma a Philippe Sollers falando dos *Cantos* de Lautrémont que geraram Isidore Ducasse e suas *Poesias*[29].

Podemos escandir o manuscrito e determinar os momentos desta tanatografia? Sim! Pelas rasuras.

A rasura não é um momento da aparição do sujeito? A rasura não é a manifestação de um sofrimento? Tudo estava tão bem arrumado e de repente, o *scriptor* rasura. É o sujeito que, ligado ao gozo, surge e nega o que está escrito. Ele recomeça a valsa ou seu voo, até aparecer outro significante confirmando o novo dado e a conclusão do tempo lógico. O tempo de resolução ou de conclusão corresponde à colusão do sujeito com a instância do autor.

DISPERSÃO DO SI-MESMO NA CONSTELAÇÃO DA ESCRITURA

A imagem das constelações no céu mostra as infinitas combinações e trajetórias da escrita do sujeito, bem superiores às da escritura, que tem apenas 24 ou 26 posições ou letras. Há uma inversão das cores[30]. O alfabeto do céu escreve branco no preto e o poeta escreve preto no branco, como se um fosse o negativo do outro, como se a escritura fosse o negativo da escritura do sujeito. Bela imagem!

A escritura se sustenta da inversão das trajetórias do sujeito escritor. Os movimentos do sujeito detectados nas rasuras emergem em letras, palavras, capítulos e livros. Ou, em outras palavras, cada escritura se sustenta de uma constelação estelar, tão vasta, que é quase impossível enquadrá-la, razão pela qual qualquer crítica biográfica ou análise psicanalítica do escritor é inútil. E, se me permitem os psicanalistas, recuso por isso as análises da escritura joyciana por Lacan, Soler ou outro. Recuso do mesmo jeito a análise da obra proustiana por Michel Schneider[31]. Colocando no mesmo nível a correspondência, os ensaios, a obra e a vida, ele pretende encontrar a chave mestra

---

29 P. Sollers, La Science de Lautréamont, *Logiques*, p. 252.
30 J. Rancière, *Politique de la littérature*, p. 100.
31 Op. cit.

na relação de Marcel Proust com sua mãe. É muito sedutor, mas não vê que a escritura é bem mais ampla do que qualquer fato biográfico.

Respondendo a Lacan e a Schneider, podemos comparar a escritura à revolução proustiana. Proust inventou uma psicologia que exige, se quiser "narrar qualquer existência, recorrer a uma espécie de psicologia no espaço"[32]. O narrador proustiano supõe que "os homens com os quais convivemos formam uma mesma galáxia onde os planetas e as estrelas que somos tecem fios à maneira de ondas gravitacionais. Os mundos assim constituídos se recortam, permitem a cada indivíduo inserir-se em outros mundos e aumentam seu raio de ação"[33].

O que faz o *scriptor* nos manuscritos senão girar, revolucionar ao redor de palavras, até formar um tecido bastante sólido para ser entregue ao editor?

Retomando o título do capítulo: "Onde está o sujeito na rasura do manuscrito?", sublinho mais uma vez que o sujeito na rasura do manuscrito, suporte do gozo, constrói a escritura por rasuras e tempos lógicos sucessivos. Cada abertura do tempo começa pela rasura, continua no silêncio da procura e é concluída pela substituição ou por um branco. Assim, de conclusão lógica em conclusão lógica, a escritura se constrói.

O sujeito surge na rasura, neste esforço de negar o que já foi escrito e o prazer gerado.

Essa ação força o escritor a retornar ao que Quignard chama de volúpias, aquilo que vem antes do nascer[34], o gozo dos pais, espécie de fonte primária que fundamenta o ser humano e que leva o *scriptor* a percorrer séculos de civilizações, é o *Jadis* ou o Outrora "conceitualizado" por Quignard. A travessia imaginária até aí mede o tempo da substituição da rasura pelo significante novo que vai surgir. Nesse percurso não cronológico que corresponde ao salto de um significante para outro, ou ao vazio produtivo entre os dois, o sujeito atravessa as estruturas nas quais está inserido o corpo-mente que o suporta, cata o que convém e substitui o primeiro significante.

---

32 M. Proust, *O Tempo Redescoberto*, p. 278.

33 P. Willemart, *Proust, Poeta e Psicanalista*, p. 192.

34 I. Fénoglio, Fête des Chants du Marais..., *Genesis*, n. 27, p. 92.

Articulando as concepções do si-mesmo oriundas de Quignard, Descombes e do manuscrito, constatamos o retorno do *scriptor* ao grão de gozo a cada rasura paralelamente à construção progressiva da escritura e da figura do autor.

O sujeito da escritura não é o escritor, nem o autor, mas é aquele que pula de resolução da rasura em resolução da rasura a serviço do escrever. Assim, cada substituição tendo como base o gozo, o escritor escrevendo suscita o desejo do leitor, o nosso desejo.

2. O Sujeito na Escola: A Formação pelo Acesso a Novas Redes[1]

> *Os procedimentos pedagógicos são de um registro absolutamente estranho à experiência analítica*[2].

Lacan pronunciava esta frase em janeiro de 1955 no seminário intitulado *O Eu na Teoria de Freud e na Técnica da Psicanálise*. As relações entre a pedagogia e a psicanálise certamente mudaram desde então. Mas gostaria de averiguar se não foi mais um aforismo de Lacan lançado aos quatro ventos, para que, não necessariamente entendamos sua significação, mas que ao ouvir a frase, soframos seu impacto e repensemos a prática pedagógica. Proponho de rastrear lentamente o pensamento lacaniano na sua leitura freudiana, para depois tirar disso algumas conclusões. Lacan criticava duramente os pedagogos que trabalhavam há sessenta anos na França e não podia conhecer o trabalho desenvolvido hoje, mas de qualquer maneira, esta re-leitura poderia nos ajudar a situar o homem em uma perspectiva ainda nova para muitos, que é a perspectiva psicanalítica.

Vejamos o contexto da citação de Lacan. A frase completa ressoa um pouco diferente:

---

1 Este texto foi objeto de uma conferência no Mestrado em Educação na Universidade Federal de Pernambuco (em Recife), a convite dos professores Xavier Uytdenbroeck e Lourival de Holanda Barros.

2 J. Lacan, *O Seminário, Livro 2, O Eu na Teoria de Freud e na Técnica da Psicanálise*, p. 112.

112 OS PROCESSOS DE CRIAÇÃO NA ESCRITURA, NA ARTE E NA PSICANÁLISE

Os processos pedagógicos são de um registro absolutamente estranho à experiência psicanalítica. Não estou dizendo que não tenham lá seu valor, e que não se possa fazê-los desempenhar um papel essencial na República, basta reportar-se a Platão. Pode-se querer fazer o homem em um feliz funcionamento natural, fazer com que atinja as etapas do seu desenvolvimento, proporcionar-lhe o livre florescimento daquilo que, de seu organismo, chega no devido tempo à sua maturidade, e proporcionar a uma destas etapas seu tempo de jogo e, em seguida, seu tempo de adaptação, de estabilização, até que sobrevenha a nova emergência vital. Uma antropologia inteira pode organizar-se em torno disso. Mas será que é esta que justifica psicanálises [...] Será que Platão teria entendido o que era a psicanálise? [...] apesar das aparências, porque existe aí um abismo, uma falha, e é o que estamos por ora procurando com o *Além do Princípio do Prazer*.

Em seguida, Lacan discorda da noção de aprendizagem entendida como adaptação progressiva por aproximações e aperfeiçoamentos, como se a educação se assimilasse à aprendizagem lenta e localizada, por exemplo, do piano ou da matemática. A análise revela, pelo contrário, que *o sujeito surge* ou o homem se "forma", *aos saltos e aos pulos*[3].

Lacan ataca então violentamente os pedagogos que, se inspirando no adestramento animal ou no treinamento no exército, identificam o homem ao animal, ideia que continua no ar. Vocês devem ter visto nas livrarias um livrinho estranho ensinando à esposa como lidar com o marido, tratando-o como a um cachorro adestrado.

Enfim, justificando seu argumento, Lacan tenta definir o animal e descrever o homem na sua originalidade. No animal, embora sua aprendizagem

apresente os caracteres de um aperfeiçoamento organizado e finito[4] [...] não há simplesmente coptação do Innewelt com o Umwelt, estruturação pré-formada do mundo exterior em função das precisões. Cada animal tem uma zona de consciência – dizemos consciência, visto que há recepção do mundo externo em um sistema sensorial –

---

3 E cita o trauma, a fixação, a reprodução e a transferência, que se resumem na intromissão do passado no presente. Ou, em outras palavras, "é sempre a aplicação inadequada de certas relações simbólicas totais, [...] a intromissão, por exemplo, do imaginário no simbólico ou vice-versa". Idem, p. 113.

4 Idem, p. 114.

O SUJEITO NA ESCOLA: A FORMAÇÃO PELO ACESSO A NOVAS REDES   113

muito mais ampla do que podemos estruturar como respostas pré-
-formadas às suas precisões-pivôs[5].

"No homem, é na medida em que uma *tarefa* está *inacabada* que o sujeito volta a ela. É na medida em que um *fracasso* foi acerbo que o sujeito se lembra melhor dele"[6]. E recorrendo a Kierkegaard, ele afirma que "o que diz respeito a um progresso essencial para o ser humano tem de passar pela via de uma *repetição obstinada*"[7].

Aqui não estamos falando de transmissão de informações ou de conhecimentos, qualquer que seja a matéria, mas da formação do homem.

Por exemplo, continua Lacan:

> O inconsciente é o discurso do outro. O discurso do outro não é o discurso do outro abstrato [...] é o discurso do circuito no qual estou integrado. Sou um dos seus elos. É o discurso de meu pai, por exemplo, na medida em que meu pai cometeu faltas, as quais estou absolutamente condenado a reproduzir – é o que se denomina superego[8].[...] não só porque sou o filho dele, mas porque não se para a cadeia do discurso, e porque estou justamente encarregado de transmiti-lo em sua forma aberrante a outrem. [...] este discurso efetua um pequeno circuito no qual se acham presos uma família inteira, um facção inteira, uma nação inteira ou a metade do globo[9].

Suponho que, além do discurso do pai, Lacan se refere aqui a um discurso político, à divisão do mundo em ideologias de direita e de esquerda, sustentadas pelas duas metades do globo em 1955. Mas podemos pensar que todos os nossos alunos – como nós mesmos talvez, em grau menor –, repetimos

5   "Se a psicologia animal fez progresso, foi à medida que ela colocou em valor no mundo, no *Umwelt* do animal, linhas de forças, configurações que são para ele pontos de chamada pré-formados correspondendo às suas precisões, ou seja, àquilo que também se denomina seu *Innenwelt*". Idem, p. 145.
6   Idem, p. 114-115.
7   Idem, p. 116.
8   Idem, p. 118 e "O supereu é isso, na medida em que terroriza efetivamente o sujeito, que constrói nele sintomas eficientes, elaborados, vivenciados, que prosseguem e que se encarregam de representar este ponto onde a lei não é compreendida pelo sujeito, mas é desempenhada por ele (a mão decepada do escritor do qual o pai tinha tido, ou tinha sido ameaçado de ter, a mão decepada após um roubo em um país muçulmano)". Idem, p. 167.
9   Idem, p. 118.

114 OS PROCESSOS DE CRIAÇÃO NA ESCRITURA, NA ARTE E NA PSICANÁLISE

o discurso e os erros dos pais e dos ditadores da informação, TV, jornais... sem saber, e não se trata unicamente de preconceitos falados, mas de atitudes em relação à escola, ao professor, ao estudo, ao branco, ao negro, a tal partido político, ao governo, aos sindicatos, às universidades etc.

Lacan continua:

Eis o que é o precisar repetir tal qual o vemos surgir para além do princípio do prazer. Ele vacila para além de todos os mecanismos de equilibração, de harmonização e de concordância no plano biológico. Ele só é introduzido pelo registro da linguagem, pela função de símbolo, pela problemática da pergunta na ordem humana [...] o próprio ser humano se acha, em parte, fora da vida, ele participa do instinto [pulsão] de morte. É só daí que ele pode abordar o registro da vida[10].

Mas como lidar com a tarefa inacabada, o fracasso, a repetição obstinada e a pulsão de morte na educação? Não vejo por enquanto como transmitir informações no meu ensino e formar um graduando, um mestre ou um doutor desta maneira.

Prosseguindo na comparação do homem com o animal, Lacan escreve:

o homem tem, efetivamente, muito mais informações sobre a realidade do que as que adquire pela simples pulsação de sua experiência. Mas falta o que denomino as vias pré-formadas. [...] Ele tem um conascimento da realidade que não é outra coisa senão estas imagens pré-formadas [...] há um aparelho de registro neutro que constitui um reflexo do mundo, quer o denominemos como Freud de consciente ou não. Só que no homem isso se apresenta com este relevo particular que denominamos consciência, na medida em que entra em jogo a função imaginária do eu. É do ponto de vista do outro que o homem enfoca este reflexo. Ele é um outro para ele mesmo. Eis o que nos dá a ilusão de a consciência ser transparente a si própria. Nós não estamos aí, no reflexo, estamos na consciência do outro, para perceber o reflexo[11].

Em outras palavras, o homem apreende as coisas de fora, através de um terceiro, e não diretamente como o animal. Por exemplo, quando um nenê se olha no espelho antes de poder andar, sustentado pela mãe que diz: "Olha você, Marcos", o que

10 Idem, p. 118-119.
11 Idem, p. 146.

O SUJEITO NA ESCOLA: A FORMAÇÃO PELO ACESSO A NOVAS REDES   115

acontece? O menino, através de um terceiro que não é a mãe, mas a linguagem, é situado na cadeia simbólica da linguagem. É o famoso estádio do espelho detectado e teorizado por Lacan em 1936 e que acontece com a criança entre os 6 e os 18 meses.

Dois fenômenos se cruzam nesta experiência. Primeiro, apesar de não andar ainda, na maioria das vezes, e de não sentir a unidade de seu corpo, Marcos se vê visto por outro e se imagina *um* através do espelho e da mãe, e em segundo lugar, ele é introduzido como sujeito no simbólico. Isto é, ele capta um real que é seu corpo, para construir um eu imaginário, mas alinhado no simbólico. Apesar da relação intensa ou dual com seu filho, relação de amor e de ódio, portanto imaginária, a mãe o ajuda a se colocar na rede simbólica e a *ex-sistir*. Isto é, a passagem para o registro do simbólico exige normalmente uma transferência intensa no agente da mensagem.

Por analogia, a formação consistiria em inserir a criança, o adolescente ou o universitário em outras redes simbólicas. Como? Há certamente duas etapas, senão mais. Primeiro, estabelecer uma relação forte e intensa[12] entre os dois polos da relação que permite uma projeção do ouvinte no orador ou do aluno no professor. Relação difícil, dependendo das idades, mas relação essencial, para a qual as informações começam a entrar, ficam registradas e se integram na configuração geral da inteligência do ouvinte. Relação que, qualquer que seja o nível, supõe a participação dos dois elementos na relação didática, mas com uma contribuição diferente:

1. Do ouvinte, um desejo mínimo de aprender, sem o qual nada poderá ser feito, como, aliás, nenhum processo analítico é possível sem a adesão do analisando; penso em adolescentes forçados pelos pais ou educadores, que abandonam a análise logo nas primeiras semanas.

2. O objetivo declarado do professor de desenvolver em primeiro lugar não a memória dos alunos, mas sua inteligência, no sentido amplo da palavra.

---

12 Não se trata evidentemente da relação analítica, senão por analogia. O professor não ocupa a posição do sujeito do suposto saber porque possui realmente um saber a transmitir ou sugerir. No âmbito universitário, entretanto, o aluno deveria ser considerado como pesquisador, integrar o programa de pesquisa do professor, nos moldes da iniciação científica, no qual a relação formativa mestre-discípulo prevalece.

116 OS PROCESSOS DE CRIAÇÃO NA ESCRITURA, NA ARTE E NA PSICANÁLISE

Sabemos que as duas funções da mente, a memória e a inteligência, são dissociadas e mesmo se, por um lado, distinguimos várias memórias com localizações diferentes e temos que saber para qual e com qual memória trabalhamos (a visual, a olfativa, a auditiva, mas também a inconsciente ou implícita, a do instante, a semântica, a processual, a espacial[13] etc.), por outro lado, devemos entender a inteligência "como a capacidade de dar aos sinais o valor de signos, de compará-los, de deduzir e induzir, em seguida de agir de maneira adaptada [...] ela se apresenta como o resultado do funcionamento global do cérebro"[14].

A psicóloga argentina radicada em Paris, Sara Pain, que tentou harmonizar a psicologia piagetiana com a psicanálise lacaniana, acrescenta um dado extremamente importante no qual insisto, a saber, que "Tanto a estrutura inteligente quanto a semiótica (ou inconsciente) são eminentemente subjetivas, [...] na medida em que [o] indivíduo se constitui como sujeito de um chamado. É porque alguém chama, requer, solicita que confira ao outro sua qualidade diferenciada, incluindo-o ao mesmo tempo em um sistema de semelhança"[15].

Sem o professor que chama e exige, a inteligência do aluno ficará parada, à mercê de outras chamadas, e não haverá formação. Portanto, as pedagogias defendendo a liberdade e o *laissez-faire*, a autoformação, o que se chamava nas décadas de 1960-1970 "não diretividade", a pedagogia próxima de Karl Rogers, as pedagogias que reinavam ainda há pouco tempo em algumas escolas de São Paulo... são linhas de conduta que não condizem com a descoberta da psicanálise, nem com a teoria piagetiana interpretada por Pain.

Retomando então a definição de Lhermite, diria, entretanto, que é o professor que, além de interessar os alunos com a sua matéria, vai interpretar os signos em primeiro lugar colaborando com o aluno.

Um exemplo bastante convincente da natureza do processo educativo se encontra na obra de Marcel Proust *Em Busca*

---

13 "o hipocampo e o córtex [são] áreas cruciais para o poder de formar novas memórias", em O. Sacks, *Um Antropólogo em Marte*, p. 69.
14 François Lhermitte, Cerveau et pensée, *Fonctions de l'esprit,13 savants redécouvrent Paul Valéry*, p. 128 e 139.
15 S. Pain, *A Função da Ignorância*, p. 20.

do Tempo Perdido, que responde a uma única pergunta: *Como ser escritor?* Na sua resposta, o narrador relata as experiências das personagens Swann e Charlus que, embora eruditos e inteligentes, são presos nos seus amores hetero e homossexuais e não são capazes de interpretar os signos mundanos, amorosos e sensíveis[16], que constituem a verdadeira marca do escritor.

O professor deve interpretar quais sinais? Aqueles lançados por ele mesmo na sua matéria e os da realidade socioeconômica, política, familiar ou universitária etc.

Para os alunos, estes signos na sua maioria fazem parte ainda do registro do real, este registro do desconhecido, do não sabido, talvez do inconsciente; isto é, os alunos *não sabem como ler estes signos*.

Para eles, é como se não existissem. Quando Lacan definiu o real como o registro do impossível de ser dito, ele pensava em primeiro lugar no gozo que todos nós tivemos no útero da mãe e que seria o parâmetro de qualquer gozo vivido depois. Parâmetro que nos faz dizer a cada experiência de gozo: não é isso!

É, portanto, por analogia que considero qualquer matéria nova para o aluno como fazendo parte deste registro para ele, mas não evidentemente para o professor, que frequentemente já a simbolizou, ou melhor, já se inseriu nesta rede simbólica. Trata-se, portanto, de ajudar o aluno a emergir nestas novas redes, a nascer como sujeito nelas e não mais ser levado por elas sem saber. Na maior parte do tempo, é uma iniciação que exige um processo, às vezes violento de deslocamento. O processo que o professor observa todo dia exige da parte dele o conhecimento das redes nas quais evolui o aluno.

Perguntei-me em seguida se ensinando a literatura francesa em graduação, consigo inserir os estudantes em uma história diferente ou complementar da brasileira, através de uma linguagem nova e de referências desconhecidas. Meu ensino *não* consistiria em primeiro lugar em dar informações e encher a cabeça deles com a história da literatura, a memorização de autores ou de textos literários, mas, sobretudo, mostrar e sugerir uma outra maneira de pensar a identidade brasileira,

---

16 G. Deleuze, *Proust et les signes*, p. 50.

118 OS PROCESSOS DE CRIAÇÃO NA ESCRITURA, NA ARTE E NA PSICANÁLISE

francesa em parte, a cultura, a civilização, a moral, os valores... através do estudo de textos literários e críticos.

Por exemplo: a leitura das cantigas de amor ou dos romances de cavalaria de Chrétien de Troyes, que indica outra maneira de amar, fora do casamento, para a época – o amor cortês –, remete a uma civilização exterminada, a dos trovadores do Languedoc, e a uma tradição persa ou iraniana do amor puro. Essa informação é suficiente para deslocar e alargar as referências do aluno? A leitura certamente não basta, devo lembrar com eles a concepção ocidental e cristã do amor, comparar e diferenciar as duas culturas, para tentar encontrar um gancho nas informações ou signos já interpretados e registrados na mente. Mas será que isso é suficiente? Ainda duvido.

Na pós-graduação, a pergunta é a mesma, embora a abordagem seja outra. Através do estudo da criação no manuscrito literário, refletimos no ano passado sobre as relações entre a mente, o trabalho cerebral e o trabalho da escritura na folha branca. Confrontamo-nos com o auxílio de colegas especialistas, com a neurolinguística, a semiótica, a psicologia cognitiva da leitura, a psicanálise e certas descrições da física. Discutimos os conceitos de ciência, de causa, de acaso etc.

Em outras palavras, tentamos descrever e circunscrever outras redes, inclusive redes de preconceitos que cercam o aluno de pós-graduação, muitas vezes sem saber. Como perceber se os alunos tomaram posição, se se assumiram como sujeito nessas redes, se não continuaram alienados ou levados por elas? Será que é isso um ensino que muda ou transforma o estudante? Retomando a pergunta, como auxiliá-los a passar do registro do real para o registro do simbólico com outras referências? A resposta, aparentemente evidente, seria que eles devem passar pelo terceiro registro, o do imaginário.

A passagem de um registro para outro é complicada e exige uma mobilidade e a abertura do sujeito para mudanças.

Com quais condições o sujeito sai de sua toca, isto é, de suas redes simbólicas, para aceitar ou entrar em outras? O aluno chega do secundário, do segundo ano de faculdade ou do bacharelado com sua mentalidade, suas ideias, sua maneira de pensar e nós, como professores ou orientadores, deveríamos

O SUJEITO NA ESCOLA: A FORMAÇÃO PELO ACESSO A NOVAS REDES   119

levá-lo a entrar nessas outras redes que constituem as linhas de pesquisa, a formação de professor, de pedagogo etc.

Antes de tentarmos colocar alguns elementos de respostas, lembremos que os pedagogos, psicanalistas e professores não são os únicos que tentam transformar o homem, operar esta transformação que é a passagem de uma forma para outra. Bastante influenciados pelas teorias freudianas e horrorizados pela vacuidade dos sistemas em resolver o trágico no homem depois da guerra de 1914-1918, um grupo de escritores franceses sob a direção de André Breton autodenominou-se "surrealistas" e pretendia mudar a visão de mundo dos contemporâneos.

Um deles, o dramaturgo Antonin Artaud, lembra que Santo Agostinho, em *A Cidade de Deus*, comparava o teatro à peste, porque seus efeitos se manifestam somente bem depois do espetáculo, tanto quanto a peste que, enfim detectada, atingia irremediavelmente o doente já em agonia[17]. O teatro tem efeito retardado; você já está mudado e não tinha percebido. É como na peça de Ionesco, *Os Rinocerontes*, na qual as personagens já pensam e raciocinam da mesma maneira como nos regimes totalitários, mas o percebem somente na hora em que se transformam nesse animal feio, cinza e pesado, o rinoceronte. Nesta hora, é tarde demais para recuar. Estas metáforas não muito atraentes da peste e do rinoceronte podem fundamentar a relação pedagógica. Transmitimos a peste com nossa interpretação e revelamos o estado "rinoceronte" a nossos alunos.

O teatro permite ao público projetar-se nas personagens, mexe profundamente com a cartografia psíquica dos espectadores[18], seu RSI*, diria Lacan, e opera uma mudança qualitativa, sinônimo de inserção em outras redes. Artaud inventou o teatro da crueldade, que visava justamente remoer e revelar as pulsões destrutivas e de morte do homem para provocar essa mudança.

A ilusão do teatro é um caminho e uma resposta à pergunta inicial.

---

17 *Le théâtre et son double*, 1964.
18 J. Kristeva, Brouillon d'inconscient ou l'inconscient brouillé, *Genesis*, n. 8, p. 24.
*   Sigla: R(real), S (simbólico) e I (imaginário) (N. da E.).

120 OS PROCESSOS DE CRIAÇÃO NA ESCRITURA, NA ARTE E NA PSICANÁLISE

1. Artaud pretendia, a partir da projeção dos espectadores nas personagens ou nas cenas representadas, isto é, a partir do imaginário, obrigar o público a entrar no registro do real que engloba as pulsões de morte. Trabalhando estes dois registros, o terceiro, o simbólico, estava atingido e o sujeito do inconsciente devia se deslocar e se refazer.

2. Aristóteles, com sua teoria da catarse, detectou o mesmo mecanismo no teatro clássico, mas para exercê-lo de outro ângulo, falava de "arrancamento dionisíaco" provocado pelo entusiasmo que permitia ao espectador franquear seus limites, que se chamavam medo e piedade, para admirar o herói que, seguindo seu desejo, não recuava nem diante do bem do outro[19]. A tragédia grega trabalhava e abria o simbólico, as redes ou os limites do público, mostrando um herói que ultrapassava o registro do simbólico e que fazia emergir o sujeito do desejo.

Em outras palavras, Ésquilo, Sófocles ou Eurípides mostravam no palco o fracasso dos espectadores na sua vida, presos que eles estavam nas redes impostas pela formação e pela cultura grega. Lembremos de Antígona que, transgredindo a lei da cidade sobre os traidores, revelou outra rede mais antiga e esquecida pelo rei de Tebas, seu tio Creonte, o amor pelo ser insubstituível, o irmão, diferente do marido ou de crianças que são substituíveis[20] ou de Orestes que, matando a mãe, assassina do pai Agamêmnon, obedece a seu desejo mais profundo encarnado na sua irmã Electra.

Resumindo, a formação pelo teatro e por extensão pela literatura, embora com grau bem menor, usa os elementos de "fracasso" e "tarefa inacabada", e atinge a pulsão de morte para acordar o espectador ou o leitor, vislumbrando o real como

---

19 "Segundo Aristóteles (*Poética*, Livro VIII), a catarse tem o sentido da purificação do desejo. Essa purificação não pode se efetivar [...] senão na medida em que se situou, no mínimo, o ultrapassamento de seus limites, que se chamam temor e piedade. É na medida em que o epos trágico não deixa o espectador ignorar o polo do desejo, mostra que o acesso ao desejo necessita ultrapassar não apenas todo temor, mas toda piedade, que a voz do herói não treme diante de nada, e muito especialmente diante do bem do outro; é na medida em que tudo isso é experimentado no desenrolar temporal da história, que o sujeito fica conhecendo um pouco mais do que antes o mais profundo dele mesmo", J. Lacan, *O Seminário, Livro 7, A Ética na Psicanálise*, p. 386-387.

20 Idem, p. 336.

Artaud, ou lutando contra o simbólico existente, como os trágicos gregos. Será que esta mesma tática vale para os meios audiovisuais, o cinema e a televisão?

Voltando ao nosso assunto, pergunto como provocar no aluno o sentimento de uma tarefa inacabada, portanto, que tem que prosseguir; como suscitar o fracasso que será muito mais lembrado do que o sucesso; como atingir sua pulsão de morte? Estou sugerindo uma espécie de pedagogia negativa e não linear[21] que pode, sem dúvida, assustar. Mas como colocá-la para funcionar?

Se o aluno aspirasse a *ser* como o professor, o que talvez seja exigir muito, ou mais simplesmente aspirasse a *ter* a cultura ou o saber do professor, o que é bastante razoável, qualquer discurso em qualquer matéria, história, matemática ou português, lhe mostraria um avanço no conhecimento, outra maneira de enquadrar o mundo, outro modo de reagir, e suscitaria quase automaticamente uma transformação ou um desejo de transformação. A relação pedagógica funcionaria como no teatro, sob a dialética do herói. Isto é, se a relação professor-aluno funcionasse na base da transferência, o sentimento do inacabado, aliado ao fracasso momentâneo do desejo, seriam as chaves mestras do crescimento do sujeito. Quantas vezes ouvimos alunos que, ruins em matemática com tal professor, acordam com outro e passam a entender. A formação aos pulos e aos saltos da qual fala Lacan acontece neste despertar da transferência, momento após o qual tudo parece fácil de entender e memorizar. Mas não podemos exigir esse ideal de todos e temos que lembrar duas coisas que vou detalhar um pouco mais.

1. Kofman salienta, como já lembramos, que não há talento nato: "O dom não é um 'dom' de Deus ou de uma 'boa natureza'. Ele não é inato, ele é consequência de um duplo determinismo ou de um duplo acaso, o jogo de forças psíquicas [...] e das experiências que o artista teve que viver"[22].

---

21 À pedagogia negativa caracterizando certa conduta na história do movimento pedagógico, acrescento o adjetivo "não linear" segundo a sugestão de Ferdinand Röhr, da Universidade Federal de Pernambuco, o qual reflete bem a formação aos pulos e aos saltos salientada acima.

22 *A Infância da Arte*, p. 184.

122 OS PROCESSOS DE CRIAÇÃO NA ESCRITURA, NA ARTE E NA PSICANÁLISE

Traduzindo, nenhum aluno nasce dotado pelas fadas desde o berço, mas todos têm a possibilidade de acordar um dia para o que lhes é dito e crescer aos pulos e aos saltos.

2. Segundo, já que a transferência não é uma coisa encomendável e depende do momento lógico de cada aluno, não podemos esperar que ela se produza visivelmente para atuar e dar aulas seguindo um cronograma de transferência. O que resta a fazer?

Lembremos da descrição do aparelho psíquico por Freud, na correspondência com Fliess e na *Interpretação dos Sonhos*, em 1900. Tentando entender a memória, Freud se pergunta como se relacionam a percepção de um fato, sua memorização e sua lembrança. Ele imagina o caminho de um fato que, saindo do sistema perceptivo, passa por várias instâncias: o sistema 1, que designa a memória dos fatos acontecidos simultaneamente; o sistema 2, que agencia os mesmos fatos segundo a semelhança ou outros critérios; o sistema inconsciente e, somente em seguida, o pré-consciente e o consciente[23].

P S1 S2 Inc. Pré-c.

>--------------------------->

Se adotarmos esta descrição bastante didática, mas que de fato, dilata o que acontece em um instante, perceberemos que um fato visto, ouvido ou sentido chega à consciência somente após sua passagem por várias memórias, incluindo o inconsciente. Todo discurso ouvido em sala de aula exige apenas uma condição, ser percebido, o resto não depende mais do falante. Uma aula bem dada seria uma aula bem percebida. O trabalho de memorização e a chegada na consciência dependem em grande parte do ouvinte, que tem ou não as condições necessárias, e, somente em parte, do professor, que deve usar uma linguagem suficientemente rica para ser captada pelo inconsciente.

Do professor. Sabemos que qualquer palavra, até uma simples negação ou uma vogal, pode ser meio para mexer com o inconsciente na situação analítica e entrar no esquema com mais chance de chegar à percepção. Mas se eu exemplificar minha fala na sala de aula com metáforas amorosas ou escolher textos

23 P. Willemart, *A Pequena Letra em Teoria Literária*, p. 36.

que descrevem situações eróticas, a percepção dos meus ouvintes fica logo aguçada. Entretanto, não preciso usar somente esse discurso; com uma linguagem alusiva, sugestiva, imprecisa, velada, metonímica, metafórica, reticente, dubitativa etc.[24], temos mais chance de atingir o inconsciente e, portanto, a percepção do ouvinte. Não estou falando de exemplos alusivos, sugestivos etc., mas de linguagem, isto é, de uma atitude do professor. Mesmo em matemática e nas ciências exatas, é possível adotar uma fala e um tom que facilitam o contato com o inconsciente, porque manifestam uma incerteza e uma postura não dogmática, permeável ao diálogo.

Do aluno. Sem falar das dificuldades disciplinares mais evidentes na rede do ensino secundário, existem outras anteriores que dependem de cada indivíduo. A percepção supõe uma forte dose de atenção que, por sua vez, supõe duas premissas: certo recalque que libera a mente da pressão sexual[25] e um sistema de referências. Mas ambos têm que levar em conta o fantasma que assola todos os indivíduos. São três pontos:

1. O fantasma atua em qualquer relação humana. Ninguém enxerga o outro e às vezes a realidade diretamente. Todos nós, às vezes menos, às vezes mais – o grau depende, entre outros fatores, de uma análise –, vemos o outro através das inúmeras figuras que desfilaram em nossa vida e que contribuíram para produzir certa imagem do outro, o fantasma, terrível inconveniente em uma comunicação que se quer limpa e direta. Isto é, cada aluno verá seu professor através de seu fantasma, espécie de véu que impedirá ou favorecerá a transferência. O fantasma aparece claramente nas relações mais próximas, como a disputa conjugal, nas

---

24 "O inconsciente que só fala por meio de disfarce e que domina todas as astúcias saberá tirar o melhor proveito de uma linguagem oblíqua, atenuada e sugestiva. [...] as figuras de desvelamento: a preterição (que na retórica equivale à denegação no inconsciente, o descoramento (operado pela litota, eufemismo, asteísmo, reticência, dubitação, deliberação etc.), o derrubamento (antífrase, ironia), por exemplo [...] todas as figuras deveriam ser enumeradas. [...] o trabalho do inconsciente tira deste viveiro retórico como manifestar-se". Jean Bellemin-Noël. Du style en critique. *Littérature*, n. 100, p. 15.

25 "Em algum lugar, Freud diz formalmente que é a pressão daquilo que na sexualidade deve ser recalcado para manter o princípio do prazer – a libido – que permitiu o progresso do próprio aparelho mental, enquanto tal, e, por exemplo, a instauração do aparelho mental dessa possibilidade de investimento que chamamos *Aufmerksamkeit*, possibilidade de atenção". J. Lacan, *O Seminário, Livro 11*, p. 174.

124 OS PROCESSOS DE CRIAÇÃO NA ESCRITURA, NA ARTE E NA PSICANÁLISE

quais cada um acusa o outro de defeitos ou coisas insignificantes, sintomas de situações maiores, como a falta de dinheiro, de moradia, de emprego, de carinho e de relação sexual etc.

2. Quanto à primeira premissa, a liberação da mente da pressão sexual, dou um exemplo que foi publicado. Ele se resume em uma frase: aprender a escrever ou sair do analfabetismo supõe não somente a passagem pelo Édipo, mas sua resolução. Leda Barrone demonstrou claramente que o nascimento da escritura em uma criança analfabeta não dependia fundamentalmente de técnicas, mas de uma diferença. Enquanto a criança acreditava saber escrever utilizando os ideogramas japoneses copiados de seu quimono, enquanto se deixava iludir pela música ou não distinguia as palavras do conjunto da frase, enquanto não se desligava do mundo da mãe, não conseguia escrever como exigia a sociedade. A partir da transferência operada na terapeuta e da destruição de seu mundo, assinalada pelos seus desenhos espantosos com tempestade, terremoto, areias movediças e plantas carnívoras, todas, metáforas de seu drama, manifestava-se um distanciamento ou um luto, uma produção, e não mais uma expressão, que lhe permitiria dar o passo indispensável e submeter-se ao simbólico das *letras brasileiras*, como ela as chamava, a escritura ocidental. Terá feito seu Édipo através de sua psicoterapeuta, segundo os freudianos, ou responderá enfim ao desejo do Outro, conseguindo se desligar dele, dirão os lacanianos. De qualquer forma, essa experiência bastante clara sugere que existem condições necessárias e preliminares para o surgimento da escritura e que o saber-escrever significa um passo enorme vencido pela criança na sua relação com os outros [26].

Isto é, há uma relação entre a vida sexual e a aprendizagem, não no sentido no qual Freud a entendia quando defendia certa abstinência sexual para uma vida intelectual, embora a tese seja defensável, mas no sentido de resolução dos nós que impedem a vida do desejo.

Observemos, no entanto, que se o Édipo funciona no âmbito familiar, relaciona o filho com o pai e a mãe e o consagra como filho de José e Maria, para retomar o paradigma da família cristão, devemos, seguindo Daniel Sibony[27], estender a

26 L. Barrone, *De Ler o Desejo ao Desejo de Ler.*
27 *Le Peuple "psy"*, p. 106, 130, 131.

O SUJEITO NA ESCOLA: A FORMAÇÃO PELO ACESSO A NOVAS REDES   125

compreensão da estrutura edipiana a círculos sociais cada vez mais amplos, indo da família à nação, passando pela raça, o clube de futebol ou de basquete, a turma do bairro ou da escola, a classe social etc. "Pertencer a" significa encontrar uma identidade difícil de assumir hoje, nestas perturbações sociais e nas migrações entre cidade grande e campo que destroem muitos laços naturais entre as pessoas, normalmente vividos em uma sociedade estabilizada. Posso presumir que a maioria dos problemas psíquicos dos alunos se resume em identificar--se com, isto é, encontrar uma identidade e, neste ponto, a escola como instituição tem um papel exemplar para resolver o fundamento da formação e da transmissão.

Esta ideia corrobora a distinção ventilada acima entre o ideal clássico do homem, sentir-se o homem universal, e o ideal atual, ser de tal raça, tal comunidade ou tal ideologia.

3. Em segundo lugar, prestar atenção e perceber supõem fundamentalmente viver inconscientemente a alucinação fundamental, a partir da qual o mundo da percepção se ordena[28].

Freud tinha situado a origem do ser humano na fusão inicial com a mãe, que representa o máximo da incorporação "gozante" em que todos os poros da pele estão concernidos. A vida tenta reencontrar inconscientemente essa sensação primordial do gozo máximo no útero materno de todas as maneiras possíveis. A teoria psicanalítica conceituou essa busca como a procura do "objeto perdido", perdido porque impossível de ser atingido. Irreal, portanto, e situado no registro do Imaginário, o gozo impossível é descrito por Lacan como o parâmetro fundamental. Todos os homens, ou melhor, os neuróticos, [que] vivem constantemente alucinados, poderiam ser considerados como loucos e se aproximam dos psicóticos, já que ambos se sustentam de uma projeção imaginária. Embora vindo do passado, o objeto da alucinação fundamental está sempre em nossa frente, mas nunca o atingimos. É o futuro que, de seu passado, nos leva ao presente. Singular condensação de tempos[29].

Constatamos que a formação e a aprendizagem decorrem de fatores essenciais que nos escapam e sobre os quais não temos nenhum controle. Outro dia, uma ex-aluna de uma disciplina

---

28 A. Juranville, *Lacan et la philosophie*, p. 270.
29 P. Willemart, *Além da Psicanálise: A Literatura e as Artes*, p. 19.

126 OS PROCESSOS DE CRIAÇÃO NA ESCRITURA, NA ARTE E NA PSICANÁLISE

de pós-graduação me disse: "nunca esquecerei o que o senhor falou neste ano"; ela não foi muito explícita, mas, podemos concluir que não é para se preocupar muito com o resultado efetivo de nosso ensino.

Não são certos métodos de avaliação tão na moda atualmente que vão averiguar se um ensino é bom ou ruim. Essas avaliações dos professores pelos alunos refletem apenas um ponto de vista imaginário e do momento, que gira em torno do gostar ou não gostar do professor; geralmente, o aluno não sabe o que diz porque nem sabe o que de fato ficou desta formação recebida que, bloqueada na faixa do inconsciente na maioria das vezes, só aparecerá mais tarde no seu momento lógico.

Resumindo, a "pedagogia" proposta pela psicanálise gira ao redor de saltos e pulos, incentiva o fracasso, o inacabado e a repetição obstinada. Consiste em interpretar as informações para abrir os ouvintes a outras redes simbólicas, mas sabendo que todos os dados passam pela percepção e chegam à consciência após um longo caminho; usa uma linguagem sugestiva e não espera resultados imediatos e concretos. O tempo lógico de cada aluno não coincide infelizmente com as datas de provas, embora a fixação do calendário escolar seja muitas vezes um acelerador simbólico do tempo lógico individual.

3. O Eu Não Existe: Crítica da Autobiografia[1]

O EU NÃO EXISTE, POR QUÊ?

Título bastante provocativo em um congresso dedicado à autobiografia. Autobiografia, que significa que alguém escreve sua vida ou se narra. Resta ver quem é esse "eu" que se narra, e quero destacar a identidade entre o "eu" e esse "se" pronominal. Ao se narrar, o eu entra em uma língua que o fala, ao se escrever, embrenha-se em uma escritura que o inscreve em um registro, o da página do manuscrito, ou da tela de seu computador. Por outro lado, não fala nem escreve fora de contexto e se situa em sua época.

Antes de qualquer coisa, pergunto: estamos de acordo sobre esse "eu" ("*moi-je*")?

Podemos separar o "eu" do corpo que o suporta e que ele anima, pensar sem nosso corpo e sem o universo que nos rodeia, escrever sem levar em conta os avanços das ciências?

Não estamos mais na época de Agostinho ou de Rousseau, nem mesmo na de Proust. As *Confissões* do primeiro, os *Devaneios do Caminhante Solitário* e *Em Busca do Tempo Perdido*

---

1 Texto apresentado no Simpósio Internacional *Escrever a Vida, Novas Abordagens de uma Teoria da Autobiografia*, São Paulo, 20 a 22 set. 2005.

128 OS PROCESSOS DE CRIAÇÃO NA ESCRITURA, NA ARTE E NA PSICANÁLISE

não se encaixam mais nas mesmas referências das autobiografias de hoje. Os "eus" de Agostinho ou de Jean-Jacques já estão bem distantes do de Marcel Proust, que se dava ao menos o trabalho de distinguir-se de seu narrador. Como é o "eu" de hoje?

As referências do que exporei na primeira parte foram tiradas de *Hominescences* de Michel Serres.

Nenhum daqueles três autores conhecia o genoma, nem as viagens interplanetárias. Nossa relação com o infinitamente pequeno e com o infinitamente grande ampliou-se consideravelmente. As descobertas científicas não só universalizaram o conhecimento do homem, como o transformaram. Menos sujeito a epidemias (o cólera ainda grassava nos tempos de Proust), à fome, pelo menos no que se refere à maioria de nossos escritores, o homem contemporâneo cultiva seu corpo de um modo nunca antes visto, glorificando assim a vida e retardando o máximo possível o momento da morte, com a ajuda de pílulas de todo tipo e, talvez um dia, das células troncos. Vivendo o século da Internet ou da rede, das estruturas dissipativas de Ilya Prigogine, da teoria das catástrofes de René Thom, das teorias da complexidade e da auto-organização, da teoria da probabilidade que inclui as do acaso e do inconsistente, das descobertas da nanometria e do mundo infinito dos sistemas estelares etc., como pode o "eu" de hoje pensar que equivale aos dos três autores citados, se inclui o corpo e o universo com e no qual vive, tal como são percebidos hoje?

Poderão objetar que o corpo não é a mente que pensa e escreve. Será fácil responder que os cientistas de hoje, ao menos depois de Descartes e apesar da interpretação de alguns de seus discípulos, afirmam a unidade do corpo e da mente no sentido de que esta, também chamada de alma, é definida como aquilo que anima o corpo. Esse é um primeiro ponto.

O segundo ponto que reforça o primeiro: neste mundo de viajantes, de emigrações e deslocamentos contínuos, o eu – o sujeito – não está mais necessariamente ligado ao local de nascimento, no sentido em que não se define mais por sua origem, raça, lugar de nascença ou país em que vive. Não sou mais aquilo de onde venho. Nosso eu é sem espaço determinado[2]. Nesse

---

2 M. Serres, *Hominescences*, p. 223-224.

mesmo sentido, o eu nunca precisa de endereço para se situar ou ser achado. Um celular basta. Um código liga para outro código, sem saber o lugar de onde o outro liga e sem ter necessidade de dizer de onde responde[3]. É o não-lugar e a dependência de coordenadas magnéticas, e não mais de um número de rua, uma cidade ou um Estado. O eu está ao mesmo tempo em nenhum e em todo lugar, pouco importa, é a ubiquidade outrora atribuída a Deus[4].

Os dois primeiros pontos não querem dizer que haja uma correspondência automática entre o corpo, a mente e o universo, longe disso. E esse será meu terceiro ponto.

O conhecimento do corpo e do novo mundo científico, assim como nosso eu sem espaço preciso, embora desloquem nosso ser para outro lugar, não afetam fundamentalmente nossas paixões, nosso pensamento e não têm ressonância imediata sobre o eu.

Pelo contrário, Freud denunciou sua dessemelhança e o fato de que o pensamento do eu e sua dimensão inconsciente têm dificuldade de viver em harmonia. O lapso é uma prova evidente da dificuldade de viver em acordo com a lógica inconsciente que age em nós. Não somos mais senhores da situação, como acreditavam os homens antes de Freud. Algo pensa em nosso lugar. Penso onde não sou e sou onde não penso, sublinha Lacan, interpretando o axioma cartesiano. Não sou totalmente eu mesmo no mesmo instante, poder-se-ia dizer. Partes de meu ser me escapam.

Quarto ponto, que também decorre das novas técnicas: a memória do eu de hoje não repousa mais totalmente na sua faculdade de memorizar, mas nos suportes que a substituem, por meio do computador, da Internet e seus diferentes motores de busca, que nos permitem vasculhar tanto o mundo inteiro quanto nossos arquivos armazenados em nosso PC etc[5].

Quinto ponto que prolonga os anteriores: uma vez iniciada a escritura, seja ela chamada ficção, autobiografia, conto ou poema, sou projetado para fora de mim e tenho que me moldar à forma escolhida, mas sobretudo à língua adotada, sem grande margem de manobra.

3 Idem, p. 260.
4 Idem, p. 258.
5 Idem, p. 262.

130 OS PROCESSOS DE CRIAÇÃO NA ESCRITURA, NA ARTE E NA PSICANÁLISE

Pobre "eu", que se torna facilmente *scriptor* ou instrumento de forças que escolhe por amor, mas que logo o trazem, não pelo cabresto, seria forte demais, mas que o enquadram e lhe deixam uma zona restrita de liberdade.

O conceito de autobiografia ainda se sustenta nesse contexto?

Jogado de um lado para o outro, é esta a imagem adequada, ao sabor das descobertas científicas, dos espaços percorridos, de sua linguagem, de suas paixões, de seu inconsciente, sobre que bases o escritor irá narrar sua vida ou o que ele crê ser sua vida?

Sabemos que só poderá fazê-lo a partir de sua língua, que, no entanto, terá de levar em conta os cinco pontos enumerados. Também poderia fazê-lo a partir de um filme mudo ou de fotos, mas já não seria mais literatura.

O conceito ainda tem consistência? Daí o título e a pergunta inerente: o eu existe? Alguma vez existiu? Nossa identidade pessoal se mantém nesse afluxo de forças que fazem dela sua sede? Como resistir e mantê-la apesar de tudo?

O SI É O OPOSTO AO EU

Haverá algo que continua sendo nós mesmos ou somos meros instrumentos, joguetes dessas forças, irresponsáveis, por conseguinte? É aqui onde respondo positivamente, recorrendo a outra instância, o si. Instância que nos faz ser reconhecidos pelo outro, mas que não é necessariamente a mesma pela qual nos definimos. Quantas vezes escutei parentes ou amigos lembrarem-me de fatos que havia esquecido e mediante os quais eles me descreviam, mas nos quais eu não me reconhecia. Eu era essa identidade para eles, mas o era para mim? Para meu eu ou para meu si?

Contardo Calligaris: Dois Tipos de Autobiografia

Quem sou eu? "O produto de uma teleologia orientada para meu si" ou "o efeito de uma ordem lógica singular"?[6] Em 1983,

---

6 C. Calligaris, *Hypothèse sur le fantasme*, p. 24 (Ed. bras.: *Hipótese sobre o Fantasma*).

O EU NÃO EXISTE: CRÍTICA DA AUTOBIOGRAFIA 131

Calligaris sem dúvida teria escolhido a segunda alternativa, que pressupõe o divã. Outros, como Michel Schneider, sugerem a escrita como alternativa, pois ela possibilita ao escritor redefinir-se em seus romances, no seu teatro ou poesia. Como isso é possível? Lembremos que quando Lacan distingue o isso do inconsciente, ele define a constituição do sujeito do inconsciente como o reconhecimento ou a positivação dos efeitos do inconsciente[7]. Reconheço os efeitos de um lapso como sendo meus ou as alusões de um sonho como expressões minhas, por exemplo. O divã ou a escrita possibilitariam esses mecanismos, o primeiro de um modo mais direto, a segunda, indiretamente. Escrita e narrada, minha análise pareceria bem objetiva e poderia ser incluída no gênero escritura-testemunho tão em voga hoje, ao passo que a ficção também poderia me narrar sob o manto das personagens, embora de modo bem mais mitigado.

Narrar minha análise definiria a verdadeira autobiografia? Definiria melhor meu si?

Paul Ricoeur

No seu livro dedicado ao *Si Mesmo como Outro*, Paul Ricoeur diz coisa semelhante com outras palavras: "a compreensão de si é uma interpretação; a interpretação de si, por sua vez, encontra na narrativa [...] uma mediação privilegiada; esta última toma elementos tanto da história como da ficção, fazendo da história de uma vida uma história fictícia, ou, se preferirem, uma ficção histórica, entrecruzando o estilo historiográfico das biografias com o estilo romanesco das autobiografias imaginárias"[8].

Narrar equivale a interpretar. Ricoeur e a psicanálise coincidem nesse ponto. Narrar o que quer que seja nos remete à ficção e narrar uma vida conduz à ficção histórica, ou seja, para uma narrativa que se insere no tempo do calendário.

Reencontramos, destacados no quinto ponto, o engajamento em uma escritura e a tese de Serres sobre o molde e o tempo.

---

7 *Le Séminaire* xiv. *La Logique du fantasme*, 1966-1967, mimeografado, p. 107.
8 *Soi-même comme un autre*, p. 138, nota 1. (Ed. bras.: *Si Mesmo como um Outro*.)

132 OS PROCESSOS DE CRIAÇÃO NA ESCRITURA, NA ARTE E NA PSICANÁLISE

Narrar o si é interpretá-lo. Mas quem é esse si? No si, Ricoeur distingue o *idem* e o *ipse*.

A Autobiografia do *Idem*

O *idem* concerne ao caráter de uma pessoa, que é "o si sob a aparência de uma mesmidade"[9]. Atribuímos a uma mesma pessoa determinada fantasia, determinadas qualidades, determinados defeitos, uma mania, um certo comportamento. É o *idem*.

A Autobiografia Vinculada a uma Promessa

O *ipse* sugere três elementos e se opõe a um quarto. O corpo, o nome e a palavra dada erguem-se contra o desejo cambiante. "O corpo que, embora mude com a idade, está ligado a um nome"[10] e exige a "manutenção de si (Heidegger) [...] no tocante à palavra dada [...] apesar do desejo cambiante"[11]. A promessa cumprida ante um terceiro suporta o corpo e o nome a ela vinculados e não o contrário, conservando o si para o outro.

Onde está o eu com relação ao si?

A Autobiografia Vinculada aos Acontecimentos

Ainda me apoiando em Ricoeur, será que posso afirmar que não só o acontecimento[12] é a pedra de toque da análise do si[13], mas que "ao entrar no movimento de uma narrativa que junta uma personagem a uma intriga, o acontecimento perde sua neutralidade impessoal"[14] e que, por conseguinte, a diferença entre o eu e o si está no acontecimento que permite ao narrador sair de seu imaginário?

---

9 Idem, p. 154.
10 Idem, p. 155.
11 Idem, p. 149.
12 "[...]pois todo acontecimento constitui uma espécie de molde de uma forma particular e, qualquer que seja, impõe à série de fatos que ele veio interromper e parece extrair dela um desenho que julgamos o único possível porque desconhecemos aquele que poderia substituí-lo". M. Proust, *A Fugitiva*, p. 87.
13 P. Ricoeur, *Soi-même comme un autre*, p. 169.
14 Idem, p. 169, nota 1.

Por que o acontecimento é a pedra de toque da análise do si? Porque é "fonte de discordância quando surge e fonte de concordância quando faz avançar a história". Em um primeiro tempo, um fato, uma declaração de guerra ou um acidente de carro, por exemplo, param a história. Como reagirão o herói, seus familiares ou seu entorno? Como irão se inserir no acontecimento para enfrentá-lo, deixar-se vencer por ele, resistir ou contorná-lo?

Podem surgir pelo menos dois tipos de acontecimentos. O ocasional, como uma festa de família, em que se tratará de pegar o acontecimento da história da família, torná-lo seu, apropriar-se dele, escolhê-lo entre mil outros para destacar tanto seu valor quanto sua importância na articulação da narrativa. Ou então, é o acontecimento que surpreende todo mundo. Uma guerra, uma crise política, a prisão, contratempos que forçarão a personagem a reagir de um modo ou de outro.

Empurrado para fora de si próprio por um fato inesperado ou inserindo-se em determinado fato escolhido, o escritor irá ao encontro do si e será forçado a pôr seu eu em banho-maria. Terá de abandonar aquilo de que acredita lembrar-se por aquilo que lhe é lembrado por seus próximos ou pela História. Seu imaginário terá de se dobrar às lembranças de seus contemporâneos ou aos acontecimentos históricos.

Enfim, terá de confrontar sua palavra dada com os acontecimentos, e sua narrativa será dirigida não mais por suas impressões, mas pelas respostas dadas a essa palavra.

Em outros termos, não será mais seu eu que dirigirá a narrativa, mas sim os acontecimentos pendentes de sua palavra dada, que servirão de linha divisória ou de pontos de referência para a narrativa. Exemplo: o título do livro de Zuenir Ventura: *Minhas Histórias dos Outros*.

Sintetizando a distinção entre o *idem* e o *ipse*, posso dizer que se alguém narra como continuou o "mesmo" devido às suas qualidades durante certo tempo, ele dá a impressão de ter sido construído por uma mesma identidade. Acredita lembrar-se de certo acontecimento em certas circunstâncias, em certa data, quando tinha certa idade. Ao ler sua história, os que o rodeiam poderão desmenti-lo ou confirmá-lo e, assim, certificar a existência daquele acontecimento.

134 OS PROCESSOS DE CRIAÇÃO NA ESCRITURA, NA ARTE E NA PSICANÁLISE

Mas narrar seu "ipse" significará fazer a própria vida decorrer de uma promessa cumprida ou não, ou de um projeto de vida, e articular a isso acontecimentos vividos.

O primeiro tipo de autobiografia, a do *idem*, consistirá em encontrar no tempo e nas circunstâncias uma identidade, ao passo que a do *ipse* irá verificar na própria narrativa se uma palavra foi cumprida ou não. O primeiro insiste em uma identidade e o segundo em um sentido a dar à vida a partir da conformidade com uma promessa.

Não é a mesma oposição proposta por Calligaris. Não se trata de dar um sentido a acontecimentos que resultam no sujeito que narra em uma data precisa, mas sim a partir de um engajamento prévio. Não se trata de construir uma lógica da qual eu seria o efeito, mas de reunir uma série de fatos nos quais intervenho para corresponder a uma promessa.

Questão ou Digressão.
A Autobiografia Vinculada a uma Paixão.

Onde se situa, por exemplo, o filme *Amadeus*[15], história fictícia de seu, por assim dizer, inimigo e admirador Antonio Salieri? Ainda que o filme parta de uma falsa premissa, ou seja, de que a inimizade entre Mozart e Salieri teria resultado no envenenamento do primeiro, o pseudo Salieri retraça admiravelmente sua vida a partir da vivência de uma paixão, a inveja de Mozart, contrária à promessa divina totalmente imaginária de que se tornaria um grande músico. É o Calligaris 2 em que, a partir de uma lógica clara aliada a uma promessa totalmente ilusória, o autobiógrafo encontra o "ipse" de Ricoeur.

Distinguimos até agora quatro tipos de autobiografias:

1. Um narrador que procura dar um sentido aos acontecimentos que culminam no momento em que ele narra, sentido que explica seu agir e sua trajetória. É o Calligaris 1.

---

15 Filme de Milos Forman (1932-), lançado em 1984 e baseado na peça de Peter Shaffer (1926-) de mesmo nome.

2. Um narrador que, por meio de condensações e metonímias, descobre e narra a lógica de que ele é o efeito. É o Calligaris 2.

3. Um narrador que traça uma linha identidária na sua história. É o "idem" de Ricoeur.

4. Um narrador que dá testemunho de sua fidelidade a uma palavra no transcurso dos acontecimentos vividos. É o "ipse" de Ricoeur.

No entanto, devemos insistir em um fato evidente. Os quatro tipos partem do presente e remontam ao passado, mesmo que comecem a narrativa por seu nascimento. A atitude inicial dos narradores será sempre a do *a posteriori*. Façam o que fizerem, sempre olharão para sua vida a partir do presente da enunciação, exceto em um dos casos, o do *ipse*. Se o relato tem de ser narrado a partir de uma promessa cumprida em uma data determinada, exigirá um ponto de partida fixo, o dia da promessa.

Por outro lado, que fazer se a promessa não puder ser cumprida devido a circunstâncias adversas, como a morte de uma esposa, o fim do grupo ao qual a promessa foi feita ou porque foi feita sobre bases falsas, tal como o desconhecimento de si? Então, o relato de si deverá consistir em encontrar uma outra palavra ou uma outra verdade à qual possam ser vinculados os acontecimentos, verdade que faz pensar na dimensão inconsciente e no Calligaris 2.

A Autobiografia Vinculada ao Gozo Segundo o Narrador Proustiano.

Podemos avançar mais? Consultemos *Em Busca do Tempo Perdido* e em seguida voltemos a ler Michel Serres.

O narrador proustiano inventou "a psicologia no espaço":

Não poderíamos descrever nossas relações, ainda que superficiais, com alguém, sem evocar os mais diversos sítios de nossa vida. Assim, cada indivíduo – eu inclusive – dava-me a medida da duração pela revolução que realizava em torno não só de si mesmo como dos outros e notadamente pelas posições que sucessivamente ocupara em relação a mim. E, sem dúvida, todos esses planos diferentes, segundo dos quais

136 OS PROCESSOS DE CRIAÇÃO NA ESCRITURA, NA ARTE E NA PSICANÁLISE

o Tempo, desde que, nesta festa, [trata-se do baile de máscaras no final de *O Tempo Redescoberto*] eu o recapturara, dispunha de minha vida, fazendo-me pensar que, em um livro que quisesse narrar uma, seria preciso recorrer, não à psicologia plana em regra usada, mas a uma espécie de psicologia no espaço, acrescentava nova beleza às ressurreições por minha memória operadas enquanto devaneava a sós na biblioteca, pois a memória, pela introdução, na atualidade, do passado intacto, tal qual fora quando era presente, suprime precisamente a grande dimensão do Tempo, a que permite à vida realizar-se[16].

Aplicada à nossa problemática, a psicologia no espaço consistiria em ver o narrador da autobiografia girar em torno de si mesmo e daqueles com quem conviveu, isto é, gravitar em torno de seu eu, agindo no passado para se narrar e assim definir um si. O narrador fala explicitamente de uma vida a ser narrada: "em um livro que quisesse narrar uma". Por outro lado, não fala de linearidade nem de lógica, mas de revoluções. Esse movimento circular ou elíptico tem a vantagem de criar um amplo espaço entre as revoluções, que inclui todas as pessoas encontradas e, eu acrescentaria, os monumentos e os museus visitados, os livros lidos, as peças de teatro e os filmes assistidos etc. O si disperso nesse espaço imenso adquire assim uma dimensão quase infinita e bem mais rica que um si vinculado a uma promessa.

Contudo, se essas revoluções não decorrem de uma promessa, podemos nos perguntar: quem ou o que substitui a promessa? O que leva o herói proustiano a girar assim em torno das personagens e das coisas? O herói-narrador acusa o Tempo que "dispunha minha vida"[17]. No entanto, acrescenta imediatamente que "a memória [...] suprime precisamente a grande dimensão do Tempo".

São, portanto, momentos singulares e surpreendentes que se mantêm na autobiografia, muito próximos das experiências privilegiadas do herói ou das personagens. A audição da pequena frase de Vinteuil lembra a Swann a felicidade que vivia outrora com Odette, o bolinho evoca Combray e as centenas de lembranças que surgem da xícara de chá, os sinos da cidade,

16 M. Proust, *O Tempo Redescoberto*, p. 278.
17 Idem.

ligam-se ao choro da criança em Combray etc. Essas experiências falam de felicidade, de prazer, de dor ou de gozo. É como se as revoluções fossem provocadas não mais por uma promessa, mas por sensações ou sentimentos que resultam ou não no gozo que engloba essas primeiras etapas que são a dor, o prazer e a felicidade[18].

Duas observações.

1. De um Ricoeur vinculado à moral cristã e à palavra empenhada, passamos para um Proust contemporâneo onde o gozo reina. Ele anuncia ou confirma as descobertas freudianas e é mais conforme ao modo de vida atual de muitos de nós. Exemplo: a vida de Mick Jagger dos Rolling Stones, que finalmente, depois de anos, se casa com Jerry Hall, mas não resiste aos encantos do gozo à la Don Juan com Luciana Gimenez, entre outras. Ele não consegue se enquadrar na estrutura do casamento.

2. A cronologia não subsiste mais no *Em Busca do Tempo Perdido*. "A memória, pela introdução, na atualidade, do passado intacto, tal qual fora quando era presente, suprime precisamente a grande dimensão do Tempo, a que permite à vida realizar-se".

Para o narrador proustiano, a autobiografia reunirá os grandes momentos da vida julgados a partir de seu grau de gozo.

Ainda poderemos utilizar os dois termos, "história" e "si", e a expressão "história de si"?

O termo "história" certamente não serve, uma vez que a cronologia foi abandonada. Melhor substituí-lo, tal como o faz Ricoeur, pela palavra "narrativa", que autoriza a se desvencilhar da crônica e se vincula a uma outra ordem.

E quanto à palavra "si"? É uma narrativa de si ou uma narrativa do ser gozando em certos momentos de sua vida? Também precisamos nos entender a respeito do conceito de "gozo".

Ele inclui não só a busca da felicidade e do prazer levados ao extremo (ver "Kant com Sade" de Lacan[19]), mas, com frequência,

---

18 Os lacanianos não terão dificuldade em reconhecer nesses momentos privilegiados os nomes-do-pai que, como semblantes, mascaram o gozo. J.-A. Miller, Les Six paradigmes de la jouissance, *Les Paradigmes de la jouissance*, p. 25.

19 *Escritos*, p. 776.

138 OS PROCESSOS DE CRIAÇÃO NA ESCRITURA, NA ARTE E NA PSICANÁLISE

se não sempre, vem acompanhado do "eu" atual ouvindo um ou-tro *"je"* do passado que goza.

A descrição da personagem Swann escutando a pequena frase de Vinteuil põe em cena esses dois *"je"* e justifica a lei-tura de Lacan, que insiste na transformação do "goza" em "eu ouço"[20]. Reportando-nos ao narrador proustiano, o que há em primeiro lugar não é uma escritura, mas uma escuta que em seguida é transcrita.

Resumindo este trecho, o autobiógrafo de hoje fará uma narrativa a partir de seus momentos de gozo do passado que ele continuará a ouvir através de uma sensação como o sabor, um ruído, um som, um eco ou um sentimento experimentado diante de uma mulher, um homem, um quadro, uma paisa-gem, um livro, um filme, uma escultura etc., sensação e senti-mento sentidos no presente da escritura ou do momento.

A Autobiografia Vinculada às Relações

Esse tipo de autobiografia coincide até certo ponto com Mi-chel Serres que, tendo ou não consciência disso, inspira-se nessa psicologia no espaço.

Hoje,

a relação precede o ser [...] multiplicando as redes, restringindo as mensagens a seu esqueleto (os MSN *messengers*), substituindo o ego pelo eco do nós [...] Morto Descartes, resta-nos escrever: (não mais, "penso, logo existo", mas) estou ligado, conecto-me, logo exis-to; a relação precede toda existência [...] não, eu não sou eu, como um ponto, ponto fixo, mas a nuvem dos possivelmente próximos [...] minha identidade tem de se haver com os possíveis[21].

Embora Serres se aproxime do narrador proustiano e talvez de nossos índios, segundo Viveiros de Castro[22], por sua insis-

---

20 P. Willemart. A Pequena Frase de Vinteuil, *Proust, Poeta e Psicanalista*, p. 71. Cf. J. Lacan, *Escritos*, p. 836, a perfeita homofonia entre *jouis* (goza) e *j'ouïs* (eu ouço).

21 M. Serres, op. cit., p. 321-324.

22 Entrevista concedida a Rafael Carielo, O Espelho do Ocidente, Folha de S.Paulo, 21 ago. 2005, caderno Mais, p. 4

O EU NÃO EXISTE: CRÍTICA DA AUTOBIOGRAFIA

tência na relação, parece distinguir-se deles pelos níveis considerados. Serres poria a ênfase na horizontalidade das relações, ao passo que Proust acrescenta a ela a verticalidade. Mas não é o narrador proustiano que deveria, aqui, articular sua psicologia com sua cartografia dos eus? Pois, caso queira encontrar o eu profundo, o herói tem de mergulhar, se assim posso dizer, e, ou esquecer a psicologia no espaço, ou ampliar as relações, até encontrar a profundidade buscada. É o que fará no último volume, *O Tempo Redescoberto*, quando o narrador, já bastante intimamente associado ao herói, percebe as relações transversais entre os caminhos de Guermantes e de Swann, entre as diferentes gerações que se juntam no baile de máscaras, entre as camadas sociais antes separadas pelo pertencimento ou não à aristocracia, entre as diversas abordagens sexuais, até a descoberta da bissexualidade de Robert de Saint-Loup. Todas essas relações se reunirão em um único personagem, a Srta. de Saint-Loup, filha de um Guermantes, Robert de Saint-Loup e de Gilberte Swann, ela mesma filha de Charles Swann e de Odette de Crécy. A transversalidade permite entrelaçar os percursos do herói em torno de todas as personagens da *Busca* e o faz encontrar o "nós" de Serres que substitui o "eu" inicial.

O narrador proustiano imagina a revolução das personagens umas em torno das outras, Serres, "um eu em forma de estrela no centro de uma rede, cruzamento tanto mais denso quanto mais numerosos forem os caminhos que dele partem e a ele chegam"[23]. O primeiro toma uma metáfora estelar, o segundo, a da superfície da terra. Os dois autobiógrafos farão das confrontações com o outro seu ponto forte; os acontecimentos que Ricoeur submetia a uma promessa ficarão sujeitos a esses encontros.

Mas o narrador proustiano e Serres se separarão no que se refere à posição no espaço. Um, ativo, circulando e buscando os contatos, intensificando-os pelo número de voltas, o outro, imóvel, sentado na sua mesa, criando contatos pela internet – msn, *blog*, *chat* ou *e-mail* – utilizando o celular ou o computador. O primeiro tem por objetivo o gozo do "eu", o segundo, sentir-se existindo graças ao "nós".

---

23 Op. cit., p. 319.

140 OS PROCESSOS DE CRIAÇÃO NA ESCRITURA, NA ARTE E NA PSICANÁLISE

Isso nos dá mais dois tipos de autobiografia. Embora ambos levem em conta o outro, seu interesse não tem a mesma causa. O autobiógrafo proustiano vê no outro um sujeito que o deixa feliz ou o faz sofrer, padecer e gozar, o autobiógrafo à moda de Serres se sente existir pelo outro. O primeiro não se preocupa com a vida e a pressupõe, ao passo que o segundo só se sente viver por meio de seus contatos e de certo modo recua um passo. Ambos narrarão seus encontros, mas Serres fará isso sem se preocupar tanto com seu si, mas com o que os outros vivem, pensam, dizem etc. e que farão com se sinta existir.

De que sensação se trata? O que sinto quando entro no Orkut, por exemplo? Sinto-me vinculado, ligado, socializado, participando das comunidades às quais pertenço. Encontro ali um lugar[24], meu lugar e me insiro em uma rede. Minha identidade cresce. Quanto mais faço parte de comunidades, mais me sinto dilatado à dimensão delas. Sou a comunidade de Baudelaire, a comunidade francesa, a comunidade de meu colégio, a comunidade da FFLCH-USP, a comunidade de fãs de Mick Jagger, a comunidade de Chico Buarque de Holanda etc. Sinto-me parte, não de um todo, mas de vários "todos", sou a metonímia subdividida e posso esquecer o que constitui minha singularidade, minha falta e... escapar de meu desejo.

Paradoxo! Narrar meus vínculos permite-me ao mesmo tempo afirmar minha existência, ampliando minha identidade e escapar ao que a constitui, o que o narrador proustiano chamava de "o eu profundo".

É assim que entro na dimensão psicanalítica de meu tema e constato que Daniel Sibony, em *Le Peuple psy*, publicado em 1992, já escrevia no mesmo sentido que Michel Serres:

os grupos só pensam no seu autorreconhecimento e no que nele pode se diluir. Não conhecem suficientemente o outro para excluí--lo como tal... quando o homem está farto de sua liberdade, procura um laço que o amarre e que ocupe para ele lugar de lei. O laço do grupo resolverá o problema, sobretudo sob o signo do Inconsciente ou da Lei (em outras paragens, sob o signo do Mistério ou

24 D. Sibony, *Le Peuple psy*, p. 130-131.

O EU NÃO EXISTE: CRÍTICA DA AUTOBIOGRAFIA   141

da origem ou de Deus ou da Boa Causa). É a pulsão do laço que se imobiliza e se estrangula em seu gozo, modesto no entanto[25].

E poderia continuar arrolando as comunidades do Orkut e outras mais, como as do manuscrito, do partido político etc.

Admiremos a sacada da frase de Serres: "Conecto-me, portanto existo", que corrobora essa pulsão do laço inventada por Sibony. Enumerar e narrar todos esses laços será o objeto da biografia à moda de Serres.

Lacan enfatizou bastante que devemos entender os quatro discursos que ele articulou em torno do amor como aquilo que nos liga socialmente[26]. O modo de empregar a linguagem, seja a do analista, a do universitário, a da histérica, a do mestre ou a do discurso corrente, é o modo de nos ligarmos ao outro. Jakobson já o dissera em outros termos quando falou das funções na comunicação. Falar força o laço entre os homens, lança-os no simbólico e para fora de si mesmos. Eles ex-sistem fora de seu eu, fora de seu si, mas têm de retornar continuamente à pulsão do laço ou a uma outra, se quiserem participar a *seu* modo desse simbólico e não desempenhar o papel de simples número.

Em outras palavras, devemos examinar detalhadamente a pulsão do laço e ver em que ela se distingue de outras pulsões do devorar, do rejeitar, do ver e do ouvir para captar melhor.

Veria esse laço como algo que lanço sobre o outro, não para capturá-lo, mas para ser capturado. Capturado ou devorado, é a mesma coisa. Trata-se, pois, de uma espécie de pulsão oral, mas que só funciona em um sentido, na voz passiva. Ligar-me aos outros ou a grupos significa me deixar pegar e integrar por eles, para recuperar uma identidade social e me sentir apoiado em meu ser, apesar de meu não-ser.

Uma resposta do outro me diz que estou vivo e que existo. Não basta mais subordinar minha existência a meu pensamento, como Descartes, mas à resposta a meu apelo. Se não obtiver resposta, serei, sem dúvida, obrigado a voltar a Descartes e a meu si.

---

25 Idem, p. 143.
26 "[...]esta noção do discurso deve ser tomado [sic] como liame social, fundado sobre a linguagem, e parece então não deixar de ter relação com o que na linguística se especifica como gramática, nada parecendo modificar-se com isto". J. Lacan, *O Seminário: Livro 20*, p. 28.

142 OS PROCESSOS DE CRIAÇÃO NA ESCRITURA, NA ARTE E NA PSICANÁLISE

Isso ainda é uma autobiografia? Na medida em que o narrador é o ponto de referência e que ele se assimila à instância do escritor ou do autor, por que não?

SEIS TIPOS DE AUTOBIOGRAFIA

Retomando o conjunto de meu texto sobre a autobiografia, poderia afirmar sem qualquer dúvida que o conceito é plural e abarca realidades bem diferentes. Fomos de Serres a Calligaris, de Ricoeur a Proust, para voltar a Serres, passando por Lacan e Sibony. Cada um desses autores preconizaria um tipo singular de autobiografia.

1. O Calligaris 1 tenta dar um sentido aos acontecimentos que terminam no momento em que ele narra, sentido que explica seu agir e sua trajetória.

2. O Calligaris 2 descobre e narra a lógica da qual é efeito, saltando de condensações para metonímias.

3. O "idem" de Ricoeur traça uma linha identitária na sua história.

4. O "ipse" de Ricoeur dá testemunho de sua fidelidade a uma palavra dada no transcurso dos acontecimentos vividos.

5. A autobiografia para o narrador proustiano reunirá os grandes momentos da vida reescutados e julgados a partir de seu grau de gozo.

6. A autobiografia à moda de Serres narrará os laços que o fazem existir e viver.

O EU EXISTE AINDA?

Não mais no sentido de uma entidade autônoma, que reúne tudo que acontece ao redor dele, como se ele próprio fosse o ponto de referência.

Sim, como intermediário, ponto de convergência, instrumento a serviço dos acontecimentos, do inconsciente, do gozo, dos outros "eu", como o eu profundo proustiano e enfim, dos outros com os quais se relaciona.

4. A Autoficção Acaba com a Autobiografia?

Quando pela primeira vez, se tratou de convidar o Sr. de Norpois para jantar em nossa casa, como lamentasse minha mãe que o professor Cottard estivesse em viagem e que ela própria houvesse deixado completamente de frequentar Swann, pois tanto um quanto outro certamente interessariam ao ex-embaixador, respondeu-lhe meu pai que um conviva eminente, um sábio ilustre como Cottard, nunca faria má figura à mesa, mas que Swann, com a sua ostentação, com aquele jeito de proclamar aos quatro ventos as mínimas relações, não passava de um vulgar parlapatão que o marquês de Norpois, sem dúvida, acharia, segundo a sua expressão, "nauseabundo"[1].

O início da segunda parte de *Em Busca do Tempo Perdido* pertence à autoficção ou à autobiografia? O narrador fala de sua mãe, do pai, dele mesmo. Não é o triângulo familiar completo que alegra os psicanalistas? Será que este mesmo narrador fala dele ou duma personagem? Parece aqui identificar-se ao herói e conta sua vida ao leitor que ele toma como testemunho. Narrador, personagem e herói se confundem facilmente,

---

1 M. Proust, *À Sombra das Raparigas em Flor*, p. 18.

144 OS PROCESSOS DE CRIAÇÃO NA ESCRITURA, NA ARTE E NA PSICANÁLISE

portanto, e empurram o leitor a pular a instância que escreve, o *scriptor*, ou, se ele atravessa a escritura, o escritor.

Quais critérios adotar para delimitar os dois gêneros?

Moumir Laouyen recomenda: "O critério peritextual [que] parece dispensar qualquer horizonte de expectativa autobiográfica". O escritor recusaria a identificação, o que faria de sua narrativa uma autoficção ou então, ele dá seu nome ao herói – é o critério onomástico[2] –, e o leitor está lendo uma autobiografia.

Em quem acreditar? O autor denega a identificação, mas o leitor a estabelece espontaneamente sem maior busca, não sendo crítico profissional nem leitor crítico. Por que desconfiaria da equivalência?

Nem o primeiro nem o segundo, provavelmente já que sua posição decorre da pura subjetividade forçosamente impregnada de imaginário. Como o crítico vai separar então a autobiografia da autoficção? Não será com critérios externos ou somente onomásticos, mas considerando as instâncias que trabalham à roda da escritura, distinguidas na primeira parte e que vou retomar em parte.

O estudo do manuscrito nos ensina, com efeito, que o escritor se divide em várias instâncias –Proust diria em vários "*moi*" –, da primeira frase escrita pelo escritor até a aceitação definitiva da mesma frase ou de outra pelo autor. Todavia, entre o escritor e o autor, age uma terceira instância denominada o *scriptor*.

Separar o escritor do *scriptor* não é evidente, já que se trata do mesmo corpo, a mesma mão que escreve e que se deixa escrever. Juntando a releitura com um afluxo de informações na memória imediata ou a um projeto do qual ele lembra e que se impõe, a instância do primeiro leitor manda dizer ao escritor: "não é isso". Só lhe resta rasurar. Henry Bauchau, muito explícito nesta questão, fala de algo que ele não domina e que faz a escritura parar: "Eu luto contra uma recusa anterior categórica a continuar o romance. Estou obrigado a abandonar e, durante o verão e os anos que seguirão, eu me senti encorajado ou talvez forçado a escrever poemas da coleção *Les Deux Antigones*"[3].

---

2 L'Autofiction: une réception problématique. Disponível na Internet em: <http://www.fabula.org/forum/colloque99/208.php#FN60#FN60>.

3 *L´Écriture et la circonstance*, retomado em *Oedipe sur la route*, p. 403.

A AUTOFICÇÃO ACABA COM A AUTOBIOGRAFIA? 145

Em um segundo momento, a rasura corresponde à *époché**
dos Gregos, isto é, à suspensão de qualquer juizo sobre a coisa
sendo escrita e a uma abertura para o que lhe é sussurrado. Por
quem? É o terceiro momento. O escritor se vê obrigado a escutar
o que lhe é soprado não pelo Espírito Santo, como acreditavam
os evangelistas, nem pela musa dos românticos, mas pela tradição à qual estão ligados os autores que ele leu, os amigos que
encontrou, os próximos com quem compartilha sua obra etc.,
todos coautores que, voluntariamente ou não, participam da escritura. O escritor se torna então *scriptor* a serviço, por exemplo, deste mundo infinito que Balzac chamou de Estado Civil, do
qual ele se faz o secretário ou a serviço do real, a partir do qual
a palavra tende a desvelar "o sentido inalienável das coisas"[4], ou
melhor, a serviço de algo que o corrói, que ele adivinha frequentemente e que o impede de continuar no seu primeiro impulso.

Não estou falando do

scriptor medieval, que somente escreve, que não pode ser outra coisa
senão um copista e não saberia ser autor [...]. [já que] se trata da difusão dos "grandes textos", sejam os textos fundadores da religião ou os
textos dos autores da Antiguidade, investidos de um prestígio imenso
e de uma autoridade incontestável. É possível que o *scriptor*, embora
querendo somente copiar fielmente o original, misturasse sua própria
voz à do autor, [mas ele o fazia] sob a forma de glosas nas margens do
manuscrito[5].

O *scriptor* de hoje aceitará o jogo definido por Mallarmé: "O
papel intervirá toda vez que uma imagem de si mesma para ou
entra, aceitando a sucessão de outros"[6]. Uma imagem rasurada desaparece para deixar o lugar à outra, que não pode todavia ignorar
as folhas já escritas. Obrigado a reler, o *scriptor* ressente um dever
de obediência aos acontecimentos já narrados, às personagens já

---

* Ou *épokhé*, do grego εποχη, interrupção, cessação, supressão de julgamento,
período de tempo, era, época. Cf. *Dicionário Grego-Português*, Cotia: Ateliê
Editorial, 2007, v. 2, p. 142 (N. da E.).

4 Em R. Barthes, Mythe d´aujourd´hui (*Oeuvres Complètes*, t.i, p. 868) citado
por E. Marty, *Roland Barthes, Le métier d´écrire*, p. 211.

5 J.-L. Lebrave, La Critique génétique…, *Genesis*, p. 45.

6 *Oeuvres complètes*, t.1., p. 391. Devo as citações de Mallarmé a Rosie Mehou-
dar.

146 OS PROCESSOS DE CRIAÇÃO NA ESCRITURA, NA ARTE E NA PSICANÁLISE

esboçadas, à trama já desenhada semelhante a mecanismos decididos desde o início, como fizeram os membros do OuLiPo.

A engrenagem que faz do escritor um escravo de sua escrita, com as consequências enunciadas por Hegel e desenvolvidas por Lacan nas relações entre o saber e a posição de cada um, é evidente para Flaubert, que avançava página por página e trabalhava somente uma obra por vez. Parece menos verdadeiro para Proust, que passava de um caderno a outro sem cenários escritos de antemão, mas que sabia que "os atos criadores procedem [...] não do conhecimento de suas leis, mas de uma potência incompreensível e obscura, e que não se fortifica iluminando, [como] uma mulher não precisa saber medicina para parir..."[7]. Assim, o escritor Proust não pretendia conhecer os mecanismos da criação. É preciso acreditar nele!

Escutando todos os terceiros, o escritor se torna não somente *scriptor*, isto é, instrumento desta escuta que lhe sugere a escritura, mas também, anônimo, de certa maneira, ele se multiplica, perde sua identidade primeira e se dissolve: "Na onda em que te insinua, tua jubilação nua"[8]. O sujeito escritor, assim como a mulher cisne do poeta, se deixa balançar como a onda sob o vento ou a força do mar, vai e vem, somente tem pé e se define como autor uma vez que a palavra, a frase ou o parágrafo sejam fixados.

Tornando-se bicéfalo porque agindo e escutando ao mesmo tempo, o escritor retoma a possessão do texto já escrito com tudo o que ele representa – sua situação *hinc et nunc*, sua história, sua memória, a de seus próximos e de seus pais etc. –, e parando a escritura como para se recarregar, agora *scriptor*, ele rasura e depois de um tempo mais ou menos longo, acrescenta e sai de novo, podendo retomar a tradição ou revertê-la, como o narrador proustiano convertendo a maldição de Sodoma em benção em *O Caminho de Guermantes*[9].

Como sustentar que uma autobiografia é possível, como não fazer de toda autobiografia uma autoficção se aquele que se engaja na escritura não espontânea, isto é, submissa

7 M. Proust, *Contre Sainte-Beuve*, p. 382.
8 *Mallarmé*, A. de Campos, D. Pignatari, H. de Campos, São Paulo: Perspectiva, 2006, p. 59.
9 Cf. p. 144.

A AUTOFICÇÃO ACABA COM A AUTOBIOGRAFIA?

a revisões contínuas, se submete à linguagem, se perde e se multiplica nos seus rascunhos e esboços? Como defender a autobiografia enquanto o escritor, mesmo se ele se retoma após cada rasura, não recai toda vez e muitas vezes sem o saber no mesmo defeito, se defeito há, a saber, uma submissão aos terceiros já citados?

Portanto, sustentarei, apesar da diferença entre o pacto autobiográfico e o pacto da ficção estabelecido por Philippe Lejeune[10], que o gênero autobiográfico existe raramente no sentido de uma narrativa correspondente realmente às intenções do escritor e aos fatos vividos, e segunda tese, que tudo o que se aproxima ou se diz autobiográfico é, muitas vezes, autoficção ou mesmo ficção.

Por que o gênero autobiográfico, entendido como aquele no qual o autor promete dizer a verdade, se concebe dificilmente? Por dois motivos.

O primeiro, porque o próprio eu que é seu objeto não é uma substância ou uma identidade fixa, mas efeito da linguagem. Acreditamos ter vivido tal acontecimento com tal intenção, mas nossos próximos viram outro tipo de participação e o interpretarão de outra maneira. O fantasma ou o imaginário se interpôs frequentemente na percepção dos fatos. Embora qualquer narrativa biográfica esteja enquadrada por dados objetivos como uma data, um nome ou um acontecimento coletivo, a participação e as intenções daquele que escreve serão sempre suscetíveis de ser colocadas em dúvida, apesar do contrato de verdade.

O segundo decorre da noção de arte segundo Lacan. Se toda arte decorre da sublimação, ela exige "a objetivação de

---

10 "O que é o pacto autobiográfico? É o engajamento de um autor ao contar diretamente sua vida (ou uma parte, ou um aspecto dela) sob um espírito de verdade. O pacto autobiográfico se opõe ao pacto de ficção. Quem lhe propõe um romance (mesmo que inspirado na própria vida) não pede a você para acreditar de verdade no que ele conta: mas simplesmente para brincar de acreditar. O autobiógrafo promete que o que ele vai dizer é verdade, ou pelo menos é o que ele acredita ser verdade. Ele se comporta como um historiador ou um jornalista, com a diferença de que o assunto sobre o qual ele promete dar uma informação verdadeira é ele mesmo. Se você, leitor, julga que o autobiógrafo esconde ou altera uma parte da verdade, pode pensar que ele *mente*. Por outro lado, é impossível dizer que um romancista mente: isto não faz sentido, já que ele não se comprometeu a dizer a verdade. Você pode julgar o que ele conta como verossímil ou não, coerente ou não, bom ou ruim etc., mas isto escapa à distinção entre verdadeiro e falso". Disponível na Internet em: http://www.autopacte.org/pacte_autobiographique.html. Acessado em 26 mar. 2009.

148 OS PROCESSOS DE CRIAÇÃO NA ESCRITURA, NA ARTE E NA PSICANÁLISE

uma negação que vem da resistência do objeto à sua apreensão por um pensamento identificado ao fantasma"[11]. Em outras palavras, a dessubjetivação necessária à construção de uma narrativa, *a fortiori*, dita autobiográfica exigiria uma distância dos acontecimentos vividos quase inverossímil para aquele que está mergulhado neles.

No entanto, diferentes tipos de narrativas ditas autobiográficas são possíveis e acompanhei seis no capítulo anterior, mas nenhum se enquadra exatamente na primeira definição, mas perfeitamente na de autoficção.

Diante da nítida separação entre o escritor que deita suas primeiras palavras sobre a página ou a tela e o *scriptor* que se faz instrumento dos terceiros, ainda que retome imediatamente o domínio da escritura, podemos adotar um critério genético para distinguir a autobiografia da autoficção.

O primeiro gênero ignora a instância do *scriptor* e suas consequências, a saber, o trabalho penoso dos rascunhos e a intervenção dos terceiros, que inclui a força da linguagem, enquanto o segundo gênero os considera. O primeiro condensa o escritor e o autor e esquecerá a instância do *scriptor*, enquanto o segundo a levará em conta.

O limite entre os dois gêneros não dependerá unicamente do saber do leitor, que terá lido os manuscritos, mas da convicção de que o poder da escritura transforma o escritor em autor e manda escrever outra coisa além do que o seu eu havia pensado ou acreditou ter vivido.

A desconfiança da autenticidade dos fatos narrados e ditos reais nas autobiografias é comum. Toda autobiografia é mais uma autoficção, a matiz não vem por acaso; uma autobiografia que se quer tal não recobre o conceito de obra de arte para a psicanálise. Entre "a autoficção pacientemente onanista que espera compartilhar seu prazer" de Doubrovsky[12] e a autobiografia defendida por Philippe Lejeune, o que escolher?

---

11 V. Safatle, *A Paixão do Negativo*, p. 293.

12 "Encontros, fios de palavras, aliterações, assonâncias, dissonâncias, escritura antes ou depois da literatura, concreta, como se diz da música. Ou ainda, autoficção, pacientemente onanista, que espera agora compartilhar seu prazer". *Fils*, quarta-capa.

Parte III

Arte e Psicanálise

1. O Tecer da Arte com a Psicanálise

O poeta tem acesso às fontes desconhecidas do conhecimento, inacessíveis ao psicanalista, insiste Freud na leitura da *Gradiva*[1]. Corroborando esta afirmação com um exemplo tirado de *A Prisioneira* de Marcel Proust, discordarei, entretanto, do fundador da psicanálise quando vê na análise do conto de Jensen apenas uma confirmação da clínica. A psicanálise e a arte têm certamente um objetivo comum, compartilhado por todas as ciências humanas, o conhecimento maior do ser humano[2], mas os dois saberes se diferenciam no objeto específico e na estratégia, o que espero mostrar nas linhas que seguem.

"Nos dias em que eu não descia à casa da Senhora de Guermantes, para que o tempo me parecesse menos longo durante aquela hora que precedia a volta de minha amiga, eu folheava um álbum de Elstir, um livro de Bergotte, a sonata de Vinteuil" [...] Então, como até as obras que parecem dirigir-se apenas à vista e ao ouvido exigem que para as saborear nossa inteligência espertada colabore estreitamente com esses dois sentidos, eu fazia sem querer sair de mim os sonhos que Albertine suscitara outrora quando eu ainda não a conhecia e que

---

1 S. Freud, *Délires et rêves dans la "Gradiva" de Jensen*, p. 127.
2 P. Sabot, *Philosophie et littérature. Approches et enjeux d'une question.*

152 OS PROCESSOS DE CRIAÇÃO NA ESCRITURA, NA ARTE E NA PSICANÁLISE

haviam sido apagados pela vida cotidiana. Punha-os na frase do músico ou na imagem do pintor como em um cadinho, e deles alimentava a obra que eu lia. E sem dúvida esta me parecia, por isso, mais viva. Mas Albertine não ganhava menos em ser assim transportada de um dos dois mundos a que temos acesso e onde podemos situar alternativamente um mesmo objeto, em escapar assim à esmagadora pressão da matéria para espairecer nos fluidos espaços do pensamento. Eu me via de súbito e por um instante a sentir pela enfadonha moça afetos ardentes. "Ela tinha naquele momento a aparência de uma obra de Elstir ou de Bergotte, eu experimentava por ela uma exaltação momentânea, vendo-a no recuo da imaginação e da arte"[3].

A vista e o ouvido do herói são despertados pela literatura de Bergotte, a pintura de Elstir e a música de Vinteuil, os três artistas de *Em Busca do Tempo Perdido* que serão sucessivamente modelos para o herói. O narrador constata que o conjunto provoca à sua revelia a intrusão de velhos sonhos presentes no eu. Isso significa que o livro, o quadro ou a melodia convocam uma dimensão inconsciente que, mergulhada nessas respectivas artes, alimenta-as e as torna se não mais vivas pelo menos mais pessoais. O efeito imediato é extrair a jovem do cotidiano, transformá-la em personagem de Bergotte e de Elstir e reavivar os sentimentos amorosos do herói por ela.

Em outras palavras, a arte transforma as personagens do sonho em personagens artísticas e desperta as paixões do sonhador que, por conseguinte, passará a amar não mais a Albertine com quem convive em sua casa, mas uma personagem de ficção. A vivência do cotidiano será apenas um ponto de partida para alçar a amada à dignidade de um objeto artístico. Jauss definiu o prazer estético como o prazer de si no prazer do outro. O herói proustiano, descobrindo seu prazer nas obras lidas, comprova isso em parte.

As três artes citadas têm a capacidade de fazer vibrar o inconsciente e remexer em zonas de lembranças até então esquecidas. Todas as artes trabalham o inconsciente do público.

---

3 M. Proust, *A Prisioneira*, p. 51. Parece-me que ao passarem a limpo em francês, o copista esqueceu a terceira parte, claramente citada mais adiante. O *Cahier* 53 é explícito a esse respeito: "Por vezes, enquanto a esperava e para que o tempo me parecesse menos longo, pegava um livro de Bergotte, tocava alguma frase melancólica de Vinteuil". M. Proust, fólio 20 v, *Cahier* 53 (transcrição de Carla Cavalcanti e Silva).

O objetivo essencial da literatura, da pintura ou da música, da escultura ou da arquitetura etc., ou sua função estética, não é primeiramente ser admirada; a beleza é apenas uma isca, para não dizer uma armadilha, destinada a atrair o olhar ou a audição. Comentando os escritos de Sade, Lacan escrevia: "A exigência, na aparência das vítimas, de uma beleza sempre classificada de incomparável [...] é outra história, da qual não nos podemos livrar com alguns postulados banais, forjados às pressas, sobre a atração sexual. Neles, veremos antes, a caricatura daquilo que demonstramos na tragédia, sobre a função da beleza: barreira extrema que proíbe o acesso a um horror fundamental"[4].

Baudelaire já aliava o horror ao infinito e ao Belo:

> Que tu venhas do céu ou do inferno, que importa,
> Beleza! Monstro horrendo e ingênuo! Se de ti
> Veem o olhar, o sorriso, os pés, que abrem a porta
> De um Infinito que amo e jamais conheci?

> De Satã ou de Deus, que importa? Anjo ou Sereia,
> Se és capaz de tornar – fada de olhos leves,
> Ritmo, perfume, luz! – a vida menos feia,
> Menos triste o universo e os instantes mais breves?[5]

Entre o horror à morte, a beleza-armadilha e o infinito, o narrador proustiano desvela uma quarta dimensão inédita, um pouco mais alentadora, que corrobora certos argumentos filosóficos e psicanalíticos. A arte tem como função primordial

---

4 J. Lacan, Kant com Sade, *Escritos*, p. 787: "O belo tem por efeito suspender, rebaixar, desarmar, diria eu, o desejo [...] insensível ao ultraje [...] A função do belo sendo precisamente a de nos indicar o lugar da relação do homem com sua própria morte, e de nos indicá-lo somente em um resplandecimento". Ver idem, *O Seminário: Livro 7. A Ética na Psicanálise*, p. 290 e 354.

5 Tradução minha.
"Que tu viennes du ciel ou de l´enfer, qu´importe,
O Beauté! monstre énorme, effrayant, ingénu!
Si ton oeil, ton souris, ton pied, m´ouvrent la porte
D´un Infini que j´aime et n´ai jamais connu!

De Satan ou de Dieu, qu´importe? Ange ou Sirène,
Qu´importe, si tu rends, – fée aux yeux de velours,
Rythme, parfum, lueur, ô mon unique reine! –
L´univers moins hideux et les instants moins lourds?"
C. Baudelaire, Hymne à la beauté, *Oeuvres complètes*, p. 54.

154 OS PROCESSOS DE CRIAÇÃO NA ESCRITURA, NA ARTE E NA PSICANÁLISE

introduzir e até mergulhar o homem na cultura, oferecendo outra visão do mundo ou outro sentido para certos acontecimentos. Como isso se dá? Antes de introduzir as experiências passadas no livro, no quadro ou na melodia, a arte criou para si um espaço no qual circulam seus admiradores, o "espaço ou campo de gozo estético"[6]. O quadro, o livro ou a melodia se animam antes do olhar ou da escuta do leitor ou do ouvinte, e seu campo constituído de energia dispersa se concentra em torno do desejo do leitor ou do ouvinte, cujas lembranças ele capta.

A obra tem o dom de "suspender a continuidade hermenêutica do sujeito consigo mesmo e com a História – o sujeito vive o salto no vazio de sua própria mortalidade"[7]. Ela relança o sujeito até o ponto K, anterior à sua própria vinda, isto é, ao nível máximo de negatividade antes do movimento de rejeição e de afirmação que o constitui como sujeito[8]. Enfim, inscrita no campo do admirador constituído pelos três registros do inconsciente, o real, o simbólico e o imaginário, a obra tem o poder de suspender e diluir o sujeito, aquele que se toma por um sujeito substancial, e lançá-lo para outro significante desconhecido de início.

Bastava ao herói se lembrar do que vira e ouvira de Albertine outrora, quando mal a conhecia, e jogar suas imagens e seus comentários na obra que estava lendo ou na partitura que folheava, para reviver uma paixão extinta[9]. Swann já tinha vivido experiência semelhante ao escutar a pequena música de Vinteuil: "uma estranha embriaguez [...] em despojar o mais

---

6 P. Willemart, arguição na defesa de tese de João Augusto Frayse-Pereira, *Inquietudes: Arte e Psicanálise*, no Instituto de Psicologia da Universidade de São Paulo em 13 dez. 2000.

7 G. Vatimo, *La Fin de la modernité*, p. 128 (Ed. bras.: *O Fim da Modernidade*, 1976).

8 "[...]o propósito básico [desse livro] consiste apenas em mostrar que existem vários níveis de negatividade, sendo que o 'grande negativo' (ponto K) representa o nível mais profundo. Minha suspeita é de que, uma vez bem compreendido o ponto K – esse grau máximo do não –, podemos ir nomeando, pouco a pouco, todas as outras estratégias menores do negativo e todos os modos da distância (não) e da aproximação (sim). Tal percurso é psicanaliticamente relevante na medida em que um inventário das negatividades permite repensar as categorias da neurose [...] e da psicose [...] a partir da negatividade radical do K". Juliano Pessanha, *Sabedoria do Nunca*, p. 117-118.

9 O narrador dizia isso com outras palavras no último prototexto conhecido: "que a arte recolocava entre mim e ela aquelas distâncias da imaginação que tinham feito com que eu a amasse em Balbec quando não a conhecia". Fólio 20v, *Cahier* 53.

O TECER DA ARTE COM A PSICANÁLISE 155

íntimo de sua alma de todos os recursos do raciocínio e fazê-la passar sozinha pelo filtro obscuro do som!"[10].

O processo de criação e o continente, a passagem pelo filtro da arte, são os mesmos nas duas experiências, embora o conteúdo e os resultados sejam diferentes. Já não é a alma de Swann que, mergulhada na arte, goza de uma felicidade e que repousa sobre um sofrimento longínquo, mas os antigos sonhos do herói que, revitalizados pela arte, provocam "sentimentos ardentes", ou seja, o desejo sexual. As duas passagens pelo filtro da arte fazem referência a uma pessoa amada no passado, Odette ou Albertine, mas somente o sonho transporta o herói para além de si mesmo e transforma a personagem por uma espécie de transmutação.

As relações entre a arte e a realidade são aqui evocadas. Ou a personagem via a realidade através da arte – é Swann que se extasiava diante de Odette, porque reconhecia nela o colo de uma virgem de Botticelli!– ou via a arte apenas a partir de sua imitação ou não da realidade – é o crítico Sainte-Beuve segundo Proust.

No trecho citado acima, temos uma nova postura. O ponto de partida já não é a realidade percebida diretamente, ou por intermédio da arte, substituta de uma fantasia. O primeiro passo é uma atividade de leitura, de contemplação ou, de escuta que evoca lembranças ou, no caso do herói, a paixão, para transformá-las. Transportar ou operar um deslocamento das lembranças de Albertine para o mundo da literatura, da pintura ou da música não só reconstrói a personagem – é um processo de criação a mais –, mas também alça a antiga amante a tal ponto que ela pode circular "nos fluidos espaços do pensamento" e despertar de novo a paixão do herói.

A arte tem o poder de "elevar o objeto à dignidade da Coisa", sublinhou Lacan bem mais tarde, mas também, além disso, acrescenta o narrador proustiano, de exaltar a paixão do herói. Mallarmé já escrevia a Cazalis: "Saiba que sou agora impessoal, e não mais o Stéphane que você conheceu – mas uma aptidão que o Universo Espiritual tem de se ver e se desenvolver através do que eu fui"[11].

---

10 Idem.
11 Edição apresentada, estabelecida e comentada por Bertrand Marchal. Carta de 14 de maio de 1867, em *Oeuvres Complètes*, p. 714.

156 OS PROCESSOS DE CRIAÇÃO NA ESCRITURA, NA ARTE E NA PSICANÁLISE

Não seria este um modo de situar a arte na sociedade? A arte permite reavaliar a realidade passada ou presente porque, instintivamente ou "sem querer", como nota o narrador, comparamos nossa vida passada ou presente com ela. Lendo um romance ou uma poesia, escutando música, assistindo a uma peça de teatro ou a uma novela na televisão, admirando uma escultura ou um quadro, ou deixando-nos embalar pela atmosfera de um filme, uma catedral ou um contexto mais amplo como uma cidade ou um vilarejo, mudamos muitas vezes e inconscientemente nossas representações, imitamos uma personagem, adotamos determinada expressão, sensibilizamo-nos com certa melodia, o grau de luminosidade de um quadro, a força de um gesto ou a atmosfera de uma paisagem.

"Segundo Platão: só a imitação pode penetrar na fortaleza de um caráter; é com nossa alma, do mais fundo de nós, que imitamos continuamente o que vemos e ouvimos, as formas, os sons que habitam nossa memória e nossa imaginação"[12].

Em outras palavras, inserimo-nos no simbólico da cultura e crescemos em nosso acesso ao ser, para empregar a expressão heideggeriana, isto é, nos descobrimos mais ricos nos apropriando ou, melhor, integrando esse simbólico. Através da impressão e da sensação, toda arte, seja ela qual for, marca um avanço dos homens de qualquer origem social na cultura. Subsistirá ainda alguma distinção entre a cultura popular, a cultura erudita e a cultura folclórica, entre uma cultura nacional ou outra? A cultura, qualquer que seja, transporta os homens para além de si mesmos ou do que creem ser. Em outras palavras, "continuamos sendo alguém, um animal humano como os outros, que, no entanto, viu-se *pego* e *deslocado* pelo processo factual de uma verdade"[13] através da arte.

Tocamos aqui um ponto crucial das relações entre a psicanálise e as artes. A psicanálise não tenta mais confirmar seus achados na literatura, nem desvelar o inconsciente do escritor, como Freud interpretando a *Gradiva* ou o quadro *A Virgem e o Menino Jesus com Sant'Ana*, de Leonardo da Vinci. São coisas do passado. As artes participam do vasto movimento que tira os homens de sua condição finita e lhes proporciona viver

12 W. Pater, *Essai sur l'art et la Renaissance*, p. 160. Ver Platão, *República*, livros III e x.
13 A. Badiou, *L'Éthique*, p. 117.

em uma dimensão maior. A psicanálise colabora com este movimento, desfazendo o estabelecido e os preconceitos, demolindo as barreiras entre os seres, exigindo uma narrativa do analisando que permite reconstituir uma história singular que o distingue dos demais.

O procedimento do herói proustiano é parecido, já que inclui Albertine em um romance, em uma melodia ou em um quadro. O deslocamento da realidade empírica –Albertine –, para sua inclusão em uma estrutura narrativa, melódica ou das cores, é o mesmo movimento que faz o analisando ao deslocar alguns fatos de sua vida para uma narrativa. A estrutura da língua, da melodia ou de cores tem a vantagem de ex-sistir e de estar fora do homem.

O que chamei de "campo do gozo estético" é semelhante à zona de trabalho da psicanálise que ocupa o lugar central da cena analítica, a transferência[14]. O espaço de trabalho de uma análise não é o gabinete do psicanalista, mas a transferência criada entre o analisando e seu analista, que inventa um laboratório no qual, nas palavras de Freud, "conseguimos substituir a neurose ordinária (do analisando) por uma neurose de transferência que o trabalho terapêutico vai sanar"[15].

A página branca ou a tela do computador, suporte do campo de gozo do escritor, não registra uma neurose necessariamente, mas uma ideia ou um plano inicial que vai se transformar nas versões sucessivas até o texto publicado, movido pela inspiração definida como "o fato de o autor ser trabalhado pela atividade de criação"[16].

Nestes dois espaços, entram elementos muitas vezes sem nexo evidente, mas que, aos poucos, se articulam, voltam e agem no escritor ou no analisando que se tornam efeitos de seu discurso. A distribuição das características entre uma personagem e outra planejada de certa maneira em uma versão é redistribuída na versão seguinte em Flaubert e Proust. De três romances programados, Proust teve que interromper a publicação devido à

---

14 I. Stengers, *La Volonté de faire science. À propos de la psychanalyse*, p. 43.
15 Remémoration, répétition, perlaboration. *La Technique psychanalytique*, p. 113-114.
16 M.-H.Paret Passos, *Crítica Genética e Tradução Literária: O Caminho da Recriação e da Reescritura* (dissertação).

158 OS PROCESSOS DE CRIAÇÃO NA ESCRITURA, NA ARTE E NA PSICANÁLISE

Primeira Grande Guerra, e escreveu mais quatro volumes que o forçaram a reestruturar o que fora previsto inicialmente.

Continuando a comparação entre o processo psicanalítico e a escritura, sabemos que o analisando confia totalmente no analista, supondo-lhe um saber que ele não tem. É o famoso s-s-s, o sujeito-suposto-saber, que implica uma entrega ao processo analítico e faz funcionar a transferência. Da mesma forma, o escritor confia na escritura e acredita que rascunhando, preenchendo a folha de papel em branco, as ideias, o enredo, as personagens virão se alinhar para constituir a narrativa. O escritor percorre a escritura com a mesma fé com que o analisando explora seu discurso pontuado pelo psicanalista. A última versão da obra é, portanto, comparável ao fim do processo psicanalítico. A obra ocupa a posição do fim da análise, já que a obra por vir e desconhecida no início, advém ao longo da escritura como o fim da análise desabrocha ao longo do discurso do analisando.

No entanto, a comparação vai mais longe. O escritor rasura bastante antes de entregar seu texto ao editor. Flaubert deixou 4500 fólios rasurados para *Madame Bovary*, que contém apenas 470 fólios na última versão. O que seria a rasura no gabinete do analista? São as pontuações do analista que obrigam o analisando a bifurcar, se deixar levar por outras palavras ou expressões, por outros rumos para contar sua história e se dizer de outro modo.

O alvo da análise é parecido com o da escritura, embora seja distinto. A análise visa o "des-ser" ou o revisão de todas as identificações do sujeito para chegar ao traço unário ou à letra[17], espécie de início de contagem a partir do qual se constituiu o sujeito, é o *Dasein* heideggeriano (*tu es cela!*), no qual o analisando se reconhece[18].

A arte não chega ao "des-ser" necessariamente e não tem essa finalidade. No entanto, ela também descobre outro sujeito no fim do processo, a saber, uma instância diferente de

---

17 "Aquilo que faz furo na consistência imaginária". A. V. de Azevedo, Ruídos da Imagem, *Sobre Arte e Psicanálise*, p. 23.
18 "Acredita agir quando te agito ao sabor dos laços com que ato teus desejos [...] que a resposta do significante àquilo que o interroga é: 'De fato, é teu *Dasein*'", J. Lacan, *Escritos*, p. 45.

O TECER DA ARTE COM A PSICANÁLISE

quem começou a escrever, uma instância que passou de rascunho em rascunho até a entrega ao editor. É a instância do autor, da qual falei na primeira parte. Neste sentido, a escritura fez um furo no imaginário do escritor. Ele imaginava ser apenas tal pessoa e conseguiu através da escritura derrubar a imagem que tinha de si.

Assimilar o analisando ao escritor não seria confundir as duas posturas? Sim e não. Tanto um quanto o outro se submetem à linguagem e se dizem entre as palavras pelo meio-dizer. Mas enquanto o escritor tem em geral um plano e constrói sua narrativa – Proust comparava sua obra a uma catedral a ser construída, lembremos –, o analisando se deixa levar pelas associações que, embora ditas livres, seguem sem saber um simbólico inconsciente. Entretanto, essa divisão entre consciente e inconsciente, saber e ignorância, é muito frágil, já que uma organização claramente voluntária pode esconder uma dimensão inconsciente. Por outro lado, há momentos em que o escritor, por mais planejador que seja, se deixa levar pela escritura e pelas associações. Nem tudo é controlável. O próprio Zola, que seguia rigorosamente seus esboços, é surpreendido em certos momentos pela palavra inscrita que o obriga a rasurar e a desviar-se do plano inicial. Veremos também as ponderações de Proust sobre a circunstância mais à frente neste trabalho.

Reparamos, no entanto, que ambos, o analisando e o artista, podem ir além e comungar em uma outra procura. Voltando ao ponto K pessaniano ou ao traço unário freudiano, para o primeiro, ou ao trabalho do significante para o segundo, os dois poderiam mergulhar em uma terceira dimensão que recorta uma quarta. Eu me refiro ao *jadis* ou ao "outrora" de Pascal Quignard. Freud sublinhara que somos fruto de quatro gerações[19], Quignard amplia a ascendência e acentua a importância de toda a biosfera, da qual o homem é fruto, desde o reino animal, os pássaros, os camarões, até os macacos, passando pelos tigres que sonham mais do que o homem etc. O homem acumula paixões, gostos e hábitos daqueles que o antecederam nos milhares de anos da História, os quais são guardados na memória através da linguagem, de gestos ou

19 L´analyse avec fin et l´analyse sans fin (1937), *Résultats, idées, problèmes*, t. 2, p. 231.

160 OS PROCESSOS DE CRIAÇÃO NA ESCRITURA, NA ARTE E NA PSICANÁLISE

palavras[20], e prontos para ressurgir na ocasião da montagem de uma obra de arte ou no decorrer de uma análise[21].

Reencontramos o episódio do herói proustiano. Recolocando sua amante em um livro, em um quadro ou em uma melodia, a obra vive de novo e reanima o desejo: "sentia afetos ardentes" – é a função do cotidiano –, e em segundo lugar, Albertine é transportada para um mundo no qual ela "escapa [...] à esmagadora pressão da matéria para espairecer nos fluidos espaços do pensamento". Bicéfala, a amante, antes "enfadonha", faz-se desejar novamente, mas também circula na mente do herói desprovida do corpo, como se fosse apenas um espírito, uma ideia ou uma essência que se enquadra na "obra de Elstir ou de Bergotte". Isto é, a amante entra na mente do herói porque se tornou personagem ou ficção de uma obra ligada a um simbólico que evidentemente a ultrapassa. A linguagem da arte – a escritura, a pintura ou a música – escreve o herói. Ele se diz ou se descobre outro sujeito percorrendo essas linguagens que o relacionam com a História e a filosofia dessas artes e adquire assim uma dimensão universal.

Entretanto, esta terceira dimensão recorta uma quarta, entrevista na leitura da análise do *Moisés* de Michelangelo por Freud:

> Michelangelo capta o momento que sucede imediatamente a abertura de Moisés a algo profundamente ancorado nele mesmo e deixa languescer o espectador, que aspira também ao gozo entrevisto. A obra de arte é vivida como uma amostra do encontro com a Coisa (*Das Ding*), esse objeto primordial do desejo que só deixou saudades e cujo lugar é habitualmente ocupado pela mãe. É um deslocamento típico, ou um encontro malogrado, que força Freud, cativado, a retornar todos os dias para "suportar o irado desprezo do olhar do herói"[22], como se quisesse enfrentar o real, sentir seus efeitos, mesmo que, eventualmente, sendo a tensão demasiadamente forte, tivesse de abrigar-se na igreja ao lado[23].

20 P. Quignard, *Abîmes*, p. 188 e s.
21 "[...]os sistemas de indução da cabeça e portanto os do tronco são distintos nos vertebrados, mas também nos artrópodes, e portanto a cabeça – cérebro incluído – existia no antepassado que dividimos com os artrópodes e muito provavelmente no ancestral deste ancestral". A. Prochiantz, op. cit., p. 59.
22 S. Freud, *O Moisés de Michelangelo, Obras Completas de Freud*, v. XIII, Edição Standard Brasileira (1914), p. 255.
23 P. Willemart, *Além da Psicanálise: A Literatura e as Artes*, p. 34.

O TECER DA ARTE COM A PSICANÁLISE

Marília Panitz, analisando obra de Andréa Campos de Sá e Walter Menon, salienta no mesmo sentido que "trata-se [...] de fendas pelas quais se vislumbra o que não é passível de simbolização"[24], isto é, o real lacaniano.

Se a escuta psicanalítica tem como função a reconstituição lógica da história do analisando sobre três ou quatro gerações e a tentativa de nomear o real subentendido[25], o escritor, por meio da escritura, elabora uma ficção, uma poesia ou um drama submetendo-se à linguagem e tentando, muitas vezes sem saber, captar também um pedaço de real, não necessariamente em sua história, mas na sociedade em que vive.

Vejo, assim, as relações entre a literatura e a psicanálise como uma trama na qual os fios dos dois campos e seus conceitos se misturam para detectar o que há de comum e ver os avanços de um e de outro. Não se trata de descrever a obra de arte para aí encontrar os mecanismos detectados por Freud e seus discípulos, nem de aplicar os conceitos psicanalíticos à obra. Trabalhar hoje as relações entre literatura e psicanálise exige do crítico não só um conhecimento dos dois saberes, mas a flexibilidade suficiente para ao mesmo tempo não confundir os objetivos dos dois campos e estabelecer as relações não a partir da psicanálise nem da literatura, mas da procura de uma compreensão maior do ser humano. É o que sustenta Pontalis, em *Fenêtres*, "ter permitido à análise e à literatura reunir-se. É quase um novo gênero. Nem psicanálise, nem literatura, nem ensaio, nem ficção. A análise não é o objeto, mas a fonte. *Fenêtres* significa 'vamos respirar, saiamos do harém, do bairro, da corporação'"[26].

Ainda resta uma pergunta. Escrever, pintar, esculpir ou inventar uma melodia substitui uma análise? A resposta é ampla, mas para ser breve, eu diria que enquanto a análise abre o analisando para seu mundo desconhecido, a prática da arte abre o artista para o novo no mundo, incluindo ou não sua trajetória pessoal. A arte não substitui a análise, nem a análise

---

24 O que os Olhos Não Veem..., *Sobre Arte e Psicanálise*, p. 98.
25 P. Garnier, *Psychanalyse et anarchie: à propos de l'ordre moral*, disponível na Internet em: <http://1libertaire.free.fr/Garnier21.html>.
26 Disponível na Internet em: <http://www.lire.fr/entretien.asp?idC=38990&idR=201&idTC=4&idG= >.

162 OS PROCESSOS DE CRIAÇÃO NA ESCRITURA, NA ARTE E NA PSICANÁLISE

substitui a arte, mas ambos os processos, usando uma linguagem determinada, trabalham o real, mais ou menos centrados no sujeito, através do imaginário, para tentar arrancar um pedaço desse real e simbolizá-lo, até "que não consista em deixar o obra semelhante ao sujeito, mas o sujeito semelhante a ela"[27]. É do que trata o próximo capítulo.

27 T. Adorno, *Äesthetische Theorie*, p. 33, citado por V. Safatle, *A Paixão do Negativo*, p. 287.

2. A Arte Dispensa a Análise ou a Análise Favorece a Arte?

ESCREVER, PINTAR, ESCULPIR OU INVENTAR
UMA OBRA SUBSTITUI UMA ANÁLISE?

A resposta é ampla, mas para ser breve, direi que enquanto a análise abre o analisando para seu mundo desconhecido, a prática da arte abre o artista para o novo no mundo, incluindo ou não sua trajetória pessoal.

A arte não substitui a análise, nem a análise a arte, mas ambas usam uma linguagem específica, centrada no sujeito através do imaginário, para tentar arrancar um pedaço do real e simbolizá-lo[1].

Assim, a obra "não consiste em deixar a obra semelhante ao sujeito, mas o sujeito semelhante a ela"[2]. É o que pensa o público que identifica Guimarães Rosa ou Mário de Andrade à sua obra e raramente ao brasileiro de Cordisburgo ou de São Paulo, mas que, por outro lado, e após ter lido a obra, está muitíssimo interessado na biografia do escritor, como se a vida decorresse da obra.

---

1 Lacan distingue o sujeito analisado do sujeito submetido às pulsões em *Le Séminaire, Livre XIV, La Logique du fantasme*, p. 106-107, mas não refere o artista.
2 T. Adorno apud V. Safatle, *A Paixão do Negativo*.

DEITAR E ASSOCIAR NO DIVÃ FACILITAM A ARTE?

Vejo a arte e a escritura *não* como uma prorrogação possível da análise, *nem* como um meio para substituir a análise dita interminável, ou um meio de ficar com o analista toda a vida, mas como uma das aberturas possíveis do ser falante no final do processo analítico. Uns escrevem, outros pintam ou criam melodias. Bertha Pappenheim, a Anna O. de Breuer e de Freud, por exemplo, se tornando militante feminista, fundou a Liga das Mulheres Judias e lutou contra a prostituição. Poderia citar muitos exemplos de final feliz da análise.

Enfim, a análise permite ao analisando deixar correr seu desejo de viver ou de gozar, enfrentar a castração repressora da sociedade e conquistar sua liberdade.

SE TODO ARTISTA PODE SER PSICÓTICO, PERVERSO OU NEURÓTICO, O QUE O DISTINGUE DO NÃO ARTISTA?

O primeiro enfrenta o real, enquanto o segundo sofre ou padece do real. Um exemplo em uma dissertação que examinei e um outro em Lacan ilustram minha proposta.

Uma terapeuta, Cristiane Myriam Drummond de Brito, analisa os escritos de um psicótico, Joaquim Aguiar, que escreve sob a inspiração direta de Deus. Ela constatou a repetição do conteúdo em versões aparentemente diferentes. Nas entrevistas, ela lhe mostrou que podia melhorar seus textos. Surpreendentemente, Joaquim acatou a sugestão, escreveu várias versões e publicou seu texto[3].

O que aconteceu?

Cristiane de Brito sugeriu simplesmente uma instância a mais, que não existia entre o escritor e seu inspirador, a instância do primeiro leitor, a que relê, rasura, retoma e acrescenta.

Após várias conversas, Joaquim produziu uma obra não repetitiva, não porque encontrou na entrevistadora um *scriptor*,

---

3 C. M. D. de Brito. *Uma Escritura em Processo: Joaquim Aguiar*, p. 102 (dissertação de mestrado).

o instrumento da escritura, nem um *narrador*, aquela voz que conduz a narrativa, nem um *autor*, aquele que conclui e não volta mais para trás, mas esta instância que manda o escritor reler sua página e reunir os trechos em uma certa lógica, a de *primeiro leitor*!

Insatisfeito com a escrita, o primeiro leitor retoma a função de *scriptor* com coragem e re-escreve. A nova instância aliviou Joaquim do peso do real, representado pela figura de Deus, e lhe permitiu enfrentá-lo.

O que move o primeiro, o segundo ou o terceiro leitor? O desejo de responder a uma demanda que pode ser formulada por vários interlocutores e à qual o escritor-leitor tenta e quer adequar-se. Podem ser representantes de uma concepção estética, de exigências da sociedade, de um código de escritura, de um movimento literário; pode ser um requisito do agente literário ou do *marchand*.

Com Joaquim, foi uma preocupação da terapeuta descontente com o que havia visto nos escritos de Joaquim e que queria mais. Operando na transferência, Cristiane se colocou na rota do desejo de Joaquim, ocupou o lugar do grande Outro e enxertou nele a instância faltante.

Ela conseguiu em primeiro lugar descolar Joaquim de sua escritura ou de sua primeira campanha de redação, que ele considerava definitiva, separou o pequeno "a" do grande A que está sempre por trás, mas que nele estava aglutinado ou indiferenciado por força da disposição psíquica ou pela psicose. Nessa etapa, Joaquim deixou de ser psicógrafo ou transmissor da vontade de outro – Deus, deus ou uma entidade supranatural –, distanciou-se de Schreber ou de outros iluminados e não ficou mais inspirado por uma musa, como pretendiam os românticos.

Em seguida ou simultaneamente, a terapeuta introduziu a dimensão do tempo no trabalho artístico dele, insistiu no processo da escritura ou na necessidade do trabalho na confecção de uma obra de arte e permitiu um jogo muito mais ágil e prolongado entre as quatro instâncias citadas acima; os mecanismos da escritura podiam rodar. Cravando a instância de primeiro leitor ou a dimensão temporal que se opõe à dimensão divina, ela tornou o trabalho dele im-perfeito ou perfectível, o que é a marca do homem.

166 OS PROCESSOS DE CRIAÇÃO NA ESCRITURA, NA ARTE E NA PSICANÁLISE

Ou ainda, aceitando que escrever supõe uma ação se desenvolvendo ou se fazendo, o que os linguistas chamam "aspecto do verbo", Joaquim passou de uma identificação com uma divindade para uma identificação com o homem, assumindo a autoria de seus trabalhos ou "a responsabilidade de seu próprio fazer". Agente consciente desse movimento, Cristiane ativou a dimensão inconsciente desse desejo de resposta às exigências do grande Outro.

O sujeito do inconsciente que liga o texto inscrito na mente é "teleguiado pelo desejo, não *do* grande Outro, mas *para o* grande Outro, como se buscasse um rumo, uma resposta, uma barreira à morte"[4]. É mais um ingrediente importante e coerente com a dimensão temporal: a obra de arte, ao mesmo tempo em que precisa da finitude decorrente da flecha do tempo, se quer obstáculo à morte, ou melhor, véu impedindo sua visão. Introduzindo o *processo* no trabalho de Joaquim Aguiar, a terapeuta inseriu quase automaticamente a morte e a finitude, "desdivinizou" ou laicizou sua postura.

Graças ao trabalho da terapeuta, entendi que conceitos inventados para interpretar e entender o movimento da escritura nos manuscritos – os conceitos de *scriptor*, narrador, autor, *primeiro leitor* – devem ser considerados como verdadeiros instrumentos ou ferramentas. Inseridos em um outro campo do saber, a terapia, eles ajudam a compreender um pouco mais não só o tratamento de pessoas como Joaquim, mas o modo como funciona uma mente. O que ajudou a terapeuta no papel de primeira leitora foi sua capacidade de analisar os escritos de Joaquim e, constatando a recorrência de temas, reunir as diferentes formas discursivas e considerá-las como palimpsesto, "cada texto agindo como uma rasura sobre o outro".

Sem dúvida, é a primeira etapa necessária na análise dos textos escritos sob a loucura. No entanto, não podemos generalizar e aplicar o mesmo procedimento para os escritores neuróticos. Ver toda a obra como expressão de um mesmo fenômeno não deixará ver a riqueza inerente a cada conto, romance ou peça de teatro. Seria imitar a psicocrítica à la Charles

4 P. Willemart, *Além da Psicanálise: A Literatura e as Artes*, p. 112, 143-145.

Mauron, já criticada por Valéry, ou a psicobiografia à la Dominique Fernandez, pior ainda.

Em outras palavras, mesmo se a terapeuta introduziu nos escritos de Joaquim a noção de tempo e a do primeiro leitor, ela deverá em uma segunda etapa insistir na dimensão temporal de cada escrito, o que implica uma inserção em um mundo concreto. Talvez toquemos aqui a diferença entre o neurótico e o psicótico vivendo em mundos distintos.

No segundo exemplo, lembrarei os primeiros escritos do jovem psiquiatra Lacan, publicados na revista surrealista *Le Minotaure* em junho de 1933, nos quais já vinha refletindo sobre a criação artística. Esses artigos foram anexados depois à publicação de sua tese de doutoramento.

Em "O Problema do Estilo e a Concepção Psiquiátrica das Formas Paranoicas da Experiência", Lacan sustenta que, no *artista paranoico*, "o valor de realidade não é de jeito nenhum diminuído pela gênese que os exclui da comunidade mental da razão". Ele cita o exemplo de Rousseau, diagnosticado "como paranoico típico, mas que deve a sua experiência propriamente mórbida à fascinação que exerceu sobre seu século, por meio de sua pessoa e de seu estilo".

Com efeito, as teses de Rousseau tiveram uma enorme repercussão sobre a reformulação da sociedade civil na Revolução Francesa e na Europa, sobre a sensibilidade romântica e sobre a pedagogia, com o *Contrato Social*, o *Discurso sobre as Desigualdades*, o *Emílio*, a *Nova Heloísa* e outros escritos.

Lacan conclui: "Podemos conceber a experiência vivida paranoica e a concepção do mundo que ela gera, como uma sintaxe original, que contribui para afirmar, pelos laços de compreensão que lhe são próprios, a comunidade humana. O conhecimento dessa sintaxe nos parece uma introdução indispensável à compreensão dos valores simbólicos da arte, e especialmente aos problemas do estilo"[5].

Quer dizer que nem a psicose, nem a neurose, nem a perversão são indispensáveis ao artista, mas se esses aspectos da

---

5 Premiers écrits sur la paranoïa, *De la Psychose paranoïaque dans ses rapports avec la Personnalité*, p. 387-388.

168 OS PROCESSOS DE CRIAÇÃO NA ESCRITURA, NA ARTE E NA PSICANÁLISE

psique se manifestam no ser humano com sensibilidade artística, não impedem a arte de surgir.

Em outras palavras, o verdadeiro artista, mesmo psicótico, consegue se fazer instrumento do desejo do Outro[6]. "Ser louco não é, portanto, um privilégio"[7]. O talento artístico não dependerá das categorias psicanalíticas que favoreceriam ou eliminariam o talento. O importante é ser artista, qualquer que seja a estrutura psíquica na qual o sujeito se encaixa no momento. Ser artista é ser suficientemente sensível ao real, ou melhor, padecer suficientemente do real para, como reação, imaginarizar o simbólico vigente e reconstituí-lo com o pedaço de real (*"le bout de Réel"*), arrancado do real.

QUEM NÃO FEZ ANÁLISE TEM MAIS DIFICULDADE DE ESCREVER, PROSSEGUIR NA VIDA ARTÍSTICA OU CRIAR SEUS ESPAÇOS?

Antes de Freud, evidentemente, ninguém fez análise e, no entanto, quantos artistas! Havia, sem nenhuma dúvida, outros meios de viver com seu inconsciente, conforme mostra Michel Foucault em *Histoire de la sexualité*. Também não foi preciso esperar Joyce dizer "escrever sobre o escrever é o futuro do escrever"[8].

Arthur Rimbaud escrevia a seu professor Izambar, em 13 de maio de 1871, e em seguida a seu amigo Demeny, em 15 de maio do mesmo ano, sua famosa frase "Je est un Autre", frase bastante comentada por psicanalistas porque anunciava a *Spaltung** de Freud e o grande Outro de Lacan. Com o poema "Vogais": A preto, E branco, I vermelho, U verde, O azul[9], poema que teve uma profunda influência não só na escritura surrealista, mas também na escultura e na pintura, Rimbaud valorizou a materialidade da letra em si e, no final de sua vida literária, compunha *Iluminações*, poesias em prosa nas quais, ainda respeitando

---

6 P. Willemart, *Além da Psicanálise: A Literatura e as Artes*, p. 114
7 J. Lacan, *O Seminário: Livro 23. O Sinthoma*, p. 85.
8 S. A. Chagas de Laia, *Os Escritos Fora de Si: Joyce, Lacan e a Loucura*, p. 61 (tese).
* Clivagem, cisão (N. da E.).
9 A. Rimbaud, *Oeuvres complètes*, "A noir, E blanc, I rouge, U vert, O bleu: voyelles, / Je dirai quelque jour vos naissances latentes".

a sintaxe que será o último baluarte de Mallarmé, ele desregula o sentido, associando adjetivos e substantivos sem nexo aparente.

Na mesma época, Isidore Ducasse, conhecido por Lautréamont, dissolve os conceitos de inconsciente e de história na escritura[10]. No final do século xix, Mallarmé insiste no significante e separa a representação da palavra com a última frase do "Lance de Dados": "Todo pensamento emite um lance de dados".

Em *Esperando Godot*, de Samuel Beckett, Lucky tem um discurso totalmente sem pé nem cabeça mostrando a desarticulação geral da lógica e da linguagem:

> Dada a existência tal como se depreende dos recentes trabalhos públicos de Poiçon e Wattmann de um Deus pessoal quaquaquaqua de barba branca quaqua fora do tempo e do espaço que do alto de sua divina apatia sua divina athambia espera sua divina afasia nos ama a todos com algumas poucas exceções não se sabe por quê mas o tempo dirá e sofre a exemplo da divina Miranda com aqueles que estão não se saber por quê, mas o tempo dirá...[11]

Remontando nos séculos, encontramos Rabelais que, em 1532, transforma seu narrador em personagem. Querendo abrigar-se da chuva, ele sobe na língua de seu herói, o gigante Pantagruel, e percorrendo léguas na língua dele, descobre as línguas do Renascimento; o narrador se curvando sobre sua escrita elaborava assim a metáfora por excelência do "escrever sobre escrever". Explorando seu próprio discurso, o narrador Alcofribas Nasier descreve um novo mundo através das múltiplas línguas usadas por suas personagens.

10　P. Sollers, *Logiques*, p. 257 e "Ele precisa trabalhar a partir da descoberta, feita por Rimbaud e Lautréamont, da necessidade de uma nova retórica. [...] (*My Creativ Method*). Esta 'nova retórica' (que evoca muitas vezes a tentativa de Joyce) permite o surgimento de categorias deslocadas : a 'réson', mais credível do que a razão (as palavras primeiro, as ideias em seguida), e o 'objeu' (o homem cheio de imagens e de objetos começa a brincar, como que automaticamente, com eles). Proust: o imperfeito de Flaubert renova mais nossa visão do mundo do que Kant, [...] Ponge [...] não hesitou em confessar suas divagações, seus delírios, seus embaraços. É o único poeta a ter desmistificado a inspiração, ousado mostrar seus rascunhos". P. Sollers, na homenagem a Francis Ponge, no 20º aniversário de sua morte, 6 ago. 2008. Disponível na Internet em: <http://www.pileface.com/sollers/article.php3?id_article=432>.

11　*Esperando Godot*, p. 85.

170 OS PROCESSOS DE CRIAÇÃO NA ESCRITURA, NA ARTE E NA PSICANÁLISE

"A obra que se trama em torno de um furo que lhe é central e exterior"[12] não data, portanto, dos irmãos Campos nem de Mallarmé. Quando Rabelais escreve: "articulant, monorticulant, torticulant, culletant, couilletant et diabliculant, c'est-à-dire callumniant"[13] ou, "toute chose clochable qui cloche dans un clocher, clochant par le clochatif, fait clocher clochablement les clochants"[14], ele já inaugurou "o texto que se esgarça, se consome, se embaralha [...] invadido pela dimensão do gozo"[15].

Joyce, Beckett, Rimbaud, Mallarmé e Rabelais compartilham a mesma loucura entendida como o desmembramento da língua e não como a estrutura psíquica deles ou suas condições iniciais.

Lacan afirma peremptoriamente: "*Ulysses* testemunha que Joyce permanece enraizado em seu pai, ainda que o renegando. É efetivamente isso que é seu sintoma"[16]. Lendo *Ulysses* como testemunha da vida psíquica de Joyce, Lacan destaca traços biográficos que existem certamente, mas isto não nos permite analisar a obra a partir dessa constatação. A escritura joyciana cobre um espaço muito maior do que a vida do escritor Joyce. O eu que escreve não é o escritor, mas a linguagem que cessa de não se escrever, deixando passar o real sofrido por todos para o simbólico e não apenas o real mais próximo do poeta.

Joyce escutou e se inseriu no simbólico vigente quando estava em Paris, de 1920 a 1939. São os anos do movimento surrealista que supervalorizou Rimbaud e Lautréamont, tradição literária que foi continuada por seu amigo e secretário Beckett e outros como Ionesco. No seu seminário sobre Joyce, Lacan ignorou o contexto do qual ele, no entanto, participou com seus artigos em revistas surrealistas em 1933, como assinalei acima. Da mesma forma, desconheceu o contexto de Poe quando analisou a *Carta Roubada*, o que foi censurado por Jacques Derrida em *La Carte postale*.

---

12 Chagas Laia, op. cit., p. 62.
13 *Pantagruel, Oeuvres Complètes*, cap. XXXIV, p. 313.
14 "Omnis clocha clochabilis, in clocherio clochando, clochans clochativo clochare facit clochabiliter clochantes.Parisius habet clochas. Ergo gluc", em F. Rabelais, *Gargantua, Oeuvres Complètes*, p. 58.
15 Chagas Laia, op. cit., p. 105.
16 *O Seminário: Livro 23, O Sinthoma*, p. 68.

A comparação entre o monólogo de Lucky, de *Esperando Godot* de Beckett, citado acima, e o texto que segue permite aprofundar a distinção entre o artista e o psicótico. Este monólogo foi escrito por uma professora de escola primária, Marcelle C., de 34 anos, internada desde um ano antes da segunda guerra mundial numa clínica psiquiátrica e classificada como "paranoica apresentando elementos delirantes do tipo paranoide (esquizografia)":

Joyce não fez análise, que eu saiba, e convivendo com seu sintoma, conseguiu publicar uma obra reconhecidamente de valor, pouco importa que seja louco ou não.

Saúde mestre minha p alma seus jarretes e minha desenvoltura as suas orelhas mais altas Bastille Marcela dita de outra maneira Charlotte a Santa, mas sem mais marmelada eu o faço a mias alto filho da galinha pondo ovos e de seus rebanhos de amigos verdes para me raptar o fruto de sentinela e nada perverso. Sou o bonito satisfazemos de humor de sem pinela e do Abutre, o pelotão de ensaio e da suja prejudicar para distinguir se a todo desconto dos outros que querem ultrapassar você porque melhor para fugir do que ficar.

Minhas homenagens voluntárias ao senhor Sua Majestade o Príncipe da Ironia francesa e se você quiser tomar um pouco de corte, faz o sucesso de acordo de Madelaine e sem erro se faz do artesão para colocar você fora de moda, portefaix. Minha liberdade, eu suplico sua honesta pessoa valerá mais do que o a tabela do duce melhor empobrecido por guarda-chuva de guarda-costas. Eu vos honras, Senhor Ventre verde. Para você meus sabores de petulância e de primor para honra você e vos agradar. Dona de mercearia do Bom Deus para regar coce de vergonha ou vos assombrar de sucesso soído e equilibrado. Pântano alto de peixes de água doce. Bedouce[17].

Colocado em paralelo, os dois textos são parecidos e pecam pelas mesmas perturbações, segundo os critérios da psiquiatria da época: perturbações verbais ou formais da palavra falada ou escrita; perturbações nominais ou do sentido das palavras usadas, isto é, da nomenclatura; perturbações gramaticais da construção sintática; perturbações semânticas ou da organização geral do sentido da frase[18].

---

17 J. Levy-Valensi, Pierre Migault e J. Lacan, *Annales Médico-Psychologiques*, *1931*. Republicado em J. Lacan, *Travaux et interventions*.
18 H. Head, Aphasia and Kindred Disorders of Speech.

172 OS PROCESSOS DE CRIAÇÃO NA ESCRITURA, NA ARTE E NA PSICANÁLISE

O que separa os dois textos é o contexto e a maneira de escrever. O primeiro é construído para uma peça de teatro e colocado na boca de uma personagem por um autor reconhecido, o que supõe o percurso das quatro instâncias: escritor, narrador, *scriptor*, primeiro leitor, autor, sem contar as intervenções dos terceiros no decorrer dos ensaios da primeira encenação.

O segundo escrito foi escrito

sem rasura. O ato de escrever [...] se cumpre sem parar, sem pressa [...] A paciente afirma que o que ela expressa lhe é imposto, não de uma forma irresistível nem mesmo rigorosa, mas de maneira já formulada. É, no sentido forte da palavra, uma inspiração [que] surge sempre quando a paciente está sozinha,

relatava o médico. Interrogada, Marcelle é convencida do valor de seus escritos, embora não entenda o sentido, o que ela justifica por não serem dela, mas de seu inspirador. Ela afirma, no entanto, que ela faz evoluir a língua: "precisa sacudir as velhas formas".

Como Joaquim, o paciente de Cristiane Brito, Marcelle escreve diretamente sob o ditado de Deus. Não há releitura, nem rasura, nem primeiro leitor, nem distinção entre escritor e autor. Marcelle ou sua mão é simplesmente um canal de transmissão ou um instrumento a serviço de seu delírio. É a resposta da crítica genética.

A psicanálise retomando Benveniste tem outra hipótese que corrobora a primeira. Liliane Fainsilber, psicanalista da lista Lutecium, comentando o caso de Marcelle, escrevia que a "verdadeira fonte de inspiração poética [a comparação foi com Joyce] é a língua, que é fruto de uma enunciação, enquanto justamente a fonte de inspiração de Marcelle decorre de enunciados de sua língua materna, que fala sozinha por sua boca".

Não há intervenção do sujeito na escritura da psicótica. O contato direto com o real da língua dispensa a intervenção de quem escreve. Joyce, como Ionesco, são falados pela linguagem, como todos nós, mas conseguiram destacar-se dela e criar uma nova língua voltando como todo poeta à língua.

COMO O ARTISTA LIDA COM O IMPOSSÍVEL?

Em outra tese que também examinei, Sylvia Ribeiro Fernandes analisou as obras de dois artistas: Norma Grinberg e Sergio Fingerman. Tentando entender os processos de criação de ambos, ela escreve: "Assim, diante do impossível da forma, o artista cria estratégias possíveis para conseguir o efeito que deseja. Note-se que não se trata de transformar a impossibilidade em possibilidade [...] O resultado não mascara o impossível, mostra-o na forma possível" ou: "A necessidade de criação surge, precisamente, como uma tentativa de dar conta desses impossíveis"[19].

Podemos identificar o impossível ao real de Lacan? A arte consistiria neste caso em deixar de circular ao redor da falha do inconsciente, para construir o objeto e inseri-lo no simbólico das cores ou das letras e apresentá-lo à sociedade. Em outras palavras, o impossível é o potencial ou o campo das inscrições das impossibilidades a partir do qual o artista escreve, entalha ou estrutura seu objeto. "O impossível nomeia esta série de experiências que opõem resistências insuperáveis aos processos de simbolização reflexiva e que não podem encontrar lugar no interior do Universo Simbólico que estrutura a vida social [...] é o que não cessa de não se escrever"[20]. Mas "a passagem ou o entendimento do que se passa, escapa ao artista, que registra apenas o efeito"[21].

Enquanto Peirce distingue somente dois campos, o campo do puro zero e o campo do elemento zero de repetição que ordena o tempo, Sylvia diferencia "um vazio que produz, um vazio que se busca (como ideal), um vazio que se mostra e que se encontra"[22].

O vazio como ideal não é um ideal ao qual aspire o artista, mas, parecido com esse puro zero de repetição do Peirce, é aquele pelo qual deve passar, continuamente, o artista trabalhando e que o distingue dos seres falantes.

---

19 S. R. Fernandes, *A Criação do Sujeito* (*Comunicação, Artista e Obra em Processo*), p. 97 e 100 (tese).
20 V. Safatle, *A Paixão do Negativo*, p. 280 e 281.
21 S. R. Fernandes, op. cit., p. 98.
22 Idem, p. 102.

174 OS PROCESSOS DE CRIAÇÃO NA ESCRITURA, NA ARTE E NA PSICANÁLISE

O vazio se assimila também ao conceito de inexistente de Frege, que exige a volta repetitiva na contagem dos números. Quer dizer: é um freio que obriga o artista a voltar-se para o essencial, que é sua proximidade com o inconsciente, para não perder-se demais no imaginário.

E quando Fingermann se pergunta "Como tornar o vazio uma possibilidade?", entendi: como voltar ao potencial ou ao campo das impossibilidades para "fazer da falta um vazio ocupável"?

Se "o vazio se impõe como necessário ao surgimento de novas formas", acentuo o significante "necessário" no sentido lacaniano, que define a necessidade não como se opondo à contingência, como querem as categorias de Aristóteles, mas como "não poder não fazer isto", que se opõe ao "poder não fazer isto"[23]. É *o impossível de não fazer* que se opõe *ao possível de não fazer*. Isto é, o possível é o contrário do necessário. É exatamente o sentido da frase de Sylvia: "O vazio se impõe como necessário ao surgimento de novas formas". É impossível para o artista não passar pelo vazio. Ele não pode não fazê-lo, enquanto outros, não artistas, podem não passar pelo vazio[24]. Ou ainda, o artista não escapa ao "não pode não fazer", é *o necessário*, enquanto os outros seres falantes "podem não fazer", é *o possível*.

Mas o artista não escapa ao "não poder não fazer" o quê? Não pode contrariar a pulsão de morte que resiste ao sentido e que insiste em não se inscrever"[25] ou que cessa de não se escrever, à procura do gozo. É uma dupla necessidade ou ainda uma necessidade ao quadrado que une, ou melhor, que aglutina, chumba, o artista à sua obra. Esta é mais uma diferença entre o artista e o não artista.

UM EXEMPLO

Uma forma de lidar com o impossível foi descrita e mostrada por Sergio Fingermann em *Elogio ao Silêncio e Alguns Escritos*

---

23 J. Lacan, *Le Séminaire, Livro XIX... ou pire*, p. 20.
24 Op. cit., p. 102-107.
25 Idem, p. 126.

sobre Pintura. "É no silêncio que se ouvem as vozes dos deuses? [...] A palavra é limite, é fronteira do silêncio, limite dos caos? [...] O silêncio é sentinela [...] Com o silêncio, aprendemos a ver no obscuro"[26].

O que o silêncio vigia? Como sentinela, o que ele deixa passar, qual é a senha? O artista entra neste mundo do silêncio emprestando seu pincel, sua pluma, seu martelo. Não é uma senha, mas uma ferramenta a serviço do silêncio que precisa dele para desenrolar-se no tempo, nos esboços, nos croquis ou nos manuscritos. Todas as palavras, expressões, cores e formas, sons e melodias estão lá, bastaria acariciá-los para atraí-los e fazer com que emerjam. A intensidade do afago mede o talento do artista. Ver o não visto visível, no entanto, ou a forma escondida embora presente, escutar a melodia subentendida, mas incluída, juntar palavras, sabidas de todos. A noite do silêncio não é opaca, mas definida; cabe ao artista distinguir sua qualidade. Transparente, a esfera do silêncio se faz leito para o artista que adota as formas deixando-se sensualmente acalentar e moldar; o não visto e o não ser entram no tempo do gerúndio, estendem-se no tempo do relógio e começam a existir. A obra está nascendo, mas as palavras ainda faltam[27].

Ser artista não depende da estrutura psíquica, mas praticar ou exercer o divã não incomoda o verdadeiro artista. Pelo contrário, liberado dos significantes carregados de significados, brincando com eles porque são vazios, ou pelo menos aliviando esses significantes de algum peso, o artista que fez análise tem mais chances de encontrar novos caminhos que o levem a uma criação original. Samuel Beckett em análise com Bion[28] e Georges Perec com Michel d'Uzan, Françoise Dolto e Pontalis, são exemplos de artistas brilhantes que percorreram trilhas inéditas no teatro e na literatura. Pelo contrário, Poe, Nerval, Van Gogh ou Artaud não aguentaram o real de suas vidas e se suicidaram de uma maneira ou de outra.

---

26 S. Fingermann, *Elogio ao Silêncio e Alguns Escritos sobre Pintura*, p. 9-11.

27 A análise da *madeleine* em *O Caminho de Swann* de Marcel Proust é um outro exemplo demonstrativo deste pré-nascer, ver P. Willemart, *Crítica Genética e Psicanálise*, p. 147.

28 Wilfred Ruprecht Bion na Tavistock Clinic, de Londres, em 1934 e 1935.

3. Será que Ainda Podemos Pensar sem um Romance como a Recherche e Fora da Psicanálise?[1]

O título que surge no final do percurso vem concluir a reflexão que vamos ler. A resposta demonstrará a impossibilidade da pergunta do título. Destacando algumas semelhanças e algumas diferenças entre Freud e Proust, o texto sublinha que, apesar da diferença de vocação, o pensador e o escritor partilhavam as mesmas interrogações e que não podemos renunciar facilmente a seu legado.

Em *O Tempo Redescoberto*, Proust resume as posições de ambos:

> Só a impressão, por mofina que lhe pareça a matéria e inverossímeis as pegadas, é um critério de verdade e como tal deve ser exclusivamente apreendida pelo espírito, sendo, se ele lhe souber extrair a verdade, a única apta a conduzi-lo à perfeição, a enchê-lo de perfeita alegria. A impressão é para o escritor o mesmo que a experimentação para o sábio, com a diferença de ser neste anterior e naquele posterior o trabalho da inteligência. O que não precisamos decifrar, deslindar a nossa custa; o que já antes de nós era claro,

---

1 Posfácio (trad. de Guilherme Ignácio da Silva) em M. Proust, *Em Busca do Tempo Perdido*, v. 3, *O Caminho de Guermantes*, p. 675-687. Publicado com autorização da Editora Globo s/a.

178 OS PROCESSOS DE CRIAÇÃO NA ESCRITURA, NA ARTE E NA PSICANÁLISE

não nos pertence. Só vem de nós o que tiramos da obscuridade reinante em nosso íntimo, o que os outros não conhecem[2].

O narrador proustiano, ao qual se identifica fortemente o próprio escritor Marcel Proust nessa citação, não escrevia com base em empréstimos, nem em raciocínios, nem em experiências renovadas, mas sim partindo de impressões que ele se esforçava para aprofundar, como a que experimenta ao morder a *madeleine*, analisada no posfácio de Jeanne-Marie Gagnebin ao primeiro volume da presente coleção das edições Globo[3]. Ele se distancia desse modo do método do pesquisador tradicional que trabalha a partir de experimentos repetidos e diversificados.

EM QUE MEDIDA O NARRADOR PROUSTIANO SE APROXIMA DA PSICANÁLISE?

Desde Freud, a prática psicanalítica insiste na importância da escuta da fala do analisando que se define não como um conjunto de respostas do psicanalista, mas como um deixar falar regido por associações. Pouco racional, bifurcando-se conforme as palavras ou lembranças evocadas, o discurso do analisando, muito próximo aqui do discurso corrente que fala de tudo e de nada, distingue-se desse, entretanto, na medida em que recai sempre sobre o que lhe está mais próximo em um quadro determinado. Isso não é puro acaso, já que os pais estão frequentemente no centro do conflito que provocou a entrada na psicanálise. Cabe ao psicanalista ir pontuando o discurso e forçar assim o analisando "a decifrar, a tornar claro por [seu] esforço pessoal [...] e a retirar da escuridão [...] aquilo que os outros não conhecem", como sublinha o narrador proustiano.

O leitor percebe imediatamente a semelhança entre a escrita proustiana e o discurso do analisando. Este não é composto de conceitos psicanalíticos, mas de palavras do cotidiano, das mesmas palavras que Freud escolheu para elaborar seus conceitos. A palavra "isso", por exemplo, "Es" em alemão, que

2 *O Tempo Redescoberto*, p. 159.
3 M. Proust, *O Caminho de Swann*.

acabou se tornando a terceira tópica do inconsciente freudiano, na verdade faz parte das expressões mais comuns da língua, o que implica assinalar a distância entre os conceitos difíceis de Lacan e os do início da psicanálise. O que também significa que não podemos confundir a teoria e a prática dessas duas abordagens. A escrita, embora mais difícil do que a enunciação sobre o divã, como testemunham os numerosos cadernos de esboços utilizados por Proust, se deixa ler muito mais facilmente do que a teorização dessa mesma escrita ou do mesmo discurso pelos especialistas em teoria literária ou os teóricos psicanalistas.

Ambos, escritor e analista, partem da sensação ou da impressão desencadeadas no espírito por elementos exteriores a ele.

O primeiro escreve sobre as "impressões como as que me provocara a vista dos campanários de Martinville, quer de reminiscências como a da desigualdade de dois passos ou o gosto da *madeleine*"[4], o segundo exige do analisando um discurso fundado na memória, em que afloram as lembranças involuntárias. Nesse sentido, ambos se ligam a filósofos sensualistas como Locke e Condillac, que, no século XVIII, sustentavam que as ideias e o pensamento nascem da sensação.

Uma terceira razão está ligada à necessidade de haver interpretação: "era mister tentar interpretar as sensações como signos de outras tantas leis e ideias, procurando pensar, isto é, fazer sair da penumbra o que sentira, convertê-lo em seu equivalente espiritual. Ora, esse meio que se me afigurava o único, que era senão a feitura de uma obra de arte?"[5]

Nesse ponto, tanto Freud quanto o narrador proustiano estão de acordo sobre a necessidade de se interpretar, divergindo apenas quanto aos meios de fazê-lo, mas voltando a se encontrar na conclusão. A análise precisa do outro para pontuar e reorientar o discurso, enquanto o artista luta com e contra seu meio técnico, que exerce uma pressão que não deve ser negligenciada: pressão da escrita, da técnica musical, da pedra ou da cor. Mas o analisando e o narrador proustiano têm de pensar e "fazer sair da penumbra o que sentiram, têm de convertê-lo em um equivalente espiritual". Eles têm de se

---

4 Idem, p. 158
5 Idem, ibidem.

180 OS PROCESSOS DE CRIAÇÃO NA ESCRITURA, NA ARTE E NA PSICANÁLISE

esquecer de seu gozo para poder pensar, levando em conta assim o aforisma de Descartes lido por Lacan: "penso: logo existo". Dois sujeitos subentendidos se situam em lugares distintos: existo onde não penso e penso onde não existo.

A separação entre gozo e pensamento sublinhada por Lacan é incontestável para o narrador proustiano:

Mas, principalmente se nosso amor não se deu apenas a uma Gilberte, (o que nos faz sofrer tanto) percebemos que não foi por se ter dado também a uma Albertine, que nos fez padecer tanto, e sim por ser uma porção de nossa alma, mais durável do que os diversos "eus" que morrem sucessivamente em nós e por egoísmo o quereriam reter, porção de nossa alma que deve, ao preço embora de um sofrimento, aliás útil, desprender-se dos seres, a fim de lhe alcançarmos e restituirmos a generalidade, e darmos esse amor, a compreensão desse amor, a todos, ao espírito universal, e não a esta e depois àquela, nas quais se desejariam fundir este e depois aquele dos nossos "eus"[6].

Será que podemos associar o fim do tratamento psicanalítico a uma obra de arte? Não ousaria defendê-lo, mas diria em vez disso que o final do tratamento pode ser um trampolim para uma obra, não mais do que isso. Uma coisa é percorrer a língua, aproximando-a continuamente de sua história pessoal, sob a escuta do analista, outra é mergulhar na escrita até acabar se tornando instrumento dela e erguer uma obra de arte, ouvindo toda uma tradição literária e o mundo que nos cerca para criar uma "espécie de língua estrangeira"[7]:

Só pela arte podemos sair de nós mesmos, saber o que vê outrem de seu universo que não é o nosso, cujas paisagens nos seriam tão estranhas como as porventura existentes na Lua. Graças à arte, em vez de contemplar um só mundo, o nosso, vemo-lo multiplicar-se, e dispomos de tantos mundos quantos artistas originais existem, mais diversos entre si do que os que rolam no infinito, e que, muitos séculos após a extinção do núcleo de onde emanam, chame-se este Rembrandt ou Vermeer, ainda nos enviam seus raios[8].

---

6 Idem, p. 173
7 M. Proust, *Contre Sainte-Beuve*, p. 305.
8 *O Tempo Redescoberto*, p. 172.

SERÁ QUE AINDA PODEMOS PENSAR SEM UM ROMANCE ... 181

A pouca liberdade ou as coerções nas quais vivem o narrador e o analisando se assemelham:

E já as consequências me enchiam a mente; pois reminiscências como o ruído da colher e o sabor da *madeleine,* ou verdades escritas por figuras cujo sentido eu buscava em minha cabeça, onde campanários, plantas sem nome, compunham um alfarrábio complicado e florido, todas, logo de início, privavam-me da liberdade de escolher entre elas, obrigavam-me a aceitá-las tais como me vinham[9].

O analisando também não fica associando livremente, mas seguindo seu inconsciente (*Dasein*), que o conduz sem que ele se dê conta disso. Dito de outra forma, ele se move no interior de estruturas preestabelecidas, a língua que emprega, seu meio de origem, a época em que vive, seu passado pessoal, estruturas das quais ele dificilmente se vê livre e que, semelhantes a um rabisco, obrigam-no a tentar desvendar um sentido aí presente.

Os meios utilizados por um e outro se assemelham em parte: em *O Tempo Redescoberto*, o narrador diz explicitamente: "O sonho incluí-a se entre os fatos de minha vida que mais me haviam impressionado, que me deveriam ter convencido do caráter puramente mental da realidade, de cujo auxílio eu não desdenharia na composição de minha obra"[10]. Enquanto Freud considerava o sonho como a via principal para se conhecer o inconsciente, o narrador proustiano vê nele o signo da construção mental da realidade, como se esta fosse construída por nosso espírito. Relendo o sonho de Swann[11], poderíamos crer, com efeito, que Proust já tinha lido *A Interpretação dos Sonhos* de Freud, o que parece inverossímil, uma vez que ele não lia alemão e que essa obra inaugural, publicada em 1900, só foi traduzida em francês no ano de 1926, ou seja, quatro anos depois da morte de Proust.

Freud e Proust partilham as mesmas preocupações quanto à descrição do ser humano. Se a preocupação clínica está evidente na

9 Idem, p. 173.
10 M. Proust, *Le Temps retrouvé,* p. 493. Ver o artigo de Daniela de Agostini, L'écriture du rêve dans *A la Recherche du Temps Perdu, Cahier Marcel Proust,* n. 12, p. 188.
11 M. Proust, *O Caminho de Swann,* p. 362.

182 OS PROCESSOS DE CRIAÇÃO NA ESCRITURA, NA ARTE E NA PSICANÁLISE

obra de Freud, ela não deixa de estar também presente na obra de Proust, como neste trecho significativo: "Porque, como já demonstrei, não seriam meus leitores, mas leitores de si mesmos, não passando de uma espécie de vidro de aumento, como os que oferecia a um freguês o dono da loja de instrumentos ópticos em Combray, o livro graças ao qual eu lhes forneceria meios de se lerem"[12].

EM QUE MEDIDA FREUD E O NARRADOR PROUSTIANO SE DIFERENCIAM?

Destaco apenas quatro diferenças, mas há muitas outras.

O narrador proustiano se distancia nitidamente de Freud no que tange à concepção do eu: "um livro é produto de um eu distinto do que manifestamos em nossos hábitos, na sociedade, em nossos vícios. Esse eu, se quisermos tentar compreendê-lo, é no fundo de nós mesmos, tentando recriá-lo em nós, que podemos chegar até ele"[13]. Quando o narrador de *O Tempo Redescoberto* encontra na biblioteca do príncipe de Guermantes um livro lido há muitos anos em Combray, *François le Champi*, de George Sand, ele pensa que, se fosse bibliófilo, ele colecionaria os romances lidos outrora, porque sua encadernação restituiria "o amor então sentido, a beleza sobre a qual se haviam superposto tantas imagens, cada vez menos amadas, permitindo-me assim rever a inicial, a mim que já não sou quem a viu e devo ceder o lugar ao eu de então, a fim de que ele chame o que conheceu e meu eu atual já não conhece"[14].

Esse eu de outrora não está ligado a qualquer lembrança, frequentemente imaginária para a maior parte de nós. Ele está ligado a objetos que provocam a rememoração, objetos

---

12 *O Tempo Redescoberto*, p. 280.

13 *Contre Sainte-Beuve*, p. 220-221. Tal oposição é retomada em vários de seus cadernos: "os livros são obras da solidão e filhos do silêncio" (*Cahier* 29): "Os livros são filhos do silêncio e não devem ter nada em comum com os filhos da conversação" (*Cahier* 57); "os filhos da mentira e da fala não devem ter nada em comum com os belos livros que são filhos da Solidão e do Silêncio"(id). Bernard Brun, Le Destin des notes de lecture et de critique dans *Le Temps retrouvé*, *Bulletin d'Informations Proustiennes*, n. 13.

14 M. Proust, *O Tempo Redescoberto*, p. 165.

que podem ser a encadernação de um livro, o vestido de uma mulher etc.

O fundador da psicanálise, por sua vez, imagina o eu como sendo constituído de várias camadas, como uma cebola, cada camada aí significando uma relação mais ou menos consciente com seres amados e/ou odiados durante nossa história.

Proust vê o eu de hoje como algo que está emaranhado com o eu de outrora, como se não houvesse nem unidade nem coerência entre eles. A lógica não é de superposição ou linear, mas de justaposição não-linear. O eu de hoje depende de uma relação com os objetos de hoje, sem haver necessariamente relações com os eus de outrora refletidos nos objetos do passado.

Enquanto o analisando tenta reconstituir uma história lógica de seu passado a partir do eu imaginário de hoje, Proust vê um eu fragmentado como um mosaico, constituído não apenas de restos de pessoas amadas ou odiadas, mas de objetos que recebem o amor ou o desejo desses eus do passado.

Se nossos dois autores insistem na duplicidade do sujeito, eles não concordam nem sobre o eu social, nem sobre o eu imaginário, nem sobre o outro sujeito, o do inconsciente ou do verdadeiro eu. Na segunda tópica freudiana, o eu, o supereu e o isso estão profundamente imbricados, enquanto, na obra de Proust, os dois eus não possuem nada em comum além do corpo que lhes serve de terreno de disputa ou de harmonia. O inconsciente freudiano intervém a todo instante enquanto o eu verdadeiro de Proust só é acessível pela arte.

O sujeito dividido é universal para os dois autores, mas em um, ele surge no discurso, nos sonhos e lapsos, enquanto que no outro o verdadeiro eu só se revela a uma parte privilegiada dos homens, aos artistas e escritores, através de seus manuscritos, seus esboços, croquis ou disquetes.

A psicologia no espaço, inventada pelo narrador proustiano[15], oferece uma outra visão do ser humano. Como uma estrela ou um planeta, o homem fica circulando em um tempo galáctico, criando relações complexas com aqueles em torno dos quais ele faz suas "revoluções". O espaço de relações assim criado será determinante para os indivíduos que tomam parte nele. Quanto mais as trocas forem

---

15 Idem, p. 278.

184 OS PROCESSOS DE CRIAÇÃO NA ESCRITURA, NA ARTE E NA PSICANÁLISE

numerosas, mais complexos serão os laços passionais entre os integrantes do circuito. Concentrando o interesse não mais nos indivíduos, mas nas paixões, a identificação se desloca das personagens para as sensações, para as paixões e sentimentos vividos e, em consequência disso, acaba oferecendo um espelho mais amplo ao indivíduo. As revoluções sucessivas não têm como objetivo apenas o reconhecimento de um pelo outro, mas também, e paradoxalmente, seu distanciamento. A paixão, muito próxima da devoração, é substituída por uma nova cartografia em que cada qual determina ou é determinado por um espaço preciso, não invadido pelo outro[16].

Nos exemplos que se seguem, voltamos a trechos de *O Caminho de Guermantes* que o leitor provavelmente acaba de ler:

A vida nos revelara complacentemente todo o romance daquela moça, emprestara-nos para vê-la um instrumento óptico, depois um outro, e acrescentara ao desejo carnal um acompanhamento que o centuplica e diferencia desses desejos mais espirituais e menos saciáveis que não saem de seu torpor e o deixam ir sozinho quando aquele não pretende mais do que apanhar um bocado de carne, mas que, pela posse de toda uma região de recordações de que se sentiam nostalgicamente exilados, se erguem procelosos a seu lado, aumentam-no, sem poder segui-lo até a consumação, até a assimilação, impossível sob a forma de realidade imaterial com que é desejada, mas esperam esse desejo no meio do caminho e, no momento da lembrança, do retorno, fazem-lhe nova escolta[17].

O narrador distingue dois tipos de desejo: os desejos espirituais e o desejo carnal, distinção que sugere toda uma cartografia do desejo na *Recherche*, diferente do desejo freudiano, que está baseado na noção de falta, sem distinção de sua qualidade. Os dois tipos de desejo não agem paralelamente. Os primeiros centuplicam o desejo carnal, escoltam-no por uma parte do caminho, deixam-no ir e aguardam seu retorno, mas lutam "pela posse de toda uma região de lembranças". Dessa maneira, os desejos espirituais precisam do desejo carnal que agiria como uma espécie de gatilho. Por outro lado, eles o prolongam, o aumentam e poderiam até mergulhá-lo em sua massa, caso esse desejo não fosse seu próprio fio condutor ou

16 P. Willemart, *Educação Sentimental em Proust*, p. 50.
17 *O Caminho de Guermantes*, p. 327.

SERÁ QUE AINDA PODEMOS PENSAR SEM UM ROMANCE ...

suporte necessário. A espiritualidade não exige, entretanto, a consumação do desejo carnal, mas, em compensação, quer recuperar uma região de lembranças.

Jamais vemos os entes queridos a não ser no sistema animado, no movimento perpétuo de nossa incessante ternura, a qual, antes de deixar que cheguem até nós as imagens que nos apresentam sua face, arrebata-as no seu vórtice, lança-as sobre a ideia que fazemos deles desde sempre, fá-las aderir a ela, coincidir com ela[18].

Sem o saber, o narrador retoma nessa passagem o conceito de fantasma, que ele consegue, entretanto, descrever melhor do que a própria teoria psicanalítica. Ele distingue três elementos: a ternura, as imagens e as ideias. O primeiro supõe uma espécie de mar que envolve os seres que se amam e que circula entre eles, formando um sistema; o segundo, uma multidão de imagens que vão se acumulando e chegam a nossos olhos seguindo não um critério de verdade, mas de ternura. O terceiro, enfim, "a ideia que fazemos deles desde sempre", este "desde sempre" devendo ser entendido "desde a infância", supomos, [sic] mundo que tem essa conotação de eternidade e, para a maioria, a de paraíso perdido. Esses três elementos profundamente imbricados formam um sistema e explicitam uma [sic] pouco mais a ideia de psicologia no espaço. O fato de fazer revoluções em torno da pessoa amada não torna a relação necessariamente mais real ou mais verdadeira, uma vez que justamente o passado e a ternura que enquadram o presente minimizam a percepção desse último. A verdade se opõe à ternura, assim como o presente se opõe ao passado.

Freud e Proust se distanciam consideravelmente um do outro no que tange ao início do processo. O analisando emprega normalmente o pronome "eu" contrariamente à literatura que, se acreditarmos em Deleuze, "só começa quando nasce em nós uma terceira pessoa que nos retira o poder de dizer Eu (o chamado 'neutro' de Blanchot)"[19]. A observação de Deleuze poderia fazer com que o leitor hesitasse em sua noção de literatura, uma vez que o próprio Proust emprega continua-

18 Idem, p. 125-126.
19 *Critique et clinique*, p. 13 (Ed. bras.: *Crítica e Clínica*).

186   OS PROCESSOS DE CRIAÇÃO NA ESCRITURA, NA ARTE E NA PSICANÁLISE

mente o pronome "eu". Seria, entretanto, necessário se lembrar da carta enviada por ele à senhora Scheikévitch no ano de 1915, em que escreve: "Nesse livro *Swann*, eu, Marcel Proust, conto (ficcionalmente) como eu encontro uma certa Albertine, como fico gostando dela, como a sequestro etc. É a mim que empresto tais aventuras, que na verdade não aconteceram de forma alguma, pelo menos desse jeito. Dizendo de outro modo, invento para mim uma vida e uma personalidade que não são exatamente (não são sempre) as minhas".

Os nomes citados tinham por efeito desencarnar os convidados da duquesa, que não adiantava que se chamassem o príncipe de Agrigento ou de Cystira, pois a sua máscara de carne e de ininteligência ou inteligência vulgares os havia transformado em uns homens quaisquer, tanto que eu, afinal de contas, fora dar na esteira (capacho) do vestíbulo, não no umbral, como julgara, mas no fim do mundo encantado dos nomes[20].

Não é sempre que a sublimação se dá da forma como o quer a psicanálise. O capacho do vestíbulo da mansão dos Guermantes não é o limiar, mas o ponto terminal do mundo encantado dos nomes. *O Caminho de Guermantes* traça um percurso extremamente longo que apenas acentua a crença inicial do herói no nome Guermantes, que enfeixaria o passado dos ancestrais da duquesa. Como as provas do cavaleiro cortês na conquista de sua dama, as inúmeras provas pelas quais passa o nome Guermantes servem apenas para testar a "fé" do herói. Por mais que ele tenha repetido seu discurso, a sublimação não acontece, no sentido de que o significante "Guermantes" acaba mantendo toda a sua magia e não se esvazia para entrar na língua de todo mundo. Assim como a boneca interior[21] ou a silhueta incrustada no olho do barão

20 M. Proust, *O Caminho de Guermantes*, p. 481.
21 "É esse o terrível engano do amor, que começa por fazer-nos brincar, não com uma mulher do mundo exterior, mas com uma boneca do interior de nosso cérebro, a única aliás que temos sempre à nossa disposição, a única que possuiremos e que a arbitrariedade da lembrança, quase tão absoluta como a da imaginação, pode fazer tão diferente da mulher real como da Balbec real fora para mim a Balbec sonhada; criação fictícia a que, pouco a pouco, para sofrimento nosso, forçaremos a mulher real a assemelhar-se", *O Caminho de Guermantes*, p. 334 e P. Willemart, *Educação Sentimental em Proust*.

de Charlus[22], o nome permanece intacto. Mas, diferentemente dos dois outros mecanismos, ele não encontra um equivalente no mundo exterior, apesar de toda a esperança posta na entrada do herói nos salões.

Para terminar, diria que Freud e Proust se beneficiaram dos mesmos estratos de saber que cada qual soube romper à sua maneira. Freud se desvinculou da psiquiatria e da neurologia para poder criar o campo da psicanálise. Proust se desvinculou das categorias literárias de seu tempo para poder inovar com um gênero de escrita original, que se torna uma referência insubstituível na literatura do século xx. Dito de outro modo, e segundo a terminologia de Roland Barthes, ambos são fundadores de línguas, de uma " língua estrangeira" que faz deles gigantes de nossa cultura e irmãos, apesar de desconhecidos um do outro. Sua contribuição apenas confirma que nosso pensamento não pode se esquecer deles ou recalcá-los. O verdadeiro gozo que advém da leitura ou da escuta da obra de Proust leva o analisando a escutar seu próprio discurso. Contrariamente a vários preconceitos repetidos pelas ideologias, somos seres de gozo, revelação de nossos dois autores que é impossível ignorar e que assinala a importância deles.

---

22 "De resto, compreendia eu agora por que, um momento antes, [...] me pareceu que o Sr. de Charlus tinha o aspecto de uma mulher: era-o! Pertencia à raça destes seres menos contraditórios do que parecem, cujo ideal é viril justamente porque seu temperamento é feminino e que são na vida semelhantes, em aparência apenas, aos demais homens; ali onde cada qual traz consigo, nesses olhos pelos quais vê todas as coisas do universo, uma silhueta gravada na pupila, não é para eles a de uma ninfa, mas a de um efebo". M. Proust, *Sodoma e Gomorra*, p. 16.

de Chagas... o nome permanece intacto. Mas, diferentemente dos dois outros mecanismos, ele não encontra um equivalente no mundo exterior, antes de leda a esperança posta na entrada do hotel nos salões.

Para terminar, diria que Freud e Proust se beneficiariam dos mesmos retratos de saber que cada qual se lhe romper à sua maneira. Freud se desvinculou da psiquiatria e da neurologia para poder criar o campo da psicanálise. Proust se desvinculou das categorias literárias de seu tempo para poder inovar com um gênero de escrita original, que se torna uma referência insubstituível na literatura do século XX. Dito de outro modo e segundo a terminologia de Roland Barthes, ambos são fundadores de línguas, de uma língua estrangeira, que nos deles fizentes de nossa cultura e traznos, apesar de desconhecidos um do outro, sua contribuição; perdas encontra-la que nosso pensamento não pode senão querer deles ou realizá-lo. O verdadeiro gozo que advém da leitura ou da escuta da obra de Proust leva o analista a escutar seu próprio discurso. Contrariamente a vários preconceitos reunidos por ideólogos, somos seres de gozo, revelação de nossos dois autores que é impossível ignorar e que assinala a importância deles.

4. Por que Ler Proust Hoje?

A resposta poderia depender da especialização ou não do leitor, se for pesquisador, jornalista ou universitário, mas diria que não. Qualquer leitor, mesmo não especializado, poderá aproveitar da leitura de *Em Busca do Tempo Perdido*. O próprio narrador proustiano já deu a razão. Lendo a obra, o leitor vai ler a si mesmo: "Porque, como já demonstrei, não seriam meus leitores, mas leitores de si mesmos, não passando de uma espécie de vidro de aumento, como os que ofereciam a um freguês o dono da loja de instrumentos ópticos em Combray, o livro graças ao qual eu lhes forneceria meios de se lerem."[1]

Ler Proust não é somente conhecer e saborear a história dos Guermantes, o herói, sua avó, o barão de Charlus, Swann ou Odette de Crécy ou outras personagens. É também um exercício de conhecimento, ou melhor, de reconhecimento. Acompanhando o herói na sua formação, aprendendo com ele não necessariamente a se tornar um escritor, mas a entender o ser humano e a psicologia que Proust inventou, a psicologia no espaço, o leitor mergulha em si mesmo através do mundo das personagens e das reflexões disseminadas na obra.

---

1 M. Proust, *O Tempo Redescoberto*, p. 280.

190   OS PROCESSOS DE CRIAÇÃO NA ESCRITURA, NA ARTE E NA PSICANÁLISE

O narrador propõe uma estrutura inédita nas relações entre os homens:

> Não poderíamos descrever nossas relações, ainda superficiais, com alguém, sem evocar os mais diversos sítios de nossa vida. Assim, cada indivíduo – eu inclusive – dava-me a medida da duração pelo giro (revolução) que realizava em torno não só de si mesmo como dos outros e notadamente pelas oposições (posições) que sucessivamente ocupara em relação a mim. E, sem dúvida, todos esses planos diferentes, segundo os quais o Tempo, desde que, nesta festa, eu o recapturara, dispunha minha vida, aconselhando-me a recorrer, para narrar qualquer existência humana, não à psicologia plana em regra usada, mas a uma espécie de psicologia no espaço[2].

O narrador dá um exemplo bastante concreto dessa psicologia no *Cahier* 25:

> O quarto dela não estava iluminado. Seu pescoço nu saía da camisola, mudando as proporções de seu rosto que, sob os cabelos desfeitos, brilhava mais nu. Suas bochechas rosas iluminadas assim francamente apresentavam uma superfície giratória que eu nunca tinha observado, elas pareciam terminar obliquamente como um planeta visto obliquamente durante sua revolução"[3].

A integração da ideia de movimento à de tempo na compreensão das relações entre os homens, à maneira das rotações dos astros, é certamente nova na história da psicologia ou da psicanálise.

A ideia de rede que, criando transversais, permite a comunicação entre os dois caminhos de Swann e de Guermantes, desdobra-se no texto com a de revolução –"que realizava em torno não só de si mesmo como dos outros" e com uma nova dimensão do tempo baseada na duração da revolução. O tempo que corre não será mais aquele do calendário eliminado na evocação das lembranças, não será também o tempo lógico que articula o analisando com seu passado. Será aquele, infinitamente mais longo, das voltas que cada um faz ao redor de si mesmo ou dos outros, criando com este movimento um

---

2   Idem, p. 278.
3   Apud M. Bardèche, *Marcel Proust, romancier*, p. 380.

POR QUE LER PROUST HOJE? 191

espaço diferente, composto de planos superpostos. O tempo não seguirá mais a ordem hipertextual da análise na qual o analista sublinhando uma palavra, obriga o analisando a bifurcar em seu discurso, mas o tempo será galáctico.

Podemos imaginar os homens com os quais convivemos formando uma mesma galáxia em que os planetas e as estrelas que somos tecem fios à maneira das ondas gravitacionais. Os mundos assim constituídos se recortam, permitem a cada indivíduo inserir-se em outros mundos e aumentam seu raio de ação. O avanço do tempo mede a distância percorrida e a complexidade crescente da galáxia pessoal. A multiplicidade dos encontros[4], pessoas, livros ou obras é benéfica e revela-se um verdadeiro processo de aculturação, sabendo-se, porém, que é preciso fazer tantas revoluções quantas forem necessárias para criar um largo espaço memorável.

A memória espacial será formada a partir de sites, locais semelhantes àqueles de que se serviam os sábios da Idade Média, seguidores dos antigos, para reter as informações que chegavam[5]. O conhecimento de si mesmo e dos outros será decorrente dos diferentes monumentos ou lugares onde vivemos, que conhecemos e nos quais encontramos os outros.

Com o herói, o leitor aprende a ler os signos da vida social, do amor e da arte, a desconfiar da vida mundana que emperra a criação com seus preconceitos, a suspeitar dos amores hétero e homossexuais, que embora importantes para viver as paixões são apenas passageiros, meios e não fins, e enfim, a entender a tradição da literatura, da pintura e da música para inventar novas formas.

Essa formação não comporta raciocínios lógicos, como acreditava Bergotte, autor admirado pelo herói no começo, mas interpretações de sensações consideradas

---

4 Todavia, Proust preferia a leitura à conversação. Ver *Contre Sainte-Beuve*, p. 224.

5 "Os locais são totalmente comparáveis a uma tabuinha de cera ou a um papiro, as imagens às letras, a disposição e a localização (*conlocatio, collocatio*) das imagens à escritura; e pronunciar o discurso (*pronuntiatio*) é como lê-lo". Cícero, *De oratore*, livro II, cap. LXXXVII, 354; e "A ordem dos locais conserva a ordem das coisas; as imagens lembram as coisas. Os lugares são as tabuinhas de cera nas quais se escreve, as imagens são letras nelas traçadas", idem, *Ad Herennium*, livro III, 30, apud M. Charles, *Introduction à l'étude des textes*, p. 81.

192 OS PROCESSOS DE CRIAÇÃO NA ESCRITURA, NA ARTE E NA PSICANÁLISE

como signos de outras tantas leis e ideias [...] Só a impressão, por mofina que lhe pareça a matéria e inverossímeis as pegadas, é um critério de verdade e como tal deve ser exclusivamente apreendida pelo espírito, sendo, se ele lhe souber extrair a verdade, a única apta a conduzi-lo à perfeição, a enchê-lo de perfeita alegria. A impressão é para o escritor o mesmo que a experimentação para o sábio, com a diferença de ser neste anterior e naquele posterior o trabalho da inteligência. O que não precisamos decifrar, deslindar à nossa custa; o que já antes de nós era claro, não nos pertence. Só vem de nós o que tiramos da obscuridade reinante em nosso íntimo, o que os outros não conhecem. E como a arte recompõe exatamente a vida, em torno dessas verdades dentro de nós atingidas flutua uma atmosfera de poesia, a doçura de um mistério que não é senão a penumbra que atravessamos[6].

Encarregada, portanto, de encontrar uma verdade, a arte da escritura (e podemos adaptar essa regra para qualquer arte) o faz por meio de seu próprio exercício. A formação ou o aprendizado do futuro escritor passa, portanto, por essa sensibilidade extraordinária ao contexto exterior que lhe faz ver coisas que poucas pessoas percebem. Não se trata apenas de reconhecer signos, como mostrou Gilles Deleuze[7], mas de uma transformação interna que depende de certa passividade para com elementos externos, de um "se deixar tocar" pelo arco de outro as cordas de um violino interior. A senhora desse jogo já não é a vontade, mas a dimensão inconsciente do herói. O som novo é a senha que, abrindo as portas, deixa filtrar a velha canção esquecida. Assim como a estátua de Memnon que ao nascer do sol vibra e emite um som[8], também o violino interno, sob a diferença de temperatura e de claridade, ouve esse som que o herói poderia ter "adivinhado matematicamente" pelos desvios da vida habitual. Esse som novo pode ser entendido como sendo a percepção nova de coisas que habitualmente não afetam, e "a ária esquecida" como sendo realmente

6 M. Proust, *O tempo Redescoberto*, p. 158 e 159.
7 *Proust et les signes*.
8 "Memnon, herói da *Ilíada* morto por Aquiles. Os gregos o identificaram a um dos dois colossos do templo de Amenófis III em Tebas. Essa estátua, que sofreu rachaduras em 27 a.C. em decorrência de um tremor sísmico, fazia ouvir ao nascer do sol uma vibração, o canto de Memnon". *Dictionnaire Larousse*, 2003, p. 1528.

POR QUE LER PROUST HOJE?

algo já ouvido, mas que, acrescido ao som novo, "reabria portas de comunicação há muito condenadas"[9].

Gostaria de insistir em um aspecto capital dessa aprendizagem. O narrador proustiano não recusa os preconceitos e os clichês, como faria um moralista, mas quer usá-los como os negativos de fotografias, isto é, revelá-los, ampliá-los, até que se descubra o sentido que eles tiveram. Assim são os amantes das artes. Muitos confundem a arte com a erudição, tornando-se

celibatários da arte [porque] padecem de males idênticos aos das virgens e dos indolentes. [...] esta gente bastante odiosa [...] é comovente porque ela é a tentativa inicial e informe da necessidade de passar do objeto variável do prazer intelectual a seu órgão permanente [...] como aqueles primeiros aviões, que não conseguiram sair do chão, onde residia não o meio secreto, ainda por descobrir, mas a ânsia de voo[10].

Não poderíamos comparar os "celibatários da arte" ou os "aparelhos" demasiadamente pesados para voar a estudantes e pesquisadores que querem ler tudo antes de começar uma reflexão pessoal ou uma tese e que, evidentemente, nunca começam porque há sempre a produção alheia a ser lida? Se a arte divide os amantes em duas categorias, aqueles que admiram porque "presos a uma bulimia que nunca os satisfaz" e "aqueles que produzem", a mesma separação poderia ser estabelecida entre os que querem só acumular o saber e os que têm a coragem, a perseverança e a paciência de ultrapassar essa etapa e escrever, pintar, esculpir, fotografar, fazer cinema etc. O amor do objeto "música" impede Swann de prosseguir sua busca. Ignorando a tristeza que a sonata faz lembrar e não a utilizando para detectar o que nela se esconde, Swann permanecerá como o eterno "celibatário da arte".

Parece estranho, mas Proust queria intitular sua obra maior "Romances do Inconsciente"[11] e não *Em Busca do Tempo Perdido*. Estranho porque temos quase certeza de que Proust não tinha lido Freud. Proust usou o conceito de inconsciente em

---

9 M. Proust, *A Prisioneira*, p. 23.
10 Idem, *O Tempo Redescoberto*, p. 169.
11 Swann expliqué par Proust, *Essais et articles, Les Années créatrices*, p. 557.

194　OS PROCESSOS DE CRIAÇÃO NA ESCRITURA, NA ARTE E NA PSICANÁLISE

uma acepção parecida e os temas do inconsciente circulavam na época. Entretanto, Proust não encarava o inconsciente à maneira do filósofo alemão Von Hartmann que, após Schopenhauer, fez do inconsciente um depósito de coisas heteróclitas atribuídas a uma vontade obscura[12]. Como Freud, Proust encontrou uma ordem ou uma lógica no sonho:

> e eu entrava no sono, o qual é como um segundo apartamento que possuíssemos e onde, abandonando o nosso, tivéssemos ido dormir. Tem campainhas próprias [...] Tem seus criados [...] A raça que o habita, como a dos primeiros humanos, é andrógina [...] O tempo que decorre [...] é absolutamente diferente do tempo em que transcorre a vida do homem acordado[13].

O mundo do sonho proustiano é estruturado, separado em camadas sociais com seres especiais vivendo em um tempo que não é nosso, embora esse mundo seja nosso.

Por que esse interesse pelo sonho? O narrador é bastante explícito nisso. Ele apresenta quatro razões no decorrer da narrativa:

1. O sonho quebra as barreiras do tempo e do espaço, desassocia as palavras de seu sentido habitual, abre outras leituras, às vezes estranhas, mas que fazem sentido, cria uma aspiração ao impossível e não exige esforços descomunais para criar. Enquanto Freud considerava o sonho como a via real para o inconsciente, Proust o tomava como uma fonte de inspiração essencial e até atribuiu um sonho à personagem Swann, no final de O Caminho de Swann, usando mecanismos de deslocamento e de condensação já detectados por Freud:

> O sonho incluía-se entre os fatos de minha vida que mais me haviam impressionado, que me deveriam tem convencido do caráter puramente mental da realidade, de cujo auxílio eu não desdenharia na composição de minha obra [...] Pensei que os sonhos me traiam assim, por vezes, verdades e impressões que o esforço ou os encontros naturais não bastavam para fornecer-me; que acordariam em mim o desejo, a saudade de certas coisas inexistentes, condição indispensável para o trabalho,

---

12　*Philosophie de l'inconscient* (*Die Philosophie des Unbewussten*), 1869.

13　M. Proust, *Sodoma e Gomorra*, v. II, p. 317. Cf. P. Willemart, *Proust, Poeta e Psicanalista*, p. 202.

POR QUE LER PROUST HOJE? 195

para nos subtrairmos dos hábitos e superar o concreto. Não desprezaria essa musa noturna que muitas vezes haveria de substituir a outra[14].

2. A brevidade do sonho, que corresponde à condensação observada por Freud, já que inclui a força, revela rapidamente o lado subjetivo das relações amorosas:

porque, compensando pela potência a brevidade, eles nos auxiliam a melhor perceber o que há de subjetivo, por exemplo, no amor? E o conseguem pelo simples fato de – com rapidez prodigiosa – realizarem o que vulgarmente se chamaria ficar louco por uma mulher, fazendo--nos, durante alguns poucos minutos, amar apaixonadamente uma feia, o que na vida real exigiria anos de hábito, de ligação, e – caso as houvesse inventado algum médico milagroso – injeções intravenosas de amor e portanto de sofrimento; tão veloz como veio, foge a ilusão amorosa e, não raro, não apenas deixa a amada noturna de o ser para nós, reassumindo seu cediço e pouco atraente aspecto, mas desvanece--se também algo de mais precioso, todo um risonho quadro de sentimentos, de ternura, de volúpia, de vagas saudades esfumadas, o *embarquement pour Cythere* de paixão de cujas nuanças nos buscamos recordar ao despertar, mas que se apaga como uma tela por demais esmaecida para ser restaurada[15].

3. A rapidez do sonho dá a percepção de mudança que não percebemos acordados:

mas um sonho mais claro do que aqueles que sonhamos ao dormir e cuja lembrança vai durar mais tempo, eis que então ele desencadeia em nós, durante uma hora, todas as venturas e todas as desgraças possíveis, algumas das quais levaríamos anos para conhecer na vida, e outras, as mais intensas dentre elas, jamais nos seriam reveladas, pois a lentidão com que se processam nos impede de percebê-las (assim muda nosso coração, na vida, e esta é a mais amarga das dores; mas é uma dor que só conhecemos pela leitura, em imaginação; porque na realidade o coração se nos transforma do mesmo modo por que se produzem certos fenômenos da natureza, isto é, com tamanho vagar que, embora possamos ver cada um de seus diferentes estados sucessivos, por outro lado escapa-nos a própria sensação da mudança)[16].

14 *O Tempo Redescoberto*. p. 187.
15 Idem, p. 184
16 M. Proust, *O Caminho de Swann*, p. 87.

196 OS PROCESSOS DE CRIAÇÃO NA ESCRITURA, NA ARTE E NA PSICANÁLISE

4. Além da memória involuntária, o sonho é um dos meios de recuperar o tempo perdido:

talvez sobretudo por seu estupendo jogo com o Tempo me fascinassem os sonhos. Não vira tantas vezes em uma noite, em um instante de uma noite, épocas remotas, relegadas para imensas distâncias, onde quase nada lográvamos discernir dos sentimentos então experimentados, correrem a toda velocidade para nós, cegando-nos com sua claridade; como se fossem não as pálidas estrelas que supuséramos, e sim aviões gigantes, restituírem-nos tudo quanto para nós contiveram, darem-nos a emoção, o choque, a luz de sua vizinhança imediata, e, mal acordamos, de novo ganharem o recuo milagrosamente vencido, de modo a nos fazer, aliás sem razão, ver nos Sonhos um meio de recuperar o Tempo perdido?[17].

Introduzindo a dimensão inconsciente e dando às suas personagens um discurso próprio, Proust as construía bem próximas de seu leitor, mas não totalmente idênticas, como no trecho seguinte:

O achado do romancista consistiu na ideia de substituir essas partes impenetráveis à alma por uma quantidade igual de partes imateriais, isto é, que nossa alma pode assimilar. Desde esse momento, já não importa que as ações e emoções desses indivíduos de uma nova espécie nos apareçam como verdadeiras, visto que as fizemos nossas, que é em nós que elas se realizam e mantêm sob seu domínio, enquanto viramos febrilmente as páginas, o ritmo de nossa respiração e a intensidade de nosso olhar. E uma vez que o romancista nos pôs nesse estado, no qual, como em todos os estados puramente interiores, cada emoção é duplicada, e em que seu livro vai nos agitar como um sonho,

com todas as vantagens do sonho, o livro se torna assim um poderoso instrumento de saber e de gozo[18]. É a resposta à pergunta inicial: Por que ler Proust hoje?

17 Idem, *O Tempo Redescoberto*, p. 185.
18 Idem, *O Caminho de Swann*, p. 87.

5. A Circunstância na Construção de Em Busca do Tempo Perdido

E quantas vezes essas pessoas se me apresentaram, no decurso de seus dias, em circunstâncias que pareciam trazer os mesmos seres, mas sob formas e para fins vários; e a diversidade dos pontos de minha existência por onde passara o fio de cada uma dessas personagens acabara por emaranhar os [que pareciam] mais distantes, como se a vida [não] possuísse [senão] um número limitado de fios para executar os mais variegados desenhos. Que haveria, por exemplo, de mais diverso, em meus muitos passados, do que as visitas a meu tio Adolphe, o sobrinho da Sra. De Villeparisis, prima do marechal, ou Legrandin e a irmã, ou o antigo alfaiate do pátio de nosso edifício, amigo de Françoise? E hoje, todos os fios diferentes estavam reunidos, aqui na trama do casal Saint-Loup, ali no [outrora] jovem par Cambremer, para não falar de Morel, nem de tantos outros cuja inserção concorrera para formar um conjunto [uma circunstância] tão bem urdido que parecia uma unidade perfeita, da qual as personagens representavam apenas os elementos componentes[1].

Espantosa mudança de perspectiva! A personagem e sua subjetividade não seriam mais o ponto central do romance,

---

1 M. Proust, *O Tempo Redescoberto*, p. 233.

198 OS PROCESSOS DE CRIAÇÃO NA ESCRITURA, NA ARTE E NA PSICANÁLISE

mas sim a circunstância, e não um conjunto, como foi traduzido, isto é, os fios da trama se encontram por acaso[2].

O herói está na matinê Guermantes no final de sua narrativa e constata que:

Subindo cada vez mais, eu chegava a encontrar imagens de uma mesma criatura, separadas por tão largo intervalo cronológico, conservadas por formas tão distintas do meu "eu", revestidas de significações tão diferentes, que as omitia quando acreditava abranger o fluir de minhas relações com quem as provocara, e nem pareciam pertencer-lhes, até que algum casual relâmpago de atenção me permitisse filiá-las, como a uma etimologia, a seu sentido inicial[3].

Esta constatação fez negligenciar a importância da personagem e centrar sua atenção no acaso e nas circunstâncias. A insistência do narrador nessa palavra revela aparentemente o papel do acaso, embora saibamos que se trata de uma circunstância construída pelo narrador.

Circunstância, com efeito, tem uma conotação de algo aleatório, de secundário, de não essencial, de conjuntural, do momento e, no entanto, o narrador parece fundamentar a articulação tempo-espaço nesse não evidente, no não previsto e no circunstancial. É como se o narrador não pudesse programar, organizar e prever o que vai fazer.

Essa posição liga o narrador a uma tradição que Descartes apenas confirmou e que data de Demócrito (460-370 a.C.) e de Aristóteles (383-322 a.C.), sobre o lugar do acaso e da *virtü* nos acontecimentos do mundo. Os dois filósofos falavam de *tyche* e de *automaton*:

Os latinos acabaram por identificar a *tyche* à sua Fortuna [...] mutante, fantasiosa, inconstante [...] O sucesso de Roma dependia da fortuna ou da *virtü*? [...] A boa ou a má fortuna correspondia estritamente à Providência divina. [...] Machiavel (em *O Príncipe*, 1513) sustenta "que uma *virtü* superior pode afrontar a fortuna".[...]

---

2 Esta primeira parte do capítulo prorroga uma das descobertas da tese de Henriete Karam, *Espaço-tempo e Memória: A Subjetividade em* Le Temps retrouvé *de M.Proust,* examinada em março de 2008, em Porto Alegre, na Universidade Federal de Rio Grande do Sul (UFRGS).

3 M. Proust, *O Tempo Redescoberto*, p. 232.

A CIRCUNSTÂNCIA NA CONSTRUÇÃO DE *EM BUSCA DO TEMPO PERDIDO* 199

Descartes saberá resolver a dúvida fazendo dela a alavanca de um acesso a uma certeza subjetiva[4].

Nós, leitores, assim como os antigos, incluindo Descartes, estamos presos entre o escritor que quer construir sua obra como uma catedral, seguindo a Sabedoria, e um narrador que sustenta o aleatório ou o acaso, ou melhor, um narrador que se vê forçado a admitir que a unidade não está na construção de sua catedral, mas na conjuntura ou no cruzamento dos acasos, repetindo a oposição clássica entre a Fortuna e a Sabedoria.

Retomando essa passagem já comentada na segunda parte, percebemos a perplexidade do narrador proustiano:

Entretanto, se todos os deveres inúteis aos quais imolava o essencial me fugiam da cabeça ao cabo de poucos minutos, a ideia de minha construção não me deixava um só instante. Não sabia se seria uma igreja onde pouco a pouco os fiéis aprenderiam algumas verdades e descobririam certas harmonias, um plano de conjunto, ou se, como um monumento druida no meio de uma ilha, permaneceria solitária[5].

Dividido entre a construção de uma igreja que revela uma arquitetura pré-estabelecida ou de um menir que se sustenta com três ou mais blocos de pedras reunidos, o narrador ignora quem frequentará sua obra e o que seus leitores aprenderão. Além do mais, ele estabelece um laço entre a harmonia da obra e o ensino que decorrerá, como se a beleza fosse não a via necessariamente real, alusão a Freud, mas a via de entrada necessária à aprendizagem de verdades desconhecidas.

Em uma carta a Jean de Gaigneron, de 1 de agosto de 1919, Proust escrevia:

Quando você me fala de catedral, não posso não estar comovido com uma intuição que lhe permite adivinhar o que nunca falei com ninguém... É que tinha querido dar a cada parte de meu livro o título: pórtico, vitral da abside etc. para responder de antemão à crítica estúpida, afirmando que faltava de construção nos meus livros, à qual mostrarei que o único mérito está na solidez das partes menores[6].

4 J. Allouch, *Freud et puis Lacan*, p. 47 e 60.
5 M. Proust, *O Tempo Redescoberto*, p. 286.
6 Apud J. Rousset, *Forme et signification*, p. 137.

Ele conseguiu? Em *Poétique et réminiscence: charpenter le temps*, Geneviève Henrot mostrou como poderíamos ler *Em Busca do Tempo Perdido* como a construção de uma catedral com sua abóbada, o palmo, os arcos etc [7].

Existe, portanto, uma tensão entre o querer do escritor Marcel Proust e o que está escrito de fato. Talvez isso explique a escritura sem fim, jamais acabada de *Em Busca do Tempo Perdido*, visível no romance *A Fugitiva*, a nova versão de *Albertine disparue*, nunca integrada pela editora Gallimard. Talvez a obstinação na circunstância explique também a distância entre os romances de Stendhal, Flaubert ou Balzac nos quais Julien Sorel, Emma Bovary ou Gobseck centralizam a ação, e *Em Busca do Tempo Perdido*, no qual é a conjuntura, o cruzamento dos dois fios do espaço e do tempo com as personagens que determinam o andar da narrativa.

Talvez possamos refazer uma história da literatura a partir de uma linearidade centrada na personagem ou de uma não linearidade dependente da circunstância? Teríamos assim uma mudança de paradigma a partir da escritura proustiana, mas seria necessário retomar a história da literatura para integrar este paradigma.

Proust quer construir seu romance como uma catedral, mas seu narrador não quer saber. Trata-se, no entanto, de níveis e de pontos de partida diferentes. O escritor que acredita dominar a língua, se distancia do *scriptor* que se submete à escritura. A fala do narrador que constata a importância da circunstância está em um nível acima da fala das personagens, mas continua no mundo da ficção. É uma questão de bordas ou de fronteiras, como mostrou excelentemente Kate Hamburguer[8]. O quadro da ficção não permitiria nenhuma escapatória: tudo o que está introduzido no quadro do conto ou do romance – história, fatos reais, geografia, biologia etc.– é "manchado" pelo caráter ficcional.

No entanto, a linha demarcadora entre a ficção e a não ficção, entre *Em Busca do Tempo Perdido* e o escritor, não é tão estanque como queria Marcel Proust atacando Sainte-Beuve. Por isso, uso o condicional. As passagens constantes entre os dois

---

7   *Marcel Proust 3, Nouvelles directions de la recherche proustienne*, p. 253.
8   *Lógica da Criação Literária*.

A CIRCUNSTÂNCIA NA CONSTRUÇÃO DE *EM BUSCA DO TEMPO PERDIDO*   201

níveis provocam a fácil assimilação de Marcel ao herói e do herói ao narrador, para os leitores não preparados e o grande público. Isto justifica de certo modo a qualidade de duplo ou de sombra que estou dando ao narrador.

A famosa carta de Proust a Mme. Scheikévitch resolveria o problema?

> Neste livro, eu, Marcel Proust, conto [ficticiamente] como eu encontro certa Albertine, como eu me apaixono, como eu a sequestro etc. É a mim que neste livro eu empresto estas aventuras, que na realidade nunca aconteceram, pelo menos desta forma. Em outras palavras, invento para mim uma vida e uma personalidade que não são exatamente ["nem sempre"] as minhas.

Talvez, ele se invente, mas ele não hesita em intervir e em tomar o lugar do narrador para nuançar um pouco mais sua posição nesta passagem:

> Neste livro, onde não há um fato que não seja fictício nem uma personagem real, onde tudo foi inventado por mim segundo as necessidades de minha demonstração, devo dizer, em louvor de minha terra, que somente os parentes milionários de Françoise, renunciando à aposentadoria para auxiliar a sobrinha desamparada, só eles são pessoas verdadeiras, só eles existem. E, persuadido a não ofender a modéstia deles pela razão de que nunca lerão este livro, é com prazer infantil e uma profunda emoção que, não podendo citar os nomes de tantos outros, que devem ter agido da mesma forma e graças aos quais sobreviveu a França, registro aqui o seu nome verdadeiro: eles se chamam, um nome tão francês, de resto, Larivière[9].

É bastante paradoxal que apesar da superestrutura desejada por Marcel Proust, o narrador constate a emergência do acaso que, no entanto, é construído. Marcel Proust constrói o acaso, isto não é curioso e fantástico ao mesmo tempo?

O narrador conduz suas personagens de papel, objetos das circunstâncias, produtos da conjuntura, reproduzindo assim a vida na qual a complexidade leva à não previsibilidade,

---

9 M. Proust, *O Tempo Redescoberto*, p. 128. Tradução sugerida por Alexandre Bebiano em *O Caso do Diletante: A Personagem de Charles Swann e a Unidade do Romance* Em Busca do Tempo Perdido, São Paulo: FFLCH, 2008, tese. As palavras entre colchetes são sugestões de tradução alternativa.

202 OS PROCESSOS DE CRIAÇÃO NA ESCRITURA, NA ARTE E NA PSICANÁLISE

consequência do limiar do equilíbrio ultrapassado e do espectro imenso das probabilidades que se apresentam[10].

O deslocamento do centro da narrativa da personagem para a circunstância, ou do organizado para o acaso, define e marca a meu ver um tipo de literatura diferente, focalizado não mais em um desenvolvimento linear, mas, pelo contrário, sujeito às bifurcações e revoluções que têm relações com a estrutura inédita das relações entre os homens, proposta pelo narrador quando propõe uma psicologia do espaço[11].

A abordagem diferente da psicologia faz entender como o cruzamento de "os mais diversos sítios" com o tempo das revoluções cria um novo espaço. Não é assim que o narrador se distancia da concepção de Einstein e dos astrofísicos que defendem a união estreita das duas dimensões do espaço e do tempo?[12]

No narrador proustiano, o tempo se tornou uma dimensão movente que delimita o espaço, que se dilata ele mesmo nas dimensões das revoluções; o tempo não é somente uma quarta dimensão unida estreitamente ao espaço, é também criador de um espaço determinado pelo número de revoluções ao redor do objeto ou da pessoa. Não é um acréscimo à compreensão das relações entre espaço e tempo?

O objeto personagem não sai de um ponto determinado no espaço como a luz das estrelas que percorre uma trajetória única até a Terra, mas ele junta na sua revolução diferentes pontos de partida ou uma série de condições iniciais, se poderia dizer, à medida que a narrativa avança. É a vantagem do movimento circular; o mesmo objeto-espaço acumula diferentes tempos marcados pelas estações ou as paradas obri-

---

10 O limiar do equilíbrio alude às experiências de Prigogine, prêmio Nobel de química em 1977. Ele constatou que se não se ultrapassar certa temperatura aquecendo uma matéria, há equilíbrio entre causas e efeitos, estes últimos sendo previsíveis. Caso contrário, há ruptura de limiar e de previsões porque o espeto das probabilidades sendo largo demais, os efeitos são incontroláveis. I. Prigogine, *La Fin des certitudes*.

11 M. Proust, *O Tempo Redescoberto*, p. 278.

12 Einstein (1879 – 1955) afirma que o espaço e o tempo não são duas realidades separadas, mas, pelo contrário, estreitamente ligadas entre si, e hoje os astrofísicos falam de uma só realidade espácio-temporal. As estrelas nos aparecem todas presentes simultaneamente em um mesmo plano. Na realidade, a luz dessas estrelas chega à Terra a partir de distâncias muito desiguais. Pela teoria da relatividade, Einstein modifica nossa maneira de perceber o tempo, o espaço e a gravitação, revolucionando a astronomia e a física. *Histoire de l'astronomie*, Paris : PML Éditions, 1994.

A CIRCUNSTÂNCIA NA CONSTRUÇÃO DE *EM BUSCA DO TEMPO PERDIDO*   203

gatórias, quando ele encontra outro objeto. Neste ponto, a circunstância entra nesta concepção do tempo-espaço.

Em um momento imprevisto, as personagens fazendo suas revoluções se cruzam e definem a circunstância, reduzindo assim o espaço de todos em um ponto. A circunstância é, portanto, um espaço-ponto, ponto de convergência, mas também ponto-janela ou ponto-região, para retomar o conceito de Prigogine, no qual as personagens vão se descobrindo em relações distintas daquelas imaginadas até este momento; elas detectarão outras transversais, como sublinhará o narrador proustiano, e farão desse ponto uma singularidade, isto é, um acontecimento único, por exemplo, o encontro de Julien com o barão e Charlus, totalmente acidental (embora construído pelo narrador, com certeza!), que revela sua identidade sexual.

Se observarmos o ponto no microscópio ou sob a ação de um *zoom*, veremos uma série de outras estruturas, como se o elemento mínimo da geometria euclidiana aparentasse uma estrutura lisa que de fato esconde estruturas fractais[13].

Assim é a circunstância. Totalmente inesperada e parecida com o ponto da geometria, ela se apresenta rica e múltipla, sob a aparência da anedota, e será um acontecimento original que poderá estruturar a narrativa, como afirma o narrador, mas de maneira distinta daquela da catedral.

As personagens poderão ser consideradas como portadoras de anedotas, o que confirma a opinião do narrador retomada por Kristeva, que faz delas seres de conversação ou portadores de discursos[14]. Não estou falando do encontro da duquesa de Guermantes e do herói longamente preparado, mas de Morel com a filha de Jupien, do herói com o ascensorista, do herói com Albertine, antes vista apenas como uma das moças em flores, de todas as experiências privilegiadas como a *madeleine*, do embate do pavimento no pátio dos Guermantes, do barulho do guardanapo no salão dos Guermantes etc., e dos numerosos acontecimentos de memória involuntária, como a pequena frase de Vinteuil assimilada "a um brusco raio do tempo de amor" ("à un brusque rayon du temps d'amour"), metáfora solar que

---

13   R. Benkirane, La Relativité d´échelle, entrevista com Laurent Nottale (astrofísico e discípulo de Mandelbrot, o criador da teoria dos fractais), op. cit., p. 337.

14   *Le Temps sensible*, p. 171.

204 OS PROCESSOS DE CRIAÇÃO NA ESCRITURA, NA ARTE E NA PSICANÁLISE

renova "os refrões esquecidos da felicidade", da qual é a metonímia, dos choros da criança ouvidos ainda pelo herói adulto, do
nome de Guermantes que desencadeia uma série de lembranças
quando do encontro voluntário desta vez da duquesa na rua.
Cada encontro revelará outras estruturas, muito mais fartas do
que o encontro inicial.

O tempo criado pela circunstância se tornou, portanto,
para o narrador proustiano, uma dimensão movente que delimita o espaço que se dilata ele mesmo nas dimensões das revoluções; o tempo não é somente uma quarta dimensão unida
estreitamente ao espaço, ele é também criador de um espaço
determinado pelo número de revoluções ao redor do objeto
ou da pessoa. O narrador oferece assim uma contribuição original à compreensão das relações espaço-tempo.

Desse modo, girando sem parar, cada uma das personagens englobará os objetos encontrados, personagem, livro,
quadro, melodia ou paixões no seu espaço-tempo, provocando uma nova partida. Enriquecido pelo encontro circunstancial, o espaço-tempo terá mudado e continuará seu percurso
aspirado de tempo em tempo por outra circunstância.

Sublinho aqui a originalidade do narrador em relação às teorias de Einstein. A ideia de rede que, criando transversais, permite
a comunicação entre os dois caminhos de Swann e de Guermantes, se desdobra no texto da revolução "que realizava em torno
não só de si mesmo como dos outros", mas também de uma nova
dimensão do tempo que se baseia na duração da revolução.

Associando o tempo ao espaço no mesmo objeto, girando
ao redor de si mesmo e em seguida dos outros, o herói se dá
outra dimensão, a saber, a largura do espaço percorrido acom-
panhada do tempo; é como se engordasse à medida que revo-
lucionava. Aumentando de peso com esses encontros, o objeto
espaço-tempo muda e se enriquece, até adquirir a dimensão
gigante de um Pantagruel do século XX, o que o narrador não
denega na sua última frase de *O Tempo Redescoberto*:

Se ao menos me fosse concedido um prazo para terminar minha obra, eu não deixaria de lhe imprimir o cunho desse Tempo
cuja noção se me impunha hoje com tamanho rigor, e, ao risco
de fazê-los parecer seres monstruosos, mostraria os homens, ocupando no Tempo um lugar muito mais considerável do que o tão

A CIRCUNSTÂNCIA NA CONSTRUÇÃO DE *EM BUSCA DO TEMPO PERDIDO* 205

restrito a eles reservado no espaço, um lugar, ao contrário, desmesurado, pois, à semelhança de gigantes, tocam simultaneamente, imersos nos anos, todas as épocas de suas vidas, tão distantes – entre as quais tantos dias cabem no Tempo[15].

As personagens aliam seu caráter puramente anedótico, ligado à circunstância, a uma dimensão gigante, índice de um novo espaço-tempo:

As personagens proustianas continuam o gigantismo de Pantagruel. Enquanto o gigante da Renascença percorre a França e o mundo da época, ironiza o passado e força o narrador a descobrir uma nova língua, o narrador proustiano sentindo-se gigante pela memória, cresce desmesuradamente ao levar em conta seu passado, que será a matéria de seu livro.

De um gigante, no sentido próprio do termo em Rabelais, ao gigante longilíneo e frágil de Proust, o leitor descobre outro gênero de monstro, não mais ancorado em uma nação emergente na aurora da Renascença e rejeitando os mundos antigos, mas ocupando "um lugar muito mais considerável", pois está submerso no Tempo, embora seja restrito o espaço a ele reservado. O gigante que antes era o chefe alegre de um exército pacificando seu país, agora é uma frágil personagem próxima da morte, temendo a vertigem do alto das "pernas de pau vivas"[16], tendo, porém, como vantagem sobre Alcofribas Nasier descobrir e descrever a complexidade do ser humano e do artista, questão que sequer ocorreria ao autor de Pantagruel. Enquanto um estabelece uma ponte entre a experiência do homem e a percepção do novo mundo, o outro, no rastro dos modernos, explora o "eu" que descreverá um mundo inédito e reencontrará o equivalente ao grande Outro lacaniano[17].

O que fará o narrador com as circunstâncias neste novo espaço-tempo? Constatando que:

Pois, pregando aqui e ali uma folha suplementar, eu construiria meu livro, não ouso dizer ambiciosamente como uma catedral, mas modestamente como um vestido. Quando não encontrasse todos os meus papéis, meus papeluchos, como dizia Françoise, e faltasse justamente o mais necessário no momento, ela compreenderia que me enervasse, pois repetia sempre ser-lhe impossível coser

---

15 M. Proust, *O Tempo Redescoberto*, p. 292.
16 Idem, p. 291. A tradutora traduziu "sur de vivantes échasses" por "sobre ondas animadas"! Ver *Le Temps retrouvé*, p. 625.
17 P. Willemart, *Proust, Poeta e Psicanalista*, p. 208.

206 OS PROCESSOS DE CRIAÇÃO NA ESCRITURA, NA ARTE E NA PSICANÁLISE

sem a linha e os botões mais adequados, e também porque, a força de viver minha vida, adquirira do trabalho literário uma tal ou qual compreensão instintiva, mais exata do que a de muitas pessoas inteligentes, e com maioria de razão do que a dos tolos[18].

O narrador opera uma bifurcação no projeto ambicioso de Marcel Proust, que pensava construir uma catedral, e com mão na massa, constata que basta imitar a humilde Françoise. Isto é, encontrar o bom número do fio e dos botões, encontrar, em outras palavras, a boa circunstância ou o lugar exato de inserção, que reunirá os fios ou os pedaços de narrativa emprestados a outros cadernos. O papel do narrador nesses cadernos muitas vezes chamados de "mise au net" é de construir ou de provocar o acaso, ou então imitá-lo. Ele cruzará os espaços-tempos atraídos pelas personagens.

A circunstância certamente contribuirá com a narrativa no âmbito das relações entre as personagens, não só quanto à própria escritura, mas também quanto aos cadernos, o que poderá ser comprovado mais tarde.

Sabemos que o tempo da criação da última versão não respeita a ordem da escrita. Se Pugh pôde determinar a cronologia dos cadernos, será que ele reconstruiu o corte das folhas dos cadernos, a confecção dos papeluchos e a reunião dos cadernos datilografados? A resposta exigiria um estudo aprofundado de seus dois volumes[19].

Poderíamos assim explicar a hipótese da ordem dos cadernos lançada por Nathalie Mauriac ou esta ordem depende de um plano preestabelecido pelo escritor? Segundo Mauriac, os cadernos 64 e 50 gerariam o 71 e o 54. Estes são seguidos dos cadernos 46, 72, 53, 73, 55, 56 e 57. O 53 seria, em seguida, continuado nos cadernos datilografados VII etc.

Talvez o comentário dos cem cadernos por Bernard Brun esclareça a dúvida.

A classificação temática ou narrativa, que faz corresponder cada caderno de rascunho a uma secção precisa do romance acabado em 1927 a título póstumo, deveria ser substituída por outra,

18 M. Proust, *O Tempo Redescoberto*, p. 280
19 *The Growth of* À la recherche du temps perdu: *A Chronological Examination of Proust's manuscripts from 1909 to1914.*

A CIRCUNSTÂNCIA NA CONSTRUÇÃO DE *EM BUSCA DO TEMPO PERDIDO*   207

estratigráfica, que restituiria as diferentes etapas sucessivas da redação da obra, em 1909, em 1911, em 1914 e a partir da Grande Guerra. Um fragmento de rascunho corresponde ao estado em que se encontram os trabalhos, muito mais do que a um segmento da narrativa. Teríamos assim várias camadas se recortando às vezes, ou melhor, uma série de círculos concêntricos com transversais, mas todas a partir do *Contre Sainte-Beuve*. A análise interna, assim como material dos cadernos, a de algumas séries numeradas por Proust e o estudo comparado da biografia, da correspondência e dos documentos manuscritos poderiam ajudar[20].

Brun não faz nenhuma suposição quanto à escolha de um fragmento ou de outro, mas sugere uma crítica interna. Poderíamos afirmar que o vai e vem até 1911 prove a importância da circunstância? Seria também algo a ser comprovado. Mas ainda que a resposta seja afirmativa, podemos dizer a mesma coisa para o que segue?

Continuamos com Brun:

Fazendo isto, Proust reintroduz em parte a linearidade do romance de aprendizagem e de iniciação em uma obra que tinha como pivô uma cronologia pipocada através dos diferentes níveis de retrospecção de um 'eu'. Mas assim, ele sublinha uma estrutura binária, antitética, que será por sua vez subvertida pelas transformações ulteriores do romance.

Por mais que o crítico tente reencontrar uma estrutura, ele constata logo sua destruição e se pergunta então, se

esta expansão e este despedaçamento são verdadeiramente acidentais? Eles parecem levados por uma lógica escritural desde os primeiros cadernos, desde a narrativa do *Contre Sainte-Beuve*, por uma força da pluma que corre no papel. Da mesma forma, a nostalgia da simetria e do díptico que subsistem, na obra impressa pela bipartição sistemática dos episódios da narrativa e dos volumes publicados. Uma lição para os pesquisadores: a escritura se desenvolve independentemente da narrativa que ela sustenta[21].

---

20 Les Cent cahiers de Marcel Proust: Comment a-t-il rédigé son roman?, disponível na Internet em: <http://www.item.ens.fr/index.php?id=13947>.
21 Idem.

208 OS PROCESSOS DE CRIAÇÃO NA ESCRITURA, NA ARTE E NA PSICANÁLISE

"Lógica escritural" e "força da pluma" insistem na pressão que vem não do escritor ou de seu pensamento, mas de algo de fora, de um atrator não dominado que transforma o escritor em *scriptor* e faz com que "a escritura se desenvolva independentemente da narrativa que ela sustenta". A escritura não é, portanto, a narrativa, nem a intriga das personagens, nem as reflexões do narrador, nem o empurro de um plano inicial, ainda que fosse uma catedral. Este argumento reforçaria a hipótese defendida pelo próprio narrador sobre a força da circunstância.

O que deve fazer, portanto, o crítico leitor? "Seguir cada etapa da redação permite estabelecer cada estado do projeto na sua totalidade: entre as primeiras linhas que se escrevem e as últimas, ele evoluiu. As últimas páginas jamais coincidem exatamente com as primeiras, e seria ilusório procurar reconstituir um *Contre Sainte-Beuve* ou um romance de 1913"[22].

Se quisermos compreender os processos de criação na escritura proustiana, precisaremos levar em conta a circunstância e, com Fraisse[23], acrescento, os fragmentos e o detalhe, este aspecto muito ligado à circunstância, seguindo Giovanni Morelli, Sigmund Freud[24], Leo Spitzer[25], Manuel Bandeira[26] e Irène Fénoglio[27]. Precisaria também comentar o texto de Proust

---

22 Idem.

23 *Le Processus de création chez Marcel Proust. Le fragment expérimental.*

24 "Muito tempo antes que tivesse ouvido falar de psicanálise, ouvira dizer que um perito em arte, Ivan Lermolieff, cujos primeiros ensaios foram publicados em língua alemã de 1874 a 1876, tinha operado uma revolução nos museus da Europa, revendo a atribuição de muitos quadros, ensinando como distinguir com certeza as cópias dos originais e reconstruindo com as obras, assim liberadas de suas atribuições primitivas, novas individualidades artísticas. Ele obteve este resultado fazendo abstração do efeito de conjunto e dos grandes traços de um quadro e levantando a significação característica de detalhes secundários, minúcias tais como a conformação das unhas, pedaços de orelhas, auréolas e outras coisas inobserváveis que o copista descuida, mas que, entretanto, são executadas pelo artista de um modo que o caracteriza. Soube depois que, sob este pseudônimo russo, dissimulava-se um médico italiano chamado Morelli. Morreu em 1891, senador do Reino da Itália. Acredito este método aparentado de muito perto à técnica médica da psicanálise. Ela também tem costume de adivinhar por traços desdenhados ou não observados, pela recusa da observação, coisas secretas ou escondidas". S. Freud, *Le Moïse de Michel-Ange* (1914), edição eletrônica, p. 14.

25 *Études de style.*

26 *Estrela da Vida Inteira*, apud A. Bebiano, op. cit., p. 58.

27 Lecture macro, lecture micro du processus d'écriture. Réflexion sur la performativité du détail en critique génétique, *Manuscrítica*, n. 14, p. 22.

A CIRCUNSTÂNCIA NA CONSTRUÇÃO DE *EM BUSCA DO TEMPO PERDIDO* 209

sobre a oposição entre a descoberta de grandes leis e o rebuscador de detalhes:

> Breve pude mostrar alguns esboços. Ninguém entendeu nada. Até aqueles que foram favoráveis à percepção das verdades que tencionava gravar depois no templo felicitaram-me por havê-las descoberto ao "microscópio", quando, ao contrário, eu me servira de um telescópio para distinguir coisas efetivamente muito pequenas, mas porque situadas a longas distâncias, cada uma em um mundo. Procurara as grandes leis, e tachavam-me de rebuscador de pormenores[28].

Na segunda parte deste capítulo, em contraposição a essa hipótese da predominância da circunstância, mostrarei como o *Em Busca do Tempo Perdido* não fica devendo nada aos romances anteriores, quando o narrador quer construir uma personagem portadora não somente de discurso, mas da complexidade do ser humano.

"Charles Swann mostra como sua percepção está vinculada à de um diletante, cujo ponto de vista conserva algo de maravilhoso e mágico para as criações artísticas, como se a arte oferecesse mais do que obras e fosse capaz de ensinar a ler a vida", afirma Alexandre Bebiano na sua tese[29].

Por que Swann se casou com Odette, apesar de não gostar de uma mulher desse tipo? Pergunta que faço em *Proust, poeta e psicanalista*, e que muitos leitores fazem, mas sem muita satisfação nas hipóteses. Bebiano cita a resposta do narrador que não convence: apresenta Odette à duquesa de Guermantes e descobre outras causas que se cruzam em *À Sombra das Raparigas em Flor*. Primeiro, o gosto pelas experiências de sociologia divertida manifesto nas festas do salão de Odette. Mostrando um gosto um tanto sádico ou perverso, Swann é qualificado de discípulo de Mendel, porque acoplava raças (*mésalliance*) ou estratos sociais diferentes. Segundo, seu gosto de "colecionador" e enfim a tendência que explicaria tudo: "descobrir analogias entre os seres vivos e os retratos de museus", de maneira a transformar "a vida mundana em quadros"[30].

---

28 M. Proust, *O Tempo Redescoberto*, p. 286.
29 Op. cit., p. 5.
30 Idem, p. 96 a 99.

210 OS PROCESSOS DE CRIAÇÃO NA ESCRITURA, NA ARTE E NA PSICANÁLISE

Que a personagem apresenta características de ser perverso na sua sociologia, não há dúvidas. Mas gostaria de me deter um pouco neste espírito de colecionador de Swann, levando em conta a observação do psicanalista Gérard Wajcman. Pensamos, disse ele, que "toda coleção é, no seu princípio, um ato deliberado e livre de pura liberdade e puro desejo", no entanto, não é bem assim: "a coleção é reunida sob a injunção, a férula tirânica, do objeto. Ninguém é menos livre do que um colecionador"[31].

Será que é o caso da personagem Swann?

[...] quando [Swann] nos falava nas pessoas que acabava de visitar, notei que a escolha que fazia entre aqueles a quem outrora conhecera era guiada pela mesma espécie de gosto, meio artístico, meio histórico, que tinha como colecionador. E notando muitas vezes que era esta ou aquela grande dama desclassificada que lhe interessava, porque fora amante de Lizt ou algum romance de Balzac fora dedicado à sua avó (da mesma forma que comprava um desenho se Chateaubriand o havia descrito), tive a suspeita de que, em Combray, havíamos substituído o erro de julgar Swann um burguês que não frequentava a sociedade pelo outro erro de o julgarmos um dos homens mais elegantes de Paris[32].

Swann coleciona não as pessoas que tiveram contato com Balzac, Chateaubriand ou Liszt, mas a relação com esses famosos artistas. É como se ele quisesse incluir-se nos romances ou na música do compositor, fazer parte da ficção, do quadro ou da melodia através dessas pessoas. O último motivo do colecionador Swann seria, na minha hipótese, ser ele mesmo objeto de arte. A injunção, o objeto tirânico é a inclusão na arte e, consequentemente, a saída do mundo real, devemos supor.

É o que lemos neste trecho :

Logo que desceu do carro, no primeiro plano desse fictício resumo da sua vida doméstica que as donas de casa pretendem oferecer a seus convidados nos dias de festas de cerimônia, procurando respeitar a verdade do vestuário e da decoração, Swann sentiu prazer em ver os herdeiros dos "tigres" de Balzac, os *grooms* encar-

---

31 *Collection*, p. IV.
32 M. Proust, *À Sombra das Raparigas em Flor*, p. 87.

A CIRCUNSTÂNCIA NA CONSTRUÇÃO DE *EM BUSCA DO TEMPO PERDIDO*   211

regados de acompanhar os amos nos passeios e que, de chapéu e botas, permaneciam fora, diante do palácio, na avenida, ou diante das cavalariças, como jardineiros colocados à entrada de seus jardins. O particular pendor que sempre tivera de descobrir analogias entre os seres vivos e os retratos dos museus novamente se exercia, de modo mais constante e geral; era toda a vida mundana, agora que Swann se achava desligado dela, que se lhe apresentava como uma série de quadros[33].

Embora não quisesse colecionar um objeto material – figurino, corda, moeda, selo, escultura de bicho ou qualquer outra coisa –, Swann desejava a transformação de objetos (no sentido freudiano de objeto) – as pessoas frequentadoras de salão –, como se seu objeto de coleção fosse não o objeto em si, mas a transmutação da vida em quadros, ou como se quisesse colocar a vida em quadros, para não dizer em um museu. Não somente ele entraria no quadro, mas todos os participantes dos salões também.

Assim, entendemos um pouco mais por que Odette agradava. Ela entraria na composição do quadro do momento, a *Primavera* de Sandro Boticelli, e ele, por meio dela, também. É mais um motivo para casar-se com Odette.

No entanto, há outro índice, usado pelo narrador para o barão de Charlus, que explicaria melhor ainda o perfil de Swann. Em *Sodoma e Gomorra*, lemos:

> De resto, compreendia eu agora por que, um momento antes, [...] me pareceu que o Sr. de Charlus tinha o aspecto de uma mulher: era-o! Pertencia à raça destes seres menos contraditórios do que parecem, cujo ideal é viril justamente porque seu temperamento é feminino e que são na vida semelhantes, em aparência apenas, aos demais homens; ali onde cada qual traz consigo, nesses olhos pelos quais vê todas as coisas do universo, uma silhueta gravada na pupila, não é para eles a de uma ninfa, mas a de um efebo[34].

É difícil determinar a natureza da pupila de Swann, se seguirmos a teoria do narrador proustiano. Há certamente uma ninfa, mas não seria uma ninfa, vamos dizer natural, seria a meu

33 Idem, *O Caminho de Swann*, p. 311.
34 Idem, *Sodoma e Gomora*, p. 13-14.

212 OS PROCESSOS DE CRIAÇÃO NA ESCRITURA, NA ARTE E NA PSICANÁLISE

ver um conjunto ou uma variação de figuras femininas vistas nos quadros admirados ou imaginadas a partir das leituras de Balzac principalmente. Esta qualidade diferenciaria Swann da personagem de Charlus que, mais real, gostava de sofrer com homens. Swann prefere ver a vida mundana através do prisma da literatura ou da pintura, como se tivesse na pupila um estratagema que transformasse os objetos vistos em personagens de Balzac ou Stendhal, ou em partes de quadro.

Embora Jean Rousset já sublinhe que Swann é o primeiro espelho do herói: "A personagem de Swann possui relações íntimas com o herói; ele é, ao mesmo tempo, seu pai espiritual e seu irmão mais velho", eu diria que Swann é mais do que isso. Ele sempre opera como uma sombra ou um dos duplos do narrador junto ao herói. Por exemplo, quando o herói, convidado pela primeira vez para jantar na casa do duque de Guermantes, manifesta o desejo de ver os quadros de Elstir, ele constata que:

Os trechos de parede cobertos de pinturas [de Elstir], todas homogêneas entre si, eram como as imagens luminosas de uma lanterna mágica, a qual seria, no caso presente, a cabeça do artista e cuja estranheza não se poderia suspeitar se apenas se conhecesse o homem, isto é, enquanto apenas se visse a lanterna cobrindo a lâmpada, antes que lhe houvessem colocado algum vidro de cor[35].

Como já afirmei alhures:

É como se o artista tivesse reproduzido em quadros as imagens que povoam sua mente. A luz que ilumina progressivamente a imagem simboliza o trabalho que o artista aplica em reproduzir o que se desvela, mas indica também que qualquer objeto precisa de uma fonte luminosa para ser percebido por inteiro[36].

A diferença entre as imagens de Swann e de Elstir não está na localização: os dois possuem as imagens na mente. Entretanto, enquanto o primeiro repete e duplica as imagens de sua bagagem cultural nas pessoas encontradas; Elstir, armado de vidros de cor e de uma luz particular, transforma as imagens e

35 Idem.
36 P. Willemart, *Educação Sentimental em Proust*, p. 170.

A CIRCUNSTÂNCIA NA CONSTRUÇÃO DE *EM BUSCA DO TEMPO PERDIDO* 213

se distancia da tradição. Swann, parecido com Elstir nas condições iniciais, bifurca-se erroneamente, não tendo colocado vidros de cor nem luz original. Será esta a diferença entre o artista e o diletante? Elstir já transforma as imagens na mente e projeta as mudanças no quadro, para em seguida trabalhar o quadro, prosseguindo a transformação, enquanto Swann pula a transformação interna, vai direto para a externa e transforma as pessoas encontradas em quadro. O defeito do diletante seria este: não ter uma luz interna nem vidros de cor, elementos que o herói vai adquirir aos poucos, ajudado pelo narrador.

Devemos acreditar na afirmação do narrador sobre a prevalência da circunstância sobre a personagem? Eu diria que sim, sabendo, no entanto, que o narrador soube aproveitar a tradição flaubertiana, balzaquiana ou stendhaliana para desenhar algumas personagens fortes como Swann, submetido, no entanto, às circunstâncias, como a do encontro com Odette, por acaso, na casa dos Verdurin, ou das visitas aleatórias na casa da esposa, entre outras.

Em outras palavras, o gênio proustiano conseguiu desenhar personagens movimentadas pela plasticidade, sinônimo da circunstância, imitando assim a realidade onde o sujeito homem "fica submetido a qualquer instante à imprevisibilidade radical de seu porvir [...] que não se reduz nem à ideia de um desenvolvimento pré-programado (o conjunto dos genes) nem à de uma causalidade psíquica direta". Portanto, "devemos encarar os fenômenos de mudança sob o prisma da plasticidade, quando a complexidade resulta de uma determinação do aleatório"[37].

---

37 François Ansermet e Pierre Magistretti, *À chacun son cerveau: Plasticité neuronale et inconscient*, p 171.

se drama na descrição. Swann, parecido com Hıstır nas condições inte... falhura-se erroneamente, não tendo colocado
vidros de cor... num luz original. Será esta a diferença entre o
artista e o di...nido? Pisit já transforma as imagens no interic
e projeta... mudanças no quadro, para em seguida trabalhar o
quadro, projectando-o a transformação, enquanto Swann pela
a transformação interna, ver dietro para a externa e transforma as... encontradas em quadro. O defeito do diletante
será este não ter uma luz interna nem vidros de cor, elementos
que o heror teal adquirir aos poucos, ajudado pelo narrador.

Devemos acrescentar na afirmação do narrador sobre a prevalência da circunstância sobre a personagem? Eu diria que
sim, saberado no relator, que o narrador se sobrepõe/sobre a
matéria flaubertiana, balzaquiana ou stendhaliana para desel-
obrar algumas personagens fortes como Swann, submetido, no
entanto às circunstâncias, como a do encontro com Odette,
por acaso, na casa dos Verdurin, ou das tardas aleatórias na
casa da esposa, entre outras.

Em outras palavras, o gênio proustiano conseguiu desel-
mar personagens movimentadas pela plasticidade, sinônimo
da circunstância, incluindo assim a realidade onde o sujeito
homem "fica submetido a qualquer instante a uma invisibili-
dade radical de seu porvir [...] que não se reduz nem a ideia
de um desenvolvimento pre-programado (o conjunto dos genes) nem à de uma causalidade psíquica ditada". Portanto, devemos encarar os fenômenos de mudança - sob o prisma da
plasticidade, quando a complexidade resulta de uma determinação do destino".

6. De qual Inconsciente se Trata na Escola das Mulheres de Molière?

Diferenciar o *complexo* de Édipo do *mito* permite definir o além do complexo de Édipo elaborado por Jacques Lacan na sua releitura de Freud e ajuda o crítico a não reduzir a obra literária a uma simples aplicação do Édipo freudiano, mas, pelo contrário, a descobrir "parâmetros escondidos"[1] que definam a singularidade da obra.

O mito é sempre uma história ou uma lenda coletiva, sem autor individual, atemporal, uma ficção que tenta conciliar verdades (ou consistências imaginárias) que não podem coexistir[2].

Dois exemplos ilustram esse conceito: o mito de Édipo e as teorias sexuais nas crianças.

O mito concilia assassinato, incesto e casamento – Laios assassinado e Jocasta casando-se com o filho –, vontade dos deuses e vontade dos homens; fatos que, embora incoe-

---

1 R. Thom, *Paraboles et Catastrophes*, p. 83
2 "[...]espécie de contradição interna que nos faz supor com frequência, nos mitos, que há incoerência, confusão entre duas histórias, quando na realidade o autor, quer se trate de Homero ou do pequeno Hans, é presa de uma contradição que é simplesmente aquele de dois registros essencialmente diferentes". J. Lacan, *O Seminário, Livro 4, A Relação de Objeto*, p. 379.

216 OS PROCESSOS DE CRIAÇÃO NA ESCRITURA, NA ARTE E NA PSICANÁLISE

rentes, são parecidos ou pelo menos têm uma relação comum[3].

As teorias sexuais das crianças tentam conciliar a chegada de um irmão com o amor da mãe ou do pai[4]. A criança deseja continuar a ser a única amada e não tolera a vinda de um segundo filho; nesta aparente incoerência, a situação é parecida com o mito.

A literatura universal exemplifica estas teorias: Jesus é concebido pela palavra do anjo Gabriel na *Bíblia;* a personagem Gargântua nasce pelo ouvido no primeiro livro de Rabelais; a inocente Agnès admite a origem auricular das crianças na *Escola das Mulheres* de Molière; mas, como o relata Freud, existem outras elucubrações que determinam o nascimento pelo seio, pelo intestino, pela cegonha etc. que são inventadas para mascarar as relações sexuais entre os pais.

AS RELAÇÕES ENTRE O MITO E O COMPLEXO

O complexo não decorre de uma história coletiva, sem autor reconhecido e fora do tempo, como o mito. O complexo de Édipo, particularmente, como todos os outros complexos, sempre é individual e designa "uma estrutura fundamental de relações pessoais e a maneira pela qual a pessoa encontra seu lugar na estrutura, isto é, entre o pai e a mãe, e se firma nela"[5]. Eu diria que o mito dá a matéria, e o sujeito dá o sentido, como as lendas da Bretanha deram a matéria dos romances de Chrétien de Troyes e o autor lhes deu a forma.

---

3 "[...]um incesto e um assassinato são coisas equivalentes [...] Na primeira geração, há incesto. Quando passaram à geração seguinte, [...] irão demonstrar que a noção de irmãos gêmeos é a transformação do par pai-mãe na primeira geração, e que o assassinato, o de Polinice, está situado no mesmo lugar do incesto. Tudo repousa na operação de transformação, já regulada por um certo número de hipóteses estruturais sobre a maneira de tratar o mito". Idem, p. 261.

4 S. Freud, *Trois essais sur la théorie de la sexualité* (1905), p. 92.

5 J. Laplanche; J.-B. Pontalis, *Vocabulaire de la Psychanalyse*, p. 73.

O QUE O COMPLEXO PEDE EMPRESTADO AO MITO DE ÉDIPO?

O mito encena os três personagens indispensáveis, Édipo, Laius e Jocasta, e salienta a ignorância de Édipo, que mais tarde será identificada com o inconsciente. Édipo, não querendo se submeter ao destino que lhe dizia que mataria o pai e desposaria a mãe, foge de Corinto, terra de seus pais adotivos, o que ele ignorava; sem saber, executa a predição do oráculo.

A ignorância da origem verdadeira ou de uma memória particular provocou o drama. Édipo, embora avisado, não quis saber de sua verdadeira origem, preferiu acreditar na paternidade de Pólibo e fugiu. Não foi a fundo na procura da verdade, e assim foi enganado e obedeceu ao oráculo.

Houve deslocamento da origem aliado a um não querer saber a verdade. Édipo achava que sua história começava com Pólibo e Mérope e ignorou a etapa da vida que ia de sua concepção até três dias[6]; em outras palavras, esqueceu uma de suas memórias, evitou uma das variáveis essenciais de sua história, não querendo saber de seus verdadeiros genitores; trocou de pais e de país.

Cego e iludido, fazendo de conta que não existia essa etapa, isto é, tendo um ponto cego na sua história porque não prestou atenção à palavra de um homem bêbado que o chamou de "criança suposta"[7], vivendo na ilusão e no imaginário de uma filiação verdadeira, embora adotiva, assentado em um falso parentesco, deslocado no simbólico, mata um estrangeiro no caminho de Tebas, enfrenta a Esfinge, libera Tebas da peste e casa-se com a mãe Jocasta.

Édipo tinha uma leitura exata dos acontecimentos de sua vida, mas seu ângulo de visão estava estreito demais e não abrangia a totalidade de sua história. A etapa ou a memória burlada e escondida lhe teria oferecido uma interpretação exata de seu destino, mas não o sabendo, deixou-se levar por esse tempo ignorado e cumpriu o oráculo.

---

6 Sófocles, *Oedipe-Roi*, p. 222.
7 Idem, p. 224. Ver também os belos romances de Henry Bauchau, *Oedipe sur la route* e *Antigone*.

218 OS PROCESSOS DE CRIAÇÃO NA ESCRITURA, NA ARTE E NA PSICANÁLISE

Relendo assim o mito, posso destacar elementos essenciais que serão recuperados no complexo de Édipo:

1. O mito é baseado no desconhecimento de um período da vida que recobre a vida sexual dos pais, relacionada com o nascimento do filho.

2. Essa ignorância cultivada provoca uma inversão na conduta humana: o homem, apesar de sua pretensão de guiar seu destino, é guiado e faz o que não quer.

3. Édipo, sabendo a verdade e a revelando a todos, provoca o suicídio de Jocasta, arranca seus olhos, que o enganaram "para não ver, nem o mal que sofri, nem aquele que eu causei"[8] e segue seu destino, acompanhado de suas filhas, abandonando a situação falsa na qual se encontrava. Forçado a conhecer seu verdadeiro passado ou todas as suas memórias, ele prefere cegar o resto da realidade e andar inteiramente na escuridão, desconfiando de seus olhos e do olhar enganador que não dimensiona suficientemente os fatos.

O complexo de Édipo trata, portanto, desta etapa da vida antes do nascimento que depende das relações sexuais entre os pais e que é lembrada na ocasião do nascimento de um irmão/ã ou de um primo/a. A criança tenta conciliar os fatos – a realidade do nascimento – com o desejo de ser a única amada pelos pais e, especialmente, pela mãe.

Freud descobriu assim uma das chaves que explicam, mas não curam necessariamente, muitas neuroses, psicoses e perversões. De fato, muitos comportamentos, angústias, relatos de sonhos, contos e romances encontram uma explicação possível nessas relações extremamente complexas entre os pais e a criança.

Freud distingue a fase pré-genital e a fase genital, fases que observamos facilmente nos filhos e sobrinhos. A primeira se manifesta quando o menino de três anos em geral chama a mãe de "florzinha", "algodão doce", "minha verdurinha", "minha mulher", se queixa de que a mãe fica muito tempo no quarto com o pai ou o expulsa da cama, entrando em conflito aberto com ele. "Ele acha que pode satisfazer a mãe, como criança e quanto ao desejo dela"[9].

8 Sófocles, op. cit., p. 242.
9 J. Lacan, *Livro 4, A Relação de Objeto*, p. 231.

DE QUAL INCONSCIENTE SE TRATA NA *ESCOLA DAS MULHERES* DE MOLIÈRE?   219

Esta fase termina quando percebe a pequenez de seu pênis, ao ocorrerem as primeiras masturbações, e constata que não tem condições de brigar com o pai. A saída do complexo de Édipo é fácil de entender. Já que essas fases pré-genital e genital consistem em imaginar uma relação incestuosa com a mãe, a saída se resume na instalação da lei fundamental proibindo o incesto, "lei recalcada no inconsciente [...] (e a instalação) da consciência moral que se chama superego ou supereu".[10] Portanto, a resolução do complexo de Édipo decorre da posição da criança em relação ao pai e ao que ele representa, a lei.

E para a menina?

[...] a realização de seu sexo não se faz de um modo simétrico ao do homem, isto é, não se faz por uma identificação com a mãe em relação ao objeto paterno, mas pelo contrário, pela identificação imaginária ao objeto paterno [...] o que é um desvio suplementar[11].

POR QUE NÃO MANTER A CONCEPÇÃO FREUDIANA?

Não é porque não funciona. O complexo de Édipo, nas suas múltiplas variações, é a base da clínica psicanalítica e continua sendo um instrumental eficaz da cura até um certo ponto. A maioria dos analisandos está realmente com problemas a partir da resolução incompleta das relações com os pais e com este período antes do nascimento, mas não talvez nas mesmas circunstâncias vividas pelos analisandos de Freud.

Daniel Sibony evoca a mudança sofrida nessa segunda parte do século xx: "Não se trata mais de liberar uma mensagem: 'Você quer matar seu pai!', mas de reconstruir o vasto complexo de espaços que são para o analisando lugares de impedimentos nos quais o medo de se expor, de ficar na frente, evoca o medo de ser castrado e, portanto, todo o complexo paterno"[12]. A angústia que decorre desta não resolução provoca

---

10 Idem, p. 206.
11 Idem, p. 207.
12 *Le Peuple "psy"*, p. 182.

as neuroses que conhecemos desde a fobia até a histeria, passando pela neurose obsessiva etc.

Mas tratamos de literatura e não de clínica. Trabalhar com o complexo de Édipo na análise dos textos leva fatalmente a reencontrar o que procuramos, mesmo que a forma ou a maneira de dizer seja diferente.

Charles Mauron, o criador da psicocrítica, analisou o cômico em Molière e, com certa razão, leu as comédias de Molière como uma luta de gerações dos velhos contra os jovens.

Na *Escola das Mulheres* (1662), Arnolphe, de 42 anos, e Horace, de 20 anos, lutam para conquistar Agnès, de 16 anos, educada pelo primeiro desde os quatro anos, mas desejada por ambos.

O jovem, ajudado pelas circunstâncias, consegue evidentemente seu objetivo e Arnolphe é obrigado a reconhecer a vaidade de seu projeto. Mauron suspeita de uma tentativa de incesto por parte de Arnolphe, não sem razão, que, acrescida do fracasso geral de sua autoridade moral, desenha uma personagem adulta infantilizada que, por isso, provoca o riso do público. Habituados a respeitar e a curvar-se frente à autoridade (os pais, a polícia, o prefeito, o professor, as normas, a lei etc.), os espectadores riem da personagem enganada que representa esta autoridade.

Onde está o Édipo?

Mauron responde:

1. "enquanto na realidade, o filho perturba o amor dos pais, na comédia, assistimos a uma inversão; é o pai libidinoso que, incapaz de controlar seus apetites, perturba o amor dos filhos; é despojado de seus atributos e degradado até o estado de filho"[13];

2. "O incesto é representado por uma rivalidade amorosa entre pai e filho, que vale ao pai uma paulada dada por domésticos"[14];

3. "O parricídio é representado pela derrota do pai, que perde a mulher"[15] e às vezes a fortuna.

Isto é, os elementos do complexo estão lá, mas deslocados. Aquele que representa a lei não respeita a lei do incesto, o que é engraçado e gera uma espécie de humor!

13 *Psychocritique du genre comique*, p. 59.
14 Idem, p. 60.
15 Idem, p. 61.

A leitura de Mauron das comédias de Molière, e de alguns predecessores latinos e gregos, é certamente esclarecedora, mas assim fazendo, Mauron suprime a riqueza de cada peça, reduz consideravelmente o valor de cada uma e cai na armadilha na qual caem muitos psicanalistas e críticos literários que pretendem aplicar a psicanálise à literatura: reduzir os contos e romances à resolução do complexo de Édipo do escritor ou das personagens.

Como ler então *A Escola das Mulheres* de um ponto de vista psicanalítico? Não pretendo indicar *a* leitura, mas oferecer *uma* leitura possível.

Por um lado, não podemos negar que a contribuição de Mauron, por mais restrita que seja, ilumina a crítica, mas por outro lado, não ficamos satisfeitos e queremos outro ponto de partida.

Será que há aqui uma realização singular do Édipo? O que não funciona e claudica nas relações entre personagens?

Primeiro, quem praticaria o incesto não é o jovem Horace, mas Arnolphe, com o segundo nome escolhido: M. de la Souche, nome conhecido apenas pelo amigo Chrysalde, pelos domésticos e por Agnès. Seria um incesto pai-filha, com o agravante de que Arnolphe não ignora absolutamente a situação de Agnès. Segundo, além de não ser o filho, mas sim um filho, o nome duplo de Arnolphe e a idade de Agnès enganam Horace.

Terceiro, quem apanha, é ferido ou morto não é Arnolphe, mas M. de la Souche.

O público tanto quanto Chrysalde estão a par da duplicidade de nome e da situação de Arnolphe, mas enquanto o primeiro toma partido do respeitável Arnolphe, o público, incentivado pelos apartes, toma partido, quase sem saber, por M. de la Souche, como se houvesse conivência entre M. de la Souche e os espectadores.

A genialidade de Molière nesta peça não consiste em oferecer um Édipo especial, mas inventar um nome duplo para Arnolphe, situação da qual decorrem duas consequências:

1. Insinua uma divisão na personagem Arnolphe, que mostra a convivência com o adulto de uma criança libidinosa, que despreza as leis da sociedade e pretende exercer seu desejo às custas da jovem Agnès. Essa criação parece inédita na literatura.

2. Insiste na história do nome escolhido "por acaso". Essa escolha é ao mesmo tempo sintomática e genial, se entendermos o sentido de "la souche" em francês. Traduzido por cepa ou tronco em português, "la souche" é a parte da árvore enterrada com as raízes, a que suga a terra para transmitir forças e vida à árvore. A mesma palavra faz parte das expressões "faire souche", criar uma descendência, ou "de souche indo-européenne", de origem indo-europeia, que fazem alusão à origem ou a um início.

De propósito ou não, Molière escolheu um nome que tem a ver com a origem, a mãe, o começo da vida, a transmissão da vida ou o "mistério" da geração, como se pensava ainda até o século XVIII[16].

A linguagem fala mais do que pensava Molière provavelmente. Já Montaigne, bem antes de Vico e Herder, pressentia que a maioria das palavras e locuções são tropos apagados[17].

Quem está se interrogando sobre suas origens, este tempo de vida que antecedeu seu nascimento, como Édipo, ou quem está com desejo de reviver ou viver uma relação íntima, para não dizer incestuosa com a mãe, não podia escolher melhor nome do que esse.

É só agora que podemos entender a relação edipiana de M. de la Souche. É realmente uma relação mãe-filho, sendo que o segundo nome representa uma criança que quer imitar o pai com a mãe e "devorá-la".

O problema é que o nome Arnolphe, que representa o pai, é a mesma personagem. A luta é interna e Agnès, uma psicanalista bem involuntária, já que ela permite a seu pai, adotivo, se externar como "de la Souche".

Observe-se que não partimos como Mauron, de uma inversão de papéis no Édipo, a saber, de uma troca de posição de pai para filho e de uma infantilização decorrente do pai, mas da análise dos nomes da personagem. A linguagem sedimentada

---

16 Maupertuis, diretor da Academia Real de Berlim no reino de Frederico da Prússia, apresentou *La Vénus physique* em 1756. Esta conferência presta testemunho, diz Lacan, "do tempo que levaram estas bestas falantes que são os homens [...] para se dar conta do específico da reprodução sexuada". J. Lacan, *Le Séminaire, Livre XXII*, 1974-1975*RSI*, p. 10.
17 H. Friedrich, *Montaigne*, p. 383.

pela tradição ofereceu uma interpretação mais segura do que a análise da situação das personagens no triângulo edipiano.

Reencontramos o complexo de Édipo, sim, mas em uma só personagem, sem necessidade de malabarismo e de confusão entre a figura da mãe e Agnès, que não tem nenhum traço materno para Arnolphe, sem fazer de Horace um filho concorrente com o pai para a conquista da mãe e, enfim, sem assimilar a paulada levada por Arnolphe dos domésticos a um parricídio.

Há realmente, como Mauron o sublinha, duas histórias cruzadas, a de Arnolphe-"de la Souche" e a intriga amorosa de Agnès e de Horace, só que a história de Arnolphe se trava com seus fantasmas e não com Agnès, que nem se preocupa com seu pai adotivo.

Enquanto o nível de linguagem dos dois amantes é galante e cortês, mesmo se a inocência de Agnès permite algumas atitudes ousadas, como se deixar acariciar o braço, o nível de linguagem de Arnolphe é bastante ambíguo, porque o "de la Souche" está sempre em contraponto com a fala da personagem. Como o salientou bem Mauron, mas sem fazer a relação com os nomes da personagem, o cômico da grande comédia de Molière se deve a esta ambiguidade da linguagem dividida entre o escabroso da farsa e o galante da intriga amorosa. O público escolhe involuntariamente ou inconscientemente de que lado se inclina a fala de Arnolphe e ri, às vezes, da gozação da autoridade; às vezes, da inconveniência "inter-dita" nas palavras.

Nossa interpretação não se deteve no sentido aparente de uma relação edipiana, mas na análise de um significante que ultrapassa a personagem e seu autor. Quando o nome "de la Souche" aparece na primeira cena, ele se torna objeto de escárnio do amigo Chrysalde, porque alude a esse desejo insensato dos burgueses de pertencer à aristocracia.

Indo além desse sentido, tentando sair dessa interpretação social que revelava uma prática comum no século XVII para arrancar um outro sentido, limitamos a leitura "edipiana" a *uma* personagem e preservamos a originalidade da *Escola das Mulheres,* que decorre da articulação ao mesmo tempo harmoniosa e ambígua entre os dois níveis de fala na mesma personagem, que se contrapõe a uma verdadeira intriga amorosa.

224 OS PROCESSOS DE CRIAÇÃO NA ESCRITURA, NA ARTE E NA PSICANÁLISE

Mas a própria limitação da interpretação edipiana a uma só personagem permite também reunir as outras leituras, o que demonstra sua riqueza.

O drama do marido enganado (*le cocuage*), visto como o maior fantasma a evitar por Arnolphe e que motivou declaradamente sua conduta com Agnès, constitui a unidade de ação visível da comédia, mas percebemos que, sob pretexto de fazer parte da aristocracia – a classe política mais reconhecida socialmente – Arnolphe escolhe, ou melhor, Molière escolhe um nome que, segundo a visão moralista ou psicanalítica, pode ser interpretado como incluindo as ambições libidinosas da personagem ou uma vontade de reviver um período da vida infantil.

Chegamos assim ao inconsciente de Molière? Determinamos assim uma pulsão ou um recalque do escritor? De jeito nenhum. Sem Jean-Baptiste Poquelin no divã, é impossível confirmar qualquer coisa que seja do inconsciente e estaremos entregues somente a hipóteses.

Lendo o significante "souche" na sua história, entramos não no inconsciente do dramaturgo, mas em um espaço mais largo, que é a linguagem, uma das componentes do simbólico. Se somos falados pela linguagem, dizemos coisas sem saber, porque a linguagem, com toda a sua bagagem, nos faz dizer o que não queremos ou nem pensamos.

Não se trata do inconsciente freudiano, que tem a ver com nossa vida singular de pulsões e desejos, mas do inconsciente lacaniano, que o inclui e vai além. Se Lacan parte do significante e não do Édipo, da forma das palavras e não do conteúdo, "de la Souche" e não do complexo de Édipo, é porque acredita que a fonte das neuroses está no bloqueio de um significante com um significado[18].

Se a personagem Arnolphe fosse um ser falante e não uma máscara, diria que Arnolphe está bloqueado, sem saber ou inconscientemente, com sua origem. O fato de ter não recusado, mas duplicado seu nome de batismo que o colocava na sociedade civil ou religiosa, outra dimensão do simbólico, e escolhido

18 "A teoria do significante induziu Lacan para além do complexo de Édipo como estrutura fundamental, em direção a um inconsciente que não é recalcado". A. Juranville, *Lacan et la philosophie*, p. 429.

DE QUAL INCONSCIENTE SE TRATA NA *ESCOLA DAS MULHERES* DE MOLIÈRE? 225

o nome "de la Souche", revela ao mesmo tempo sua pergunta fundamental, mas também seu desejo de resolver sua situação sexual, distanciando-se do simbólico que o cercava.

Quem intervém na escritura da peça e quem, portanto, tenta resolver sua situação sexual? Não é evidentemente a personagem, que é apenas porta-voz. Não é Jean-Baptiste Poquelin, que compartilha a autoria com Molière, embora sem prerrogativa particular. Será que é Molière visto como fruto de sua obra, junto com a cultura, portadora da linguagem?

ATINGIMOS O CERNE DA CRIAÇÃO ARTÍSTICA

O artista, e mais do que tudo, o escritor, se define por sua capacidade de, ao mesmo tempo, se moldar à linguagem e dominá-la. Entrar em um processo de criação requer como primeira qualidade a passividade no sentido de paixão, de sofreguidão, de padecer da linguagem, deixar-se levar pela linguagem e aqui, pelas personagens. Este primeiro movimento fatalmente leva o artista a entrar em choque com a linguagem automatizada, espécie de simbólico estabelecido, isto é, uma linguagem bloqueada com o sentido fixo. A primeira cena da *Escola das Mulheres*, por exemplo, já goza da fidelidade no casamento, admitindo a associação natural da figura do marido enganado no casamento. O artista se distancia assim da instituição consagrada do casamento e encena a angústia de Arnolphe, o medo de ser enganado, o que motiva sua conduta com Agnès.

Em outras palavras, abalando o simbólico no qual se baseia a sociedade religiosa e civil de sua época, Molière denuncia a perversidade da instituição do casamento, que produz homens como sua personagem. Mas o autor não vai muito mais além, já que ele se limita a interpretar "de la Souche" apenas como uma vontade de mudar de classe social.

Descobrimos, através da análise da duplicidade de nomes, que o autor, levado pela encenação e pela linguagem, ilustra não somente uma luta de gerações, como salientou Mauron, mas a luta universal do adulto com a criança que cada um mantém dentro de si, isto é, uma luta com a vida não resolvida de desejos

226 OS PROCESSOS DE CRIAÇÃO NA ESCRITURA, NA ARTE E NA PSICANÁLISE

e pulsões[19]. Barrado por essa vida parada, o desejo fundamental, isto é, a ordem essencial do inconsciente, "Goza!", não pode ser executada, nem o desejo fluir livremente.

Isto explica por que a maioria do público toma partido de Arnolphe, já que ele reflete melhor a complexidade do homem, do que as outras personagens mais tipificadas oriundas da *Commedia dell'Arte*.

ULTRAPASSAMOS O COMPLEXO DE ÉDIPO?

Não, se identificarmos o complexo a um desejo de incesto com a mãe, o que de fato quer o sujeito Arnolphe infantilizado, que tem por nome "de la Souche", através de Agnès.

Sim, se aceitarmos que a vida inconsciente deste período, emprestada à personagem pelo autor, decorre do uso de um significante que remete a sentidos não sabidos, significante que, usado como máscara, revela à revelia do autor e da personagem um espaço bloqueado. Assim entendemos que o Édipo deve ser considerado apenas como um "biombo", um tapa-buraco que evita aprofundar a relação equivocada de Arnolphe com "de la Souche".

"De la Souche", temendo ser enganado por uma esposa "possível", vivendo o ciúme[20] de um marido virtual, aprende com Agnès que ele não é nada para ela, no ato v, cena 4:

> Com você, o casamento é doloroso e deplorável   [v.1116]
> E seus discursos fazem dele uma imagem terrível.
> Mas ele o descreve tão cheio de prazeres,
> que acaba por criar o desejo de se casar

e aí começa a esvaziar, como um balão furado, o sentido colocado sem saber pelo autor em "de la Souche".

---

19 "[...]uma infância só existe como perdida, desconhecida, recalcada e, assim, não cessa de não se escrever/inscrever, de insistir em 'nós'. No entanto, como ela insiste enquanto diferença temporal – enigma –, nos torna estranhos ao presente, nos torna 'estrangeiros em relação a nós mesmos'". Leandro de Lajonquière, A Psicanálise e o Debate sobre o Desaparecimento da Infância, *Revista Educação e Realidade*, p. 95.

20 C. Lefort, *La Naissance de l'Autre*, p. 116.

Um pouco depois, na sétima cena, acreditando que Oronte destina seu filho Horace para outra mulher, Arnolphe não dá mais importância em ser chamado "de la Souche", como se houvesse uma aceitação de "de la Souche" por Arnolphe, como se houvesse uma integração da criança no adulto, ou como se o estratagema do duplo nome não servisse mais, como se não precisasse mais deste nome para cobrir seu desejo, como se pudesse revelá-lo a todos.

Mas logo, a verdade sobre a origem de Agnès – filha adulterina da irmã de Chrysalde, escondida no interior pelo marido Enrique – mostra o quanto Arnolphe foi enganado desde que a adotou. Acreditava poder criar a menina para se casar com ela, mas se dá conta de que seu desejo estava construído sobre uma ilusão. Se tivesse sabido isto desde o começo, não teria forjado esse casamento com a filha de um amigo.

Por fim, o significante "de la Souche" se esvaziou de vez e retomou seu lugar na linguagem, como uma palavra qualquer para Arnolphe. Não havendo mais bloqueio nesta palavra ou não havendo mais uma memória singular ligada a ela, o desejo podia correr solto de novo.

Bibliografia

ABBÉ DE CONDILLAC (Étienne Bonnot). *Traité des sensations* (1754). Paris: Fayard, 1984.

AGOSTINI, Daniela de. L'écriture du rêve dans *A la Recherche du Temps Perdu. Cahier Marcel Proust*. Paris: Gallimard, 1984.

ALBALAT, Antoine. *Le Travail du style enseigné par les corrections manuscrites des grands écrivains*. Paris: Colin, 1903 (Réédité en 1991 avec Préface d'Eric Marty).

ALLOUCH, Jean. *Freud et puis Lacan*. Paris: E.P. E.L., 1993.

ANASTÁCIO, Silvia Maria Guerra. *O Jogo das Imagens no Universo da Criação de Elizabeth Bishop*. São Paulo: Annablume, 1999.

ANDRADE, Mário de. *Macunaíma*. In Telê Ancona Lopez. Vontade,Variante. II *Encontro de Edição Crítica e Crítica Genética*.

ANSERMET, François; MAGISTRETTI, Pierre. *À chacun son cerveau. Plasticité neuronale et inconscient*. Paris: Odile Jacob, 2004.

ARAGON, Louis. *Blanche ou l'oubli*. Paris: Gallimard,1972.

ARTAUD, Antonin. *Le Théâtre et son double. Oeuvres Complètes*. Paris: Gallimard, 1964.

AZEVEDO, Ana Vicentini. Ruídos da Imagem. In: RIVERA, Tânia; SAFATLE, Vladimir (orgs.). *Sobre Arte e Psicanálise*.São Paulo: Escuta, 2006.

BADIOU, Alain. *L'Éthique* (1993). Paris: Nous, 2003.

BANDEIRA, Manuel. *Estrela da Vida Inteira*. Rio de Janeiro: Nova Fronteira, 1993.

BARDÈCHE, Maurice. *Marcel Proust, romancier*. Paris: Les Sept Couleurs, 1971.

BARTHES, Roland. *Aula*. Tradução de Leyla Perrone-Moisés. 12 ed. São Paulo: Cultrix, 2004.

BAUCHAU, Henry. *Antigone*.Paris: Actes Sud, 1997.

_____. *L'Écriture et la circonstance*. Paris: Babel, 1992.

230 OS PROCESSOS DE CRIAÇÃO NA ESCRITURA, NA ARTE E NA PSICANÁLISE

_____. *Oedipe sur la route*. Paris: Babel, 1992.

BARRONE, Leda. *De Ler o Desejo ao Desejo de Ler*. Petrópolis:Vozes,1993.

BAUDELAIRE, Charles. Hymne à la beauté. *Oeuvres complètes*. Paris: Seuil, [s/d].

BEBIANO, Alexandre. *O Caso do Diletante: A Personagem de Charles Swann e a Unidade do Romance* Em Busca do Tempo Perdido. São Paulo: FFLCH, 2008 (tese).

BECKETT, Samuel. *Esperando Godot*. Trad. Fábio de Souza Andrade. São Paulo: Cosac Naify, 2006.

_____. *L'Innomable*. Paris: Minuit, 2004.

BELLEMIN-NOËL, Jean. Du style en critique. *Littérature*. Paris: Larousse, 1996, n.100

BENKIRANE, Redá (org.). *La Complexité, vertiges e promesses – 18 histoires de sciences*. Paris: Le Pommier, 2005.

BERTHOZ, Alain. *Le Sens du mouvement*. Paris: Odile Jacob, 1997.

BEUGNOT, Bernard. Bouhours/Ponge: regards croisés sur intertextualité et réécriture. Montréal: *Tangence*, n. 74, hiver 2004.

BIASI, Pierre-Marc de. Le Cauchemar de Marcel Proust. Disponível em: http://www.item.ens.fr/index.php?id=187315. Acesso em: 30 mar 2009.

BLOOM, Harold. *The Anxiety of Inluence. A Theory of Poetry*. New York: Oxford University Press, 1973. Ed. bras.: *A Angústia da Influência. Uma Teoria da Poesia*. São Paulo: Imago, 2002.

BORGES, Jorge Luis. *Fictions*. Paris: Gallimard, 1986 (col. "Folio").

BOURJÉA, Serge. Paul Valéry, sujet de l'écriture. In: *Gênesis*. Montpellier, n. 8, 1995.

BRITO, Cristiane Myriam Drumond de. Uma Escritura em Processo: Joaquim Aguiar. São Paulo: PUC-SP, 1999 (tese).

BRUN, Bernard. Les Cent cahiers de Marcel Proust: Comment a-t-il rédigé son roman? Disponível em: <http://www.item.ens.fr/index.php?id=13947>. Acesso em: 20 mar. 2009.

_____. Le Destin des notes de lecture et de critique dans *Le Temps Retrouvé*. *Bulletin d'Informations Proustiennes*. Paris: Presses de l'Ecole Normale Supérieure, 1982.

_____. *Marcel Proust*. Paris: Le Cavalier Bleu, 2007.

CALLIGARIS, Contardo. *Hypothèse sur le fantasme*. Paris: Seuil, 1983. Ed. bras. *Hipótese sobre o Fantasma*. Porto Alegre: Artes Médicas, 1986.

CARIELO, Rafael. Entrevista de Eduardo Viveiros de Castro. O Espelho do Ocidente. *Folha de São Paulo*, São Paulo, 21 de agosto de 2005. Caderno Mais.

CASTORIADIS, Cornelius. *Le Monde morcelé*. Paris: Seuil, 1990.

CHAGAS LAIA, Sérgio Augusto. *Os Escritos Fora de S: Joyce, Lacan e a Loucura*. Belo Horizonte: UFMG, 2000 (tese).

CHARLES, Michel. *Introduction à l'étude des textes*. Paris: Seuil, 1995.

CLÉMENT, Gilles. *Manifeste du Tiers paysage*. Paris: Sujet/Objet, 2004.

DELEUZE, Gilles. *Proust et les signes*. Paris: PUF,1983.

_____. *Critique et clinique*. Paris: Minuit, 1993. Ed. bras.: *Crítica e Clínica*. São Paulo: Editora 34, 1997.

DERRIDA, Jacques. *L'Écriture et la différence*. Paris: Seuil, 1967. Ed. bras.: *A Escritura e a Diferença* de Maria Beatriz M. N. da Silva. São Paulo: Perspectiva, 2005 (3 ed.).

BIBLIOGRAFIA 231

DESAN, Philippe. *Naissance de la méthode*. Paris: Nizet, 1987.

DESCOMBES, Vincent. *Le Complément du sujet*. Paris: Gallimard, 2004.

DICTIONNAIRE LAROUSSE. Paris: Société Edition Larousse, 2003.

DOUBROVSKY, Serge. *Fils*. Paris: Galilée, 1977.

ECO, Umberto. *História da Beleza*. Trad. Eliana Aguiar. Rio de Janeiro: Record, 2004.

ELUARD, Paul. Donner à voir (1939). *Oeuvres complètes*. Paris: Gallimard, 1968 (La Pléiade).

FÉNOGLIO, Irène. Fête des Chants du Marais, un conte inédit de Pascal Quignard. *Genesis*. Paris: Jean-Michel Place, 2007, n. 27.

_____. Lecture macro, lecture micro du processus d´écriture. Réflexion sur la performativité du détail en critique génétique. *Manuscrítica*. São Paulo: Humanitas, 2006, n. 14.

FERNANDES, Sylvia Ribeiro. *A Criação do Sujeito – Comunicação, Artista e Obra em Processo*. São Paulo: PUC-SP, 2006 (tese).

FINGERMANN, Sérgio. *Elogio ao Silêncio e Alguns Escritos sobre Pintura*. São Paulo: BEI, 2007.

FODOR, J. *La Modularité de l´esprit*. A. Gerschenfeld. Paris: Minuit. 1986.

FRAISSE, Luc. *Le Processus de création chez Marcel Proust. Le fragment expérimental*. Paris: Corti, 1988.

FREUD, Sigmund. *Délires et rêves dans la "Gradiva" de Jensen*. Paris: Gallimard, 1907.

_____. *Gradiva, Uma Fantasia Pompeiana*. Rio de Janeiro: Jorge Zahar, 1993

_____. *O Moisés de Michelangelo* (1914). *Obras Completas de Freud*, v. XIII. Edição Standard Brasileira. Rio de Janeiro: Imago, 1974.

_____. *Le Moïse de Michel-Ange* "(1914). Traduzido do alemão por Marie Bonaparte et E. Marty (1927). Disponível na Internet em : <http://www.uqac.uquebec.ca/zone30/Classiques_des_sciences_sociales/index.html>. Acesso em: 20 abr. 2009.

_____. *Trois essais sur la théorie de la sexualité* (1905). Paris: Gallimard, 1923.

_____. *Délires et rêves dans la "Gradiva" de Jensen*. Paris: Gallimard, 1949.

_____. L´Analyse avec fin et l´analyse sans fin (1937). *Résultats, idées, problèmes*. Paris: PUF, 1985, t. 2.

_____. Remémoration, répétition, perlaboration. *La Technique psychanalytique*. Paris: PUF, 1985.

FRIEDRICH, Hugo. *Montaigne*. Paris: Gallimard, 1968.

GARNIER, Philippe. *Psychanalyse et anarchie: à propos de l'ordre moral*. Disponível em: <http://1libertaire.free.fr/Garnier21.html>. Acesso em: 19 mar. 2009.

GAUCHET, Marcel. Les Croyances se muent en identités. *La Religion dans la démocratie: parcours de la laïcité*. Paris: Gallimard, 1998.

GENETTE, Gérard. *Figures III*. Paris: Seuil, 1979.

_____. *Palimpsestes. La littérature au second degré*. Paris: Seuil, 1982 (col. Poétique).

GOULD, Stefan Jay. *Cette vision de la vie* (2002). Paris: Seuil, 2004.

GOULET, Alain. *André Gide. Les faux monnayeurs. Mode d´emploi*. Paris: Sedes, 1991.

GRACQ, Julien; BOIE, Bernhild. *Genesis*. Paris: Jean-Michel Place, 2001, n. 17.

GRÉSILLON, Almuth; LEBRAVE, Jean-Louis. Avant-propos. *Langages*. Paris: Larousse, mar. 1983, n. 62.

232 OS PROCESSOS DE CRIAÇÃO NA ESCRITURA, NA ARTE E NA PSICANÁLISE

GRÉSILLON, Almuth. *Elementos de Crítica genética*. Porto Alegre: UFRGS, 2007.

HAMBURGUER, Kate. *Lógica da Criação Literária*. São Paulo: Perspectiva, 1986.

HARTMANN, Karl Robert Eduard von. *Die Philosophie des Unbewussten*: Versuch einer Weltanschauung. Berlin: Carl Duncker, 1869.

HAWKING, Stephen. *Une brève histoire du temps*. Paris: Flammarion. 1988.

HAY, Louis. Nouvelles notes de critique génétique: la troisième dimension de l'écriture. *O Manuscrito Moderno e as Edições*. São Paulo: FFLCH-USP, 1986.

_____. *La Littérature des écrivains*. São Paulo: Corti, 2002.

HEAD, Henry. *Aphasia and Kindred Disorders of Speech*. Cambridge: Cambridge University Press, 1926.

HENROT, Geneviève. Poétique et réminiscence: charpenter le temps. *Marcel Proust 3. Nouvelles directions de la recherche proustienne*. Paris: Minard, 2001.

IZQUIERDO,Iván. *A Mente Humana*. Disponível em : <http://www.ufmg.br/online/arquivos/IZQUIERDO.pdf>. Acesso em: 30 mar 2009.

JEANNERET, Michel. Chantiers de la Renaissance. Les Variations de l'imprimé au XVIe siècle. *Genesis*. Paris: Jean-Michel Place, 1994, n. 6.

JENNY, Laurent. La stratégie de la forme. *Poétique*. Paris: Seuil, 1976, n. 27.

JOUVE, Vincent. *A Leitura*. São Paulo: Unesp, 2002.

JULLIEN, Dominique. *Proust et ses modèles*. Paris: Corti, 1989.

JURANVILLE, Alain. *Lacan et la philosophie*. Paris: PUF, 1984.

KARAM, Henriete. *Espaço-tempo e Memória: A Subjetividade em* Le Temps retrouvé *de M.Proust*. Porto Alegre: UFRGS, 2008 (tese).

KENSKI, Rafael. A Revolução do Cérebro. *Superinteressante*. São Paulo, ago 2006, n. 299.

KOFMAN, Sarah. *A Infância da Arte*. Trad.Maria Ignez Duque Estrada. Rio de Janeiro: Relume Dumará, 1996.

KRIEG, Alice. Ferdinand de Saussure, le "père fondateur" de la linguistique moderne. In: *Le Langage. Nature, histoire et usage*, coordenado por Jean-Dortier. Auxerre: Sciences Humaines, 2002.

KRISTEVA, Julia. Brouillon d'inconscient ou l'inconscient brouillé. *Genesis*. Paris: Jean-Michel Place, 1995, n. 8.

_____. *Le Temps sensible*. Paris: Seuil, 1994.

LA BRUYÈRE, Jean de. *Les Caractères, ou les mœurs de ce siècle*. Paris: Etienne Michallet, 1696.

LACAN. *Escritos*. Rio de Janeiro: Zahar, 1998.

_____. *Lituraterre. Littérature*. Paris: Larousse, 1971.

_____. *Télévision*. Paris: Seuil. 1974.

_____. *De la Psychose paranoïaque dans ses rapports avec la personnalité*. Paris: Seuil, 1975.

_____. *O Seminário. Livro 2. O Eu na Teoria de Freud e na Técnica da Psicanálise*. Trad. Marie Christine Laznik Penof. Rio de Janeiro: Zahar,1985.

_____. *O Seminário. Livro 4. A Relação de Objeto*. Trad. Dulce Duque Estrada. Rio de Janeiro: Zahar, 1995.

_____. *O Seminário.Livro 7. A Ética*. Trad. Antônio Quinet.Rio de Janeiro, Zahar, 1988.

_____. *O Seminário. Livro 11. Os Quatro Conceitos Fundamentais da Psicanálise*. Rio de Janeiro: Zahar, 1985.

_____. *Le Séminaire. Livre XIV. La logique du fantasme*.

_____. *Le Séminaire. Livre XVI. D'un Autre à l'autre*. Paris: Seuil. 2006.

BIBLIOGRAFIA 233

_____. *Le Séminaire. Livre xix... ou pire.* Versão Association Freudienne International, 2000.

_____. *O Seminário. Livro 20. Ainda.* Trad. M-D Magno. Rio de Janeiro: Zahar, 1996.

_____. *Le Séminaire. Livre xxii. RSI.* 1974-1975.

_____. *O Seminário. Livro 23. O Sinthoma.* Trad. Sérgio Laia. Rio de Janeiro: Zahar, 2007.

_____. *Outros Escritos.* Trad.Vera Ribeiro. Rio de Janeiro: Zahar, 2001.

_____*Travaux et interventions.* Alençon: Arep Édition, 1977.

LAJONQUIÈRE, Leandro de. A Psicanálise e o Debate sobre o Desaparecimento da Infância. *Revista Educação e Realidade.* Porto Alegre: UFRGS, 2005.

LAOUYEN, Moumir. L'Autofiction: une réception problématique. *Fabula*, 2000.

LAPEYRE-DESMAISON, Chantal. Pascal Quignard: une poétique de l'agalma. Pascal Quignard, ou le noyau incommunicable. *Études françaises.* Montreal: Les Presses de l'Université de Montreal, 2004, v. 40, n. 2.

LAPLANCHE, Jean; PONTALIS, Jean-Baptiste. *Vocabulaire de la Psychanalyse.* Paris: PUF, 1973.

LAUTRÉAMONT. *Poésies ii. Oeuvres complètes.* Paris: Librairie Générale Française, 1963 (Poche).

LEBRAVE, Jean-Louis. La Critique génétique: une discipline nouvelle ou un avatar moderne de la philologie? *Genesis.* Paris: Jean-Michel Place, 1992.

LEFORT, Claude. *La Naissance de l'Autre.* Paris: Seuil, 1981.

LEJEUNE, Philippe. Qu'est-ce que le pacte autobiographique? Disponível em: <http://www.autopacte.org/pacte_autobiographique.html>. Acesso em: 30 mar 2009.

LHERMITTE, François. Cerveau et pensée. *Fonctions de l'esprit.13 savants redécouvrent Paul Valéry.* Judith Robinson-Valéry (org.). Paris: Hermann,1983.

LOPEZ, Telê Ancona (org.). *Fronteiras da Criação.* São Paulo: Annablume, 2000.

_____; Vontade, Variante - ii Encontro de Edição Crítica e Crítica Genética: Eclosão do Manuscrito. São Paulo: FFLCH-USP

_____; WILLEMART, Philippe (orgs.). *O Manuscrito Moderno e as Edições.* São Paulo: FFFLCH-USP, 1986.

MALLARMÉ, Stéphane. Edição apresentada, estabelecida e comentada por Bertrand Marchal. *Oeuvres Complètes.* Paris: Gallimard, 1998 (Pléiade).

MALLARMÉ, Stéphane. *Oeuvres complètes.* Paris: Gallimard, 1998, t.1.

MARTY, Eric. *Roland Barthes: Le métier d'écrire.* Paris: Seuil, 2006.

MASSOCUT-MIS, Maddalena. D'Arcy Thompson, la forme et le vivant. *Alliage* [S. l.], 1995, n. 22. Disponível em: <http://www.tribunes.com/tribune/alliage/22/mazz.htm>. Acesso em: 20 abr. 2009.

MAURIAC-DYER, Nathalie. *Proust inachevé.* Paris: Champion, 2005.

MAURON,Charles. *Psychocritique du genre comique.* Paris: Corti, 1964.

MERLEAU-PONTY. *Fenomenologia da Percepção.* São Paulo: Martins Fontes, 1996.

MILLER, Jacques-Alain. *Les Paradigmes de la jouissance.* Navarin: Seuil, 1999.

MOURA, Mariluce.Visões Íntimas do Cérebro. *Pesquisa Fapesp.* São Paulo, ago 2006, n. 126.

NARDI, Marco. *Histoire de l'astronomie*, Paris : PML, 1994.

ORIOL-BOYER, Claudette. La Réécriture. In: C. Oriol-Boyer (org.). *La Réécriture.* Grenoble: Centre de Recherche en Didactique du Texte et du Livre (CEDITEL), 1990.

234 OS PROCESSOS DE CRIAÇÃO NA ESCRITURA, NA ARTE E NA PSICANÁLISE

PACCAUD-HUGUET, Josiane. Pascal Quignard et l'insistance de la lettre. *Transferts littéraires*. Toulouse: Erès, 2005, n. 6.

PAIN, Sara. *A Função da Ignorância*. Porto Alegre: Artes Médicas, 1988.

PANITZ, Marília. O que os Olhos Não Veem... In: RIVERA, Tânia; SAFATLE, Vladimir (orgs.). *Sobre Arte e Psicanálise*. São Paulo: Escuta, 2006.

PARET PASSOS, Marie-Hélène. *Crítica Genética e Tradução Literária: O Caminho da Recriação e da Reescritura*. Porto Alegre: UFRGS, 2007 (tese).

PATER, Walter. *Essai sur l'art et la Renaissance*. Trad. Anne Henry. Paris: Klincksieck, 1985.

PATER, William. *Platon et le platonisme (1893)*. Paris: Vrin, 1998.

PEREC, Georges. Pouvoirs et limites du romancier français contemporain. *Les Choses*. Paris: Julliard, 1997.

PESSANHA, Juliano. *Sabedoria do Nunca*. São Paulo, Ateliê Editorial, 1999.

PETITOT, Jean. *Morphologie et esthétique*. Paris: Maisonneuve ed. Larose, 2003.

_____. Remarques sur quelques réflexions morphologiques de Paul Valéry, *Sémiotique, Phénoménologie, Discours* (Hommage à Jean-Claude Coquet). Paris: M. Costantini, I. Darrault-Harris, L'Harmattan, 1996.

_____. *Physique du sens*. Paris: Éditons du CNRS,1992.

PETITOT, Jean; VARELA, Francisco; PACHOUD, Bernard; ROY, Jean-Michel. *Naturaliser la phénoménologie. Essais sur la phénoménologie contemporaine et les sciences cognitives* (1999). Paris: Éditons du CNRS, 2002.

PICHON, Edouard; DAMOURETTE, Jacques. *Des mots à la pensée. Essai de grammaire de la langue française*. In: ROUDINESCO, Elisabeth. *Histoire de la psychanalyse en France*. Paris: Seuil, 1986, t. 1.

PIETRAROIA, Cristina Casadei. (Re)Lendo a Escrita: Em que as Pesquisas Cognitivas sobre a Leitura Podem Ajudar na Compreensão da Criação Literária? *Manuscrítica*. São Paulo: Annablume, 1996, n. 6.

PINO, Claudia Amigo (org.) *Crítica genética. Ciências e Cultura*. São Paulo, SBPC, 2007.

_____. (org.) *Criação em debate*. São Paulo: Humanitas, 2008.

_____. Gênese da Gênese. Crítica Genética. *Ciência e Cultura*. São Paulo: SBPC, mar. 2007, v. 57.

PINO, Claudia Amigo; ZULAR, Roberto. *Escrever sobre Escrever*. São Paulo: Martins Fontes, 2007.

POIZAT, Michel. *L'Opéra ou le cri de l'Ange*. Paris: Metaillé, 2001.

PONTALIS, Jean-Bertran. Entrevista a Pascale Fray. Disponível em: <http://www.lire.fr/entretien.asp?idC=38990&idR=201&idTC=4&idG=>. Acesso em: 30 mar 2009.

PRIGOGINE, Ilya; STENGERS, Isabelle. *La Nouvelle Alliance (métamorphose de la science)*. Paris: Gallimard, 1986.

PRIGOGINE, Ilya. *La Fin des certitudes*. Paris: Odile Jacob, 1996.

_____. Un siècle d'espoir. *Temps et devenir*. Genève: Patiño, 1988.

PROCHIANTZ, Alain. *Machine-esprit*. Paris: Odile Jacob, 2001.

PROUST, Marcel. *Contre Sainte-Beuve*. Paris: Gallimard, 1971(La Pléiade).

_____. *Matinée chez la Princesse de Guermantes*. Cahiers du *Temps Retrouvé*. Edição crítica por Henri Bonnet Paris: Gallimard, 1989.

_____. *Essais et articles, Les Années créatrices*. Paris: Gallimard, 1971 (La Pléiade).

_____. *Esquisse XXXIV, Le Temps retrouvé*.

BIBLIOGRAFIA 235

_____. O *Caminho de Swann, Em Busca do Tempo Perdido*. Trad. Mário Quintana. São Paulo: Globo, [s/d.], v. I.

_____. *À Sombra das Raparigas em Flor, Em Busca do Tempo Perdido*. Trad. Mario Quintana. São Paulo: Globo, 2006, v.2.

_____. *Sodoma e Gomorra*. Trad. Fernando Py. São Paulo: Ediouro, 1994.

_____. *A Fugitiva*. Trad. Carlos Drummond de Andrade. São Paulo: Globo, 1989.

_____. *La Prisonnière, À la recherche du temps perdu*. Paris: Gallimard, 1988 (La Pléiade).

_____. *A Prisioneira*. Trad. Manuel Bandeira. São Paulo: Globo, 2002.

_____.*O Tempo Redescoberto*, Trad. Lúcia Miguel Pereira. São Paulo: Globo, 1995.

_____. *O Caminho de Guermantes*. Trad. Mário Quintana. São Paulo: Globo, 2007, v. III.

PUGH, Anthony, R. *The Growth of À la recherche do tempo perdu: A Chronological Examination of Proust's Manuscripts from 1909 to 1914*. Toronto: University of Toronto Press, 2004.

QUIGNARD, Pascal. *Le Sexe et l'effroi*. Paris: Gallimard, 1994.

_____. *Les Paradisiaques sordidissimes. Dernier Royaume*. Paris: Grasset, 2005, t. IV e V.

_____. *Abîmes*. Paris: Gallimard, 2002.

RABELAIS, François. *Pantagruel, Oeuvres complètes*. Paris: Gallimard, 1955.

RANCIÈRE, Jacques. *L'Inconscient esthétique*. Paris: Galilée, 2000.

_____. *Politique de la littérature*. Paris: Galilée, 2007.

RICOEUR, Paul. *Tempo e Narrativa. A Configuração do Tempo na Narrativa da Ficção*. Lisboa, Papyrus: 1995, t. II.

RICOEUR, Paul. *Soi-même comme un autre*. Paris: Seuil, 1990. Ed. bras.: *Si Mesmo como um Outro*. Campinas: Papirus, 1991.

RIMBAUD, Arthur. *Oeuvres complètes*. Paris: Gallimard, 1972 (La Pléiade).

ROUSSET, Jean. *Forme et signification*. Paris: Corti, 1962.

SABOT, Philippe. *Philosophie et littérature. Approches et enjeux d'une question*. Paris: PUF, 2002.

SACKS, Oliver. *Um Antropólogo em Marte*. São Paulo: Companhia das Letras, 1995.

SAFATLE, Vladimir. *A Paixão do Negativo*. São Paulo: Unesp, 2005.

SALLES, Cecília Almeida (org.). *II Encontro de Edição Crítica e Crítica Genética*. São Paulo: FFLCH-USP, 1990.

_____. *Redes da Criação: Construção da Obra de Arte*. Vinhedo: Ed. Horizonte, 2006.

_____.*Gesto Inacabado*. São Paulo: Annablume, 1998.

SCHLANGER, Judith. *Les Métaphores de l'organisme*. Paris: Vrin, 1971.

SCHNEIDER, Michel. *Maman*. Paris: Gallimard, 1999 (Folio).

SERRES, Michel. *Hominescences*. Paris: Le Pommier, 2001. Ed. bras.: *Hominescências*. Rio de Janeiro: Bertrand Brasil, 2003.

SIBONY, Daniel. *Le Peuple "psy"*. Paris: Balland. 1992.

SÓFOCLES. *Oedipe-Roi*. Paris: Gallimard, 1988.

SOLLERS, Philippe. La Science de Lautréamont. *Logiques*. Paris: Seuil, 1968.

SPITZER, Leo. *Études de style*. Paris: Gallimard, 1970.

236 OS PROCESSOS DE CRIAÇÃO NA ESCRITURA, NA ARTE E NA PSICANÁLISE

STENGERS, Isabelle. À propos de l'histoire humaine de la nature. In: PRIGOGI-NE, Ilya. *Un siècle d'espoir. Temps et devenir* (Cerisy-1983). Genève: Patiño, 1988.

_____. *La Volonté de faire science. À propos de la psychanalyse.* Paris: Les Empêcheurs de tourner en Rond, 1992.

_____. Sciences et pouvoirs. In: *La Démocratie face à la technoscience.* Paris: La Découverte, 1997.

TELLES, Célia Marques (org.). *Memória Cultural e Edições.* Salvador: UFBA, 2000.

TESNIÈRE, Lucien. *Éléments de syntaxe structurale.* Paris: Klincksieck, 1988.

TEIXEIRA, Celina Borges. *Manuscrítica.* São Paulo: Annablume, 2001.

THOM, René. *Paraboles et Catastrophes.* Paris: Flammarion, 1983.

VALÉRY, Paul. *Oeuvres complètes.* Paris: Gallimard, 1960, v. 1.

_____. *Cahiers.* Nicole Ceylerette-Pietri e Judith Robinson-Valéry (orgs.). Paris: Gallimard, 1988, v. II.

_____. L'Homme et la coquille. Études philosophiques. *Variété. Oeuvres complètes.* Paris: Gallimard, 1957, t. 1.

VAN DIJCK, Sônia Lima. *Anais do III Encontro Ecdótica e Crítica Genética.* João Pessoa: Ideia, 1993.

VATIMO, Gianni. *La Fin de la modernité.* Trad. Charles Alunni. Paris: Seuil, 1987. Ed. bras.: *O Fim da Modernidade.* São Paulo: Martins Fontes, 1976.

VICENTINI DE AZEVEDO, Ana. Ruídos da Imagem. In: RIVERA, Tânia; SAFATLE, Vladimir. *Sobre Arte e Psicanálise.* São Paulo: Escuta, 2006.

WAJCMAN, Gérard. *Collection.* Paris: Nous, 1999.

WETHERILL, Peter Michael. Aux origines culturelles de la génétique. *Sur la génétique textuelle.* Amsterdam: Rodopi, 1990.

WILLEMART, Philippe. *Universo da Criação Literária.* São Paulo: Edusp, 1993.

_____. Fenômenos Físicos e Fenômenos Literários: Aproximações. *Manuscrítica.* São Paulo: APML, 1993, n. 3.

_____. (org.). *Gênese e Memória.* São Paulo: Annablume, 1995.

_____. *Além da Psicanálise: A Literatura e as Artes.* São Paulo: Nova Alexandria, 1995.

_____. A Rasura, Sintoma da Paixão da Ignorância. *IDE* (Revista de Psicanálise e Cultura da Sociedade Brasileira de Psicanálise). São Paulo: Casa do Psicólogo, 1996. n. 28.

_____. *A Pequena Letra em Teoria Literária: A Literatura Subvertendo as Teorias de Freud, Lacan e Saussure.* São Paulo: Annablume, 1997.

_____. *Bastidores da Criação Literária.* São Paulo: Iluminuras, 1999.

_____. *Proust, poeta e psicanalista.* São Paulo: Ateliê Editorial, 2000.

_____. *Educação sentimental em Proust.* São Paulo: Ateliê Editorial, 2002.

_____. *Crítica Genética e Psicanálise.* São Paulo: Perspectiva, 2005.

_____. Les Processus de créations dans les sciences dures. *Critique génétique: pratiques et théorie.* Paris: L'Harmattan, 2007.

YOSHIKAWA, Kazuyoshi. *Études sur la genèse de* La Prisonnière *d'après des brouillons inédits.* Sob a direção de Michel Raimond. Paris IV-Sorbonne, 1977 (tese).

ZULAR, Roberto (org.). *Criação em Processo. Ensaios de Crítica Genética.* São Paulo: Iluminuras, 2002.

Anais dos Congressos de Crítica Genética:

1985 *O Manuscrito Moderno e as Edições*. São Paulo: FFLCH-USP, 1986.
1988. *II Encontro de Edição Crítica e Crítica Genética*. São Paulo: FFLCH-USP, 1990.
1991. *III Encontro Ecdótica e Crítica Genética*. João Pessoa: Ideia, 1992.
1994. *Gênese e Memória*. São Paulo: Annablume, 1995.
1996. *Memória Cultural e Edições*. Salvador: UFBA, 2000.
1999. *Fronteiras da Criação*. São Paulo: Annablume, 2000.
2002. Poética da Criação. *Manuscrítica* 11 e CD. São Paulo: Annablume, 2003.
2005. Leituras do Processo. *Manuscrítica* 14. São Paulo: Annablume, 2008.

Índice Onomástico

Albalat, Antoine 56
Allouch, Jean 199n
Anastácio, Silvia Maria Guerra 28n
Andrade, Mário de 34, 37, 71, 76, 163
Aragon, Louis 39, 96
Artaud, Antonin 119-121, 175

Badiou, Alain 156n
Bandeira, Manuel 208
Bardèche, Maurice 190n
Barrone, Leda 124
Barthes, Roland 35, 55, 71, 145n, 187
Bauchau, Henry 31, 144, 217n
Baudelaire, Charles 4, 63, 89, 140, 153
Bebiano, Alexandre 201n, 208n, 209
Beckett, Samuel 106, 169-171, 175
Bellemin-Noël, Jean 123n
Benkirane, Redá 5, 6-8n, 11-13n, 15n, 18n, 19n, 24n, 26n, 32n, 203n
Berthoz, Alain 29n
Beugnot, Bernard 63n
Biasi, Pierre-Marc 88
Bloom, Harold 62n
Borges, Jorges Luis 4
Bourjéa, Serge 9n

Brito, Cristiane Myriam Drummond de 164, 172
Brun, Bernard 40n, 182n, 206, 207

Calligaris, Contardo 130-131, 134, 135, 142
Carielo, Rafael 138n
Castoriadis, Cornelius 106n
Chagas Laia, Sérgio Augusto 168n, 170n
Charles, Michel 191n
Clément, Gilles 77

Damourette, Jacques 34, 35
Deleuze, Gilles 10, 117n, 185, 192
Derrida, Jacques 37, 170
Descombes, Vincent 95-97, 104-106, 109
Doubrovsky, Serge 148

Eco, Umberto 44n
Eluard, Paul 76

Fénoglio, Irène 64n, 104n, 108n, 208
Fernandes, Sylvia Ribeiro 173
Fingerman, Sergio 173-175
Fodor, Jerry Allan 28

240 OS PROCESSOS DE CRIAÇÃO NA ESCRITURA, NA ARTE E NA PSICANÁLISE

Fraisse, Luc 208
Freud, Sigmund 30, 31, 37, 61, 65, 71, 76, 85, 114, 122, 123n, 124, 125, 129, 151, 156, 157, 159-161, 164, 168, 177-179, 181, 182, 185, 187, 193-195, 199, 208, 215, 216, 218, 219
Friedrich, Hugo 222n

Garnier, Philippe 161n
Gauchet, Marcel 95, 96n
Genette, Gérard 40n, 63n
Gould, Stefan Jay 14
Goulet, Alain 62n
Gracq, Julien 38, 39, 41, 42
Grésillon, Almuth 3, 4, 43, 57n

Hamburguer, Kate 200
Hawking, Stephen 31n
Hay, Louis 3, 8, 11, 17, 55n, 56n
Henrot, Geneviève 41, 200

Izquierdo, Iván 24
Jeanneret, Michel 88n
Jenny, Laurent 62n
Jouve, Vincent 64n
Jullien, Dominique 41
Juranville, Alain 125n, 224n

Kenski, Rafael 29n
Kofman, Sarah 76, 121
Krieg, Alice 6n
Kristeva, Julia 119n, 203

La Bruyère, Jean de 63
Lacan, Jacques 14, 19, 24n, 29-31, 48n, 53n, 62, 65, 70, 71, 74, 93, 94n, 97, 100, 101, 107, 108, 111-115, 117, 119, 120n, 121, 123n, 125, 129, 131, 138, 141, 142, 146, 147, 153, 155, 158n, 163n, 164, 167, 168, 170, 171n, 173, 174n, 179, 180, 215, 218n, 222n, 224
Lajonquière, Leandro de 226n
Laouyen, Moumir 144
Lapeyre-Desmaison, Chantal 95n
Laplanche, Jean 216n
Lautréamont 76, 169, 170
Lebrave, Jean-Louis 43, 88n, 145n
Lefort, Claude 226n

Lejeune, Philippe 147, 148
Lhermitte, François 116
Lopez, Telê Ancona 34n, 81n

Mallarmé, Stéphane 9, 64, 71, 83, 89, 98, 145, 155, 169, 170
Marty, Eric 145n
Mazzocut-Mis, Madalena 8n
Mauriac-Dyer, Nathalie 15, 49n, 206
Mauron, Charles 9, 166-167, 220-223, 225
Merleau-Ponty 24
Miller, Jacques-Alain 137n
Moura, Mariluce 25n

Oriol-Boyer, Claudette 63n

Paccaud-Huguet, Josiane 95n
Pain, Sara 116
Panitz, Marília 161
Paret Passos, Marie-Hélène 157n
Pater, Walter 156n
Pater, William 94
Perec, Georges 6, 70n, 83, 175
Pessanha, Juliano 154n
Petitot, Jean 9, 10, 25, 26n, 29n, 31, 42, 48n, 61n
Pichon, Edouard 34, 35
Pietraroia, Cristina Casadei 28n
Pino, Claudia Amigo 43n, 56n, 79-81n, 85, 87
Poizat, Michel 72
Pontalis, Jean-Baptiste 161, 175, 216n
Prigogine, Ilya 12, 20, 58n, 68, 70, 128, 202n, 203
Prochiantz, Alain 11n, 26-28, 29n, 44n, 160n
Proust, Marcel ix, 12, 13, 29, 31, 34, 40, 41, 43n, 44, 45, 47n, 48-50, 51n, 52n, 59n, 61, 63, 65, 66, 68, 71, 72n, 73, 75n, 77, 85, 87, 95, 99-101, 104, 105, 108, 116, 127, 128, 132n, 136n, 137, 139, 142, 143n, 144, 146, 151, 152n, 155, 157, 159, 169n, 175n, 177, 179-183, 185-187, 189-196, 197n, 198n, 199-202, 205-208, 209n, 210n
Pugh, Anthony 206

ÍNDICE ONOMÁSTICO

Quignard, Pascal 64, 71, 95-97, 99-101, 103, 104, 108, 109, 159, 160n

Rabelais, François 169, 170, 205, 216
Rancière, Jacques 61n, 63n, 107n
Ricoeur, Paul 99, 100n, 131-135, 137, 139, 142
Rousseau 127, 167
Rousset, Jean 41, 199n, 212

Sabot, Philippe 151n
Sacks, Oliver 116n
Safatle, Vladimir 24n, 101n, 148n, 162n, 163n, 173n
Salles, Cecília Almeida 11, 41, 43n, 58, 82n, 84
Santo Agostinho 119
Schlanger, Judith 3n
Schneider, Michel 61, 107, 108, 131
Serres, Michel 5, 21, 128, 131, 135, 138-142
Sibony, Daniel 124, 140-142, 219
Sófocles 120, 217n, 218n
Sollers, Philippe 107, 169n

Spitzer, Leo 208
Stengers, Isabelle 12n, 58, 157n

Teixeira, Celina Borges 17, 28
Tesnière, Lucien 52, 104

Valéry, Paul 9-11, 17, 28, 39, 42n, 44, 56, 99, 167
Varela, Francisco 5, 12, 13, 20, 24-26, 32n
Vatimo, Gianni 154n

Wajcman, Gérard 210
Wetherill, Peter Michael 98
Willemart, Philippe 5n, 7n, 10n, 31n, 33n, 38n, 42-44n, 49n, 53n, 56n, 57n, 65n, 66n, 82n, 100n, 103n, 108n, 122n, 125n, 138n, 154n, 160n, 166n, 168n, 175n, 184n, 186n, 194n, 205n, 212n

Yoshikawa, Kazuyoshi 45n

Zular, Roberto 43n, 81, 82n, 85

Nota Bibliográfica

1996. *Psicanálise e Pedagogia ou Transmissão e Formação*, conferência proferida no Programa de Pós-Graduação em Educação na Universidade Federal de Pernambuco, em Recife, publicada na *Revista USP*, São Paulo, 1996, n. 31

1996. *Um Conflito de Memórias: A Memória Singular em Luta com a Memória Cultural*. Leitura da *Escola das Mulheres* de Molière. Publicado na *Revista da Anpoll*, São Paulo, 1996.

2005. *O Eu Não Existe*. Conferência proferida no Simpósio Internacional Escrever a Vida, Novas Abordagens de uma Teoria da Autobiografia, na Universidade de São Paulo. Publicada em Autobiographie. *Texte*. Toronto: Paratexte, 2006.

2005. *Será que Ainda Podemos Pensar sem um Romance como a Recherche e fora da Psicanálise?* Posfácio (Trad. de Guilherme Ignácio da Silva). Marcel Proust. *Em Busca do Tempo Perdido. O Caminho de Guermantes*. São Paulo: Globo, 2007, v. 3..

2005. *Como Entender os Processos de Criação Vinte Anos Depois?* Conferência de abertura no VIII Congresso da APML realizado na Universidade de São Paulo. Publicado em *Manuscrítica 14*.

2007. *Esquecer ou Conservar uma Obra?* Palestra proferida no Seminário Internacional Memória e Cultura: Amnésia Social e Espetacularização da Memória. Sesc (São Paulo), 27- 28 de setembro.

2007. Por que Ler Proust Hoje? *Cult*, São Paulo, janeiro.

2007. As Ciências da Mente e a Crítica Genética. São Paulo: *Ciência e Cultura* (SBPC), p. 40-44. .

2007. *Além da Crítica Literária, a Crítica Genética?* Palestra proferida na abertura do Seminário Internacional de Pesquisadores do Processo de Cria-

244 OS PROCESSOS DE CRIAÇÃO NA ESCRITURA, NA ARTE E NA PSICANÁLISE

ção e Poéticas da Criação, em Vitória (ES), e na abertura do Colóquio Internacional: Crítica Textual e Crítica Genética em Diálogo – Texto e Manuscrito Modernos (Séculos XVIII, XIX e XX) na Universidade do Porto (Portugal).

2007. *Onde Está o Sujeito na Rasura do Manuscrito?* Conferência proferida no Seminário de Formações Clínicas do Campo Lacaniano, em São Paulo.

2008. A Crítica Genética Hoje. *Alea – Estudos Neo-Latinos*, Rio de Janeiro (UFRJ), v. 10, p. 130-139.

2008. *O Tecer da Arte com a Psicanálise. Literatura e Sociedade,* Departamento de Teoria Literária e Literatura Comparada da FFLCH da Universidade de São Paulo, p. 70-79.

2008. *A Autoficção Acaba com a Autobiografia?* Génève: Ellipse.

2008. *A Circunstância na Construção de Em Busca do Tempo Perdido.* Palestra proferida no Colóquio Brépols, no Centro de Estudos Proustianos da FFLCH da USP.

2008. *Processos de Criação e Interações.* IX Congresso na Universidade Federal do Espírito Santo.

Este livro foi impresso na cidade de Cotia,
nas oficinas da Meta Brasil,
para a Editora Perspectiva.